"十二五"职业教育国家规划教材

经全国职业教育教材审定委员会审定

21世纪高职高专规划教材

金融保险系列

证券投资理论与实务（第二版）

主编　邢天才

中国人民大学出版社

·北京·

21 世纪高职高专规划教材·金融保险系列

参编人员及单位

马海涛　中央财经大学
孔立平　东北财经大学
王红梅　哈尔滨金融高等专科学校
付　菊　保险职业学院
刘连生　广东金融学院
邢俊英　中央财经大学
伏琳娜　辽宁金融职业学院
李元伟　辽宁信息职业技术学院
张为群　浙江金融职业学院
张伟芹　北京财贸职业学院
张劲松　浙江金融职业学院
张晓洁　山东理工大学
张强莉　山东轻工业学院
郑祎华　辽宁金融职业学院
赵锡军　中国人民大学
倪信琦　福建金融职业学院
夏雪芬　保险职业学院
满玉华　哈尔滨金融高等专科学校
王　力　山西财税专科学校
王玉雄　中国人民银行营业管理部
石月华　山西财税专科学校
邢天才　东北财经大学
安秀梅　中央财经大学
刘淑娥　北京财贸职业学院
关颖哲　辽东学院
刘金波　哈尔滨金融高等专科学校
李　民　福建商业高等专科学校
李军燕　山西财税专科学校
李杰辉　福建金融职业学院
杜　鹃　上海金融学院
武　飞　北京财贸职业学院
杨　虹　中央财经大学
赵煜光　中华女子学院
唐宴春　山东轻工业学院金融职业学院
温来成　中央财经大学

第二版前言

在沪深证券交易所建立至今的二十多年时间里，我国资本市场的发展实现了从形式到内容、从规模到结构、从市场体系到制度建设的巨大跨越。党的十八届三中全会通过的《中共中央关于全面深化改革若干重大问题的决定》，明确了资本市场在发展社会主义市场经济中的重要地位和作用，为资本市场的改革发展指明了方向，资本市场将迎来新一轮难得的发展机遇。

本教材自出版以来，受到了有关院校师生的欢迎，并在 2014 年被评为“十二五”职业教育国家规划教材。为了适应证券市场发展的新形势，满足高职高专院校经济管理和金融与证券专业的教学需要以及证券从业人员培训的需要，结合教学实践的反馈意见和证券投资课程建设的发展变化，我们对本教材进行了修订和完善。

全书修订后仍保持 10 章的框架结构，主要内容包括四大方面，即基本知识、基本分析、技术分析和操作技巧。在修订过程中，我们参阅了国内外最新的文献资料，力求体现和强化四个特点：一是全面性和系统性；二是新颖性和实用性；三是定量分析与定性分析相结合；四是理论与应用紧密结合。此次修订，对每一章的章前引例和章后的案例分析做了全面更新，每章设置了“本章小结”、“重点概念”和“复习思考题”等内容，便于学生阅读学习，也有利于教师授课讲解。

本书的编写和修订工作是由东北财经大学金融学院、东北财经大学职业技术学院和山西财政税务专科学校、辽宁信息职业技术学院等单位的部分教师共同完成的，具体分工是：第 1 章、第 6 章由李元伟编写，杨墨竹负责修订；第 2 章、第 3 章、第 4 章由邢天才编写，田蕊负责修订；第 5 章、第 10 章由王力编写，杨墨竹负责修订；第 7 章、第 8 章、第 9 章由孔立平编写和修订。全书由邢天才总纂和定稿。

本书在修订过程中，借鉴了国内外的有关研究成果，得到了有关专家学者的指导，中国人民大学出版社给予了大力支持，在此表示衷心感谢。由于时间仓促，加之编者水平所限，书中仍会存在着不足之处，希望各院校师生、证券从业人员和广大读者不吝赐教。

编　者

目　录

证券投资工具

章前引例及分析

截至2013年8月底的证券交易所统计数据显示，我国上市公司总数已达2 493家，沪深两市股票市场总市值达到23万亿元，进入二级市场流通的市值达到18.1万亿元，投资者股票账户开户数为1.67亿户，有效账户为1.39亿户。同时，除原油外，国际市场主要商品期货品种基本也都已在我国上市交易，交易规模名列世界前茅。2012年1～9月，全国期货市场成交金额达119.59万亿元。从世界范围来看，我国资本市场沪深股市占全球股市的7.38%，首次超过日本股市，位列全球第二，已经成为具有全球影响力的市场。

经过二十余年的建设，我国资本市场发展实现了从形式到内容、从规模到结构、从市场体系到制度建设的巨大跨越，在经济社会发展中发挥着日益突出的作用：市场规模明显扩大，资本市场与国民经济的关联度不断增强；上市公司结构显著改善，市场运行基础进一步夯实；证券期货经营机构实力明显增强，持续发展能力得到提升；投资者数量快速增加，市场功能有效发挥；监管工作进一步强化，市场运行规范性显著提高。

本章所介绍的证券投资工具是资本市场发展的一项重要内容，为此，本章的学习目标是系统掌握证券投资的各种工具，为以后学习各章内容打好基础。

本章学习目标

通过本章的学习，你应该能够：

1. 了解有价证券及其分类
2. 熟悉股票的特性，掌握普通股与优先股的区别
3. 熟悉债券的特性，掌握债券的分类
4. 熟悉投资基金的特征，掌握开放式基金与封闭式基金、契约型基金与公司型基金的区别
5. 了解衍生投资工具的种类

第1节　证券概述

一、证券的含义及种类

证券是各类财产所有权或债权凭证的通称，是用来证明证券持有人有权取得相应权益的凭证。证券必须具备两个基本特征，即内容的合法性和具有特定书写格式或制作。

按其性质的不同，可以将证券分为证据证券、凭证证券以及有价证券。

（1）证据证券。证据证券是指只是单纯地证明事实的文件，如证据（书面证明）等。

（2）凭证证券。凭证证券是指认定持证人是某种私权的合法权利者，证明持证人所履行的义务有效的文件。如存款单、借据、收据及定期存款存折等就属于这一类。

上述两种证券实际上是无价证券，其特点是，虽然也是代表所有权的凭证，但不能让渡。

（3）有价证券。有价证券是一种具有一定票面金额，证明持券人有权按期取得一定收入，并可自由转让和买卖的所有权或债权证书。人们通常所说的证券就是指这种有价证券。有价证券是虚拟资本的一种形式，是筹措资金的重要手段。

二、有价证券的分类

（一）按所体现的内容分类

按所体现的内容不同，有价证券可分为货币证券、资本证券和商品证券。

1. 货币证券

货币证券指可以用来代替货币使用的有价证券，是商业信用工具。货币证券的范围主要包括期票、汇票、支票和本票等。

2. 资本证券

资本证券是有价证券的主要形式，它是指把资本投入企业或把资本贷给企业或国家的一种证书。资本证券主要包括股权证券（所有权证券）和债权证券。股权证券具体表现为股票，有时也包括认股权证；债权证券则表现为各种债券。狭义的有价证券通常仅指资本证券。

3. 商品证券

商品证券是对商品有提取权的证明，它证明证券持有人可以凭单提取单据上所列明的商品。商品证券主要包括栈单、运货证书及提货单等。

（二）按发行主体分类

按发行主体的不同，有价证券可分为政府证券（公债券）、金融证券和公司证券。

1. 政府证券

政府证券也称政府债券，是指政府为筹措财政资金或建设资金，凭借其信誉，采用信用方式，按照一定程序向投资者出具的一种债权债务凭证。政府债券又分为中央政府债券

（即国家债券）和地方政府债券。

2. 金融证券

金融证券是指商业银行及非银行金融机构为筹措信贷资金而向投资者发行的承诺支付一定利息并到期偿还本金的一种有价证券。它主要包括金融债券、大额可转让定期存单等，其中以金融债券为主。

3. 公司证券

公司证券是公司为筹措资金而发行的有价证券。公司证券主要有股票、公司债券等。

（三）按是否上市分类

根据上市与否，有价证券可分为上市证券和非上市证券。

1. 上市证券

上市证券又称挂牌证券，是指经证券主管机关核准，并在证券交易所注册登记，获得在交易所内公开买卖资格的证券。

2. 非上市证券

非上市证券也称非挂牌证券，是指未申请上市或不符合证券交易所挂牌交易条件的证券。非上市证券不允许在证券交易所内交易，但可以在其他证券交易市场交易。凭证式国债和开放式基金份额就属于非上市证券。

（四）按募集方式分类

按募集方式分类，有价证券可以分为公募证券和私募证券。

1. 公募证券

公募证券是指发行人通过中介机构向不特定的社会公众投资者公开发行的证券。公募证券的审核较严格并采取公示制度。

2. 私募证券

私募证券是指向少数特定的投资者发行的证券，其审查条件相对宽松，投资者也较少，不采取公示制度。私募证券的投资者多为与发行人有特定关系的机构投资者，包括发行公司的职工。

第2节 股　票

股票是证券投资的重要工具之一。马克思在《资本论》中指出：股票，如果没有欺诈，它们就是对一个股份有限公司拥有的实际资本的所有权证书和索取每年由此生出的剩余价值的凭证。股票是独立于真实资本之外的，只是凭借着它所代表的资本额和股东权益在其市场上进行着独立的价值运动。

一、股票的含义及特征

（一）股票的含义

股票是股份有限公司发行的，表示其股东按其持有的股份享有权益和承担义务的可转让的书面凭证。股票作为股份公司的股份证明，它表示其持有者在公司的地位与权利。股票一经发行，持有者即为发行股票的公司股东，有权参与公司的决策、分享公司的利益，同时要承担公司的责任和经营风险。股票一经认购，持有者不能以任何理由要求退回股本，只能通过证券市场将股票转让或出售。股票实质上是一种独立于实际资本之外的虚拟资本，本身并没有价值，只是代表股份资本所有权的证书。

（二）股票的特征

股票作为有价证券的一种，是重要的投资工具，它具有如下几个特征：

1. 不可返还性

股票投资人一旦出资购买了某个公司的股票，投资者就再不能向发行股票的公司退还股票、索回资金，同时也没有到期还本的可能。

2. 决策性

投资人一旦购买了公司的股票，就成了该公司的股东，对公司的经营管理具有一定的决策权，决策权的大小与投资者持有该公司股票份额的多少成正比。

3. 风险性

股票投资与其他证券投资相比有着较大的风险性，这是因为投资者出资购买股票已不再有还本的可能，同时股息收入也是没有保证的，股票的收益取决于公司经营状况的好坏。此外，股票的价格也受股市价格波动的影响，买卖股票有赚有赔。

4. 流动性

投资人购买公司股票后，虽不能退还股本，但股票可以拿到证券市场上去转让，因此，股票持有人在出现资金紧张时，可以通过出售股票换取现金，也可将股票作为抵押品向银行贷款。由于股票有极强的变现能力，因而股票被视作仅次于现金资产的流动性较强的资产。

5. 价格波动性

通常股票是有票面价格的，但股票的买卖价格一般与股票的票面价格不一致，具有较大的波动性。影响股票交易价格的因素很多，这些因素不断变化，导致股价波动变幻莫测。

6. 投机性

股票价格与股票面值不一致，股票价格的频繁波动，就给股票买卖的投机带来了可能性，投机者可根据股票价格的涨落价差取得投机性收益。股票的投机虽然有其破坏性的一面，但股票投机对于活跃股票市场、加速资本的流动，也有一定的积极意义。

二、股票的种类

随着现代股份公司制度的发展，投资者不断提出新的投资要求，股票的种类逐渐增多，形式与内容也都千变万化。目前世界上股票种类繁多，按照不同的分类方法可将股票分为若干种。

（一）按股票持有者承担的风险和享有的权益分类

以股票持有者承担的风险和享有的权益为标准，股票可分为普通股、优先股和劣后股。

1. 普通股

普通股是构成股份有限公司资本基础的股份。普通股是股份有限公司最先发行、必须发行的股票，是公司最常见、最重要的股票，也是风险最大的股票。普通股具备股票最一般的特性，普通股的有效期限与公司相始终，普通股的利益与公司的利益相依存，因此，普通股与其他种类股票相比有着更多的权利，这些权利主要表现在如下几个方面：

（1）投票表决权。持有普通股的股东就是发行该股票公司的所有者之一，对于公司的重大决策、经营管理，按规定每持一股就有一份投票权。这种权利包括在股东大会上选举董事、发表意见、投票表决等，还有权对董事提出诉讼。如果股东不能参加股东大会，可以委托代理人行使其投票权。通过投票表决，股东间接参与公司的经营管理，所以，这种权利也可以叫做参与经营权。

（2）收益分配权。普通股在公司盈利分配上位于优先股之后，普通股的股利完全取决于公司盈利情况及分配政策。一般来说，公司盈利多，股利就高，反之则少，若公司亏损，则可能分文没有。这种股利收益的不固定，正是普通股的重要特点。所以，在证券投资中，投资普通股的风险最大。但若公司获高额利润，普通股股东可获得高额股利，有权享受利润增长所带来的利益，而一般优先股就无此项权利。

（3）资产分配权。当公司因各种缘由需要解散清算时，普通股有权按比例分得公司的剩余财产，但必须排在公司债权人、优先股股东之后。若在他们之后公司财产所剩无几，普通股则只能遭受损失。

（4）优先认股权。当公司增发新股时，普通股原有股东有按占有公司股份的原比例优先认购新股的权利。这样，原有股东就可以通过认购新股而继续维持其原有权利和收益。例如，某一股东原来持有公司普通股股票总额的 1‰，在公司发行新股票时，这个股东就有权按原有比例再认购新发行股票总额的 1‰。新股加旧股，该股东仍保证了公司股份 1‰的权利和收益。股东拥有新股优先认购权后，其处理权利的方式有三种：第一种是行使优先权，购买新股票；第二种是转让优先认股权；第三种是放弃这一权利，任其过期失效。

由于认股权可以转让，这就使得它有了价格，由此派生了又一个证券投资内容——认股权证交易。

2. 优先股

优先股是在股份公司中对于公司利润、公司清理剩余资产享有优先分配权的股份。由于在股份公司中优先股是预先确定股息的，因而使得它既是股票的一种，又有些类似于债券，是介于普通股与债券之间的一类折中性有价证券。这类股票之所以称为优先股，是因为它在以下两个方面处于优先地位：

一是领取股息优先。股份公司分配股息的顺序，首先是优先股，其次才是普通股。而且无论公司经营状况好坏和利润多少，优先股都可以按照预先确定的股息率先领取股息，即使普通股的股利减少或没有，优先股股东的权益也不能受损。但是，当公司无股息可分或股东大会决定当年不分配股息时，优先股在当年也有可能分不到股息。

二是分配剩余资产优先。当公司解散或破产清算时，优先股有先于普通股参加公司剩余财产分配的权利，但其分配顺序要排在债务人之后。

与普通股比较，优先股有它优先的一面，也有它不利的一面。首先，优先股的股息率是事先确定的，当公司经营状况良好，利润激增时，优先股的股息不会因此而提高，而普通股的收益却可大增。其次，优先股股东一般没有选举权和被选举权，对公司经营决策没有表决权。最后，在股份公司发行新股票时，优先股没有普通股那样的优先认购权。

优先股虽然存在着一些不利的因素，但无论是对于投资者还是对于股票发行公司来说，优先股确实有它可取之处。从投资者角度看，购买优先股票收益固定，风险小于普通股，股息一般高于债权收益，而且股份可以转让，所以比较适合于保守型的投资者和无暇参加公司管理的投资者；从筹资的股份公司角度看，优先股股息固定，不影响公司利润的分配。此外，发行优先股可以广泛地吸收资金，也不影响普通股股东对公司的经营管理权。所以，优先股一般比较受欢迎。

3. 劣后股

劣后股是指那些在股息和剩余资产分配上均后于普通股的股份。股份公司发行劣后股的原因是公司的发起人和经营者预计公司经营不能很快获得可观利润，但是为了迅速扩充资本，就由公司发起人或经营者自己购买劣后股，以此刺激和调动广大投资者购买该公司股票的积极性。因此，劣后股有时又称做发起人股或经营者股。劣后股的权利与普通股基本相同，当公司经营效益好时，劣后股能够获得剩余的全部利润，因而有可能获得很高的收益。

（二）按照股票的票面形式分类

根据股票是否记名，股票可以分为记名股票和无记名股票；根据股票是否有面额，股票可以分为面额股票和无面额股票。

1. 记名股票与无记名股票

记名股票是股票上记载股东姓名，并同时将股东姓名登记于股东名册上的股票。记名股票若转让，须将受让人姓名及住所记载于股票票面和公司股东名册上，否则转让无效；只登记于股票而未记入股东名册上亦无效。这也就是说，记名股票不得私自转让，必须通过公司，而且必须通过法定程序办理过户手续。

无记名股票是指股票票面上不记载股东姓名的股票。对于无记名股票来说，凡是持有公司股票的人即公司股东。此种股票在证券市场上频繁易手，因而股东也是不断变化的，该种股票的股息只能凭借所附息票领取（俗称“剪息票”）。由此可见，这种股票的转让是非常自由的。无记名股票在德国比较流行，也有一些国家禁止发行该类股票。

2. 面额股票与无面额股票

面额股票是指股票票面上记载有每股金额的股票。股票面额为公司资本的基本单位，是股东的基础出资额。日本的有关证券法规规定，有票面金额的股票每股金额须均等，金额不得低于500日元。英、美等西方国家的有关证券法规一般不规定股票票面的最低金额，而由发行公司自己自由决定。

无面额股票就是在股票票面上不载明金额的股票。无面额股票一般在票面上要标明每股占公司资本总额的比例，其价值随公司财产的增减而增减。在公司会计处理上，对于无面额股票，一般在股票发行时由公司董事会对每股规定一个价值，称为设定价值，作为公司记账的依据。在美国这种股票比较常见，但大多数国家的证券法规则不允许发行这种股票。

（三）按照股票的收益能力分类

股票按收益能力不同，可以分为蓝筹股、成长股、收入股、周期股、防守性股和投机性股。

（1）蓝筹股即所谓的热门股票。一般来说，发行这种股票的是在本行业内占有重要的甚至是支配性的地位，有强大的金融实力，经营业绩好的大公司。它们的股票投资风险适中，收益丰厚，股价呈上升趋势，普遍受投资者的欢迎。美国电话电报公司（AT&T）、通用汽车公司的股票即属于这类股票。

（2）成长股是指处于成长阶段公司发行的股票。由于发行这种股票的公司正处于上升阶段，其销售额和收益额正处于上涨之势，公司在今后有足够的实力进行大发展并能长期为股东带来投资收益。这类公司注重科研，留存大量收益进行再投资，有大展宏图之势。购买这种股票，其股利虽然近期并不很高，但股价正稳步提高，投资者可以获得长远的利益。

（3）收入股指那些当前投资收益比较丰厚的股票。这类股票一般受老年人、退休者和一些法人团体的欢迎。

（4）周期股指那些收益随商业周期波动的股票。在西方，人们认为钢铁、机器制造、建材等行业的股票属于这类股票。

（5）防守性股指在任何经济波动条件下收益都比较稳定的股票。这种股票与周期股正好相反，在商业条件恶化时，它的收益要比其他股票优厚并且较为稳定，如水、电和交通等公用事业公司发行的股票。

（6）投机性股指那些价格变化快、幅度大、前景很难确定的股票。由于这种股票价格波动大且涨落频繁，这就给证券投机者赚取巨额差价带来了极大的可能性，因此，这种证券备受证券投机者的青睐。

三、我国现行股票的类型

20世纪80年代中期，我国经济体制改革重点开始从农村转向城市，增强企业活力成为城市经济体制改革的中心环节。在由计划经济转向市场经济过程中，企业之间逐步推行资产联合，投资主体开始向多元化方面发展，于是，股份制形式应运而生。目前，我国现行的股票按照投资主体不同有国有股、法人股、公众股和外资股等不同类型。

（一）国有股

国有股是指有权代表国家投资的部门或机构以国有资产向公司投资形成的股份，包括公司现有国有资产折算的股份。在我国企业股份制改造中，原来一些全民所有制企业改组为股份公司，从性质上讲，这些全民所有制企业的资产属于国家所有，因此在改组为股份公司时，就折成国有股。另外，国家对新组建的股份公司进行投资，也构成了国有股。国有股由国务院授权的部门或机构持有，或根据国务院决定，由地方人民政府授权的部门或机构持有，并委派股权代表。

国有股从资金来源上看，主要有三个方面：第一，现有国有企业整体改组为股份有限公司时所拥有的净资产。第二，现阶段有权代表国家投资的政府部门向新组建的股份有限公司进行的投资。第三，经授权代表国家投资的投资公司、资产经营公司、经济实体性公司等机构向新组建的股份有限公司的投资。如以国有资产折价入股的，须按国务院或国家国有资产管理局的有关规定办理资产评估、确认、验证等手续。

国有股是国有股权的一个组成部分（国有股权组成的另一部分是国有法人股）。在我国，国有资产管理部门是国有股权行政管理的专职机构。国有股权可由国家授权投资的机构持有。在国家授权的投资机构未明确前，则由国有资产管理部门持有或由国有资产管理部门代政府委托其他机构或部门持有。如国有股权委托持有的，国有资产管理部门一般要与被委托单位办理委托手续，订立委托协议。如国家授权投资的机构持有国有股权的，国家资产管理部门代授权方拟订有关协议。国有股股利收入由国有资产管理部门监督收缴，依法纳入国有资产经营预算并根据国家有关规定安排使用。国有股权可以转让，但转让应符合国家制定的有关规定。国有资产管理部门应考核、监督国有股持有单位正确行使权利和履行义务，维护国有股的权益。

（二）法人股

法人股是指企业法人或具有法人资格的事业单位和社会团体以其依法可支配的资产向股份有限公司非上市流通股权部分投资所形成的股份。法人持股所形成的也是一种所有权关系，是法人经营自身财产的一种投资行为。法人股股票以法人记名。

如果是具有法人资格的国有企业、事业及其他单位以其依法占用的法人资产向独立于自己的股份公司出资形成或依法定程序取得的股份，则可称为国有法人股。国有法人股也属于国有股权。

作为发起人的企业法人或具有法人资格的事业单位和社会团体，在认购股份时，可以用货币出资，也可以用其他形式的资产，如实物、工业产权、非专利技术、土地使用权作价出资。但对其他形式的资产必须进行评估作价，核实财产，不得高估或者低估作价。

法人股在互相持股方面有一定的条件。我国规定，若一个公司拥有另一个公司10%以上的股份，则后者不能购买前者的股份。另外，各种法人均不得将持有的公有股份、认股权证和优先认股权转让给本法人单位的职工，不得将以集体福利基金、奖励基金、公益金购买的股份派送给职工。

（三）公众股

公众股也可以称为个人股，它是指社会上的个人或股份公司内部职工以个人合法财产投入公司形成的股份。公众股有两种基本形式：公司职工股和社会公众股。

1. 公司职工股

公司职工股是指股份有限公司职工在本公司公开向社会发行股票时按发行价格所认购的股份。按照《股票发行与交易管理暂行条例》的规定，公司职工股的股本不得超过公司拟向社会公众发行股本总额的10%。公司职工股在本公司股票上市6个月后，即可安排上市流通。

需要说明的是，公司职工股和内部职工股是两个完全不同的概念。在我国进行股份制试点初期，出现了一批不向社会公开发行股票，只对法人和公司内部职工募集股份的股份有限公司，被称为定向募集公司，内部职工作为投资者所持有的公司发行的股份被称为内部职工股。1993年，国务院正式发文明确规定停止内部职工股的审批和发行。

2. 社会公众股

社会公众股是指股份公司采用公开募集设立方式设立时向社会公众（非公司内部职

工）募集的股份。在社会募集方式下，股份公司发行的股份，除了由发起人认购一部分外，其余部分应该向社会公众公开发行。因此，公司内部职工以外的个人认购的股份，就构成了社会公众股。《中华人民共和国公司法》（以下简称《公司法》）还规定，社会募集公司向社会公众发行的股份，不得少于公司股份总数的 25%。公司股本总额超过人民币 4 亿元的，向社会公开发行股份的比例为 15%以上。目前，我国股票市场上流通的股份主要是社会公众股。

（四）外资股

外资股是指股份有限公司向外国和我国香港、澳门、台湾地区投资者发行的股票。这是我国股份有限公司吸收外资的一种方式。外资股按上市地域可以分为境内上市外资股和境外上市外资股。

1. 境内上市外资股

境内上市外资股是指股份有限公司向境外投资者募集并在我国境内上市的股份，这类股票称为 B 股。它与我国的 A 股不同。A 股以人民币标明面值，在境内上市，供境内投资者用人民币认购。B 股虽然也以人民币标明股票面值，在境内上市，但它是专供外国和我国香港、澳门、台湾地区的投资者以外币认购、买卖的股票，故属于外资股。

2. 境外上市外资股

境外上市外资股是指股份有限公司向境外的投资者募集并在境外上市的股份。它也采取记名股票形式，以人民币标明面值，以外币认购。在境外上市时，可以采取境外存股证形式或者股票的其他派生形式。在境外上市的外资股除了应符合我国的有关法规外，还须符合上市所在地国家或者地区证券交易所制定的上市条件。境外上市的外资股目前主要有在美国 Nasdaq 上市的 N 股。

第 3 节　债　券

债券是证券的基本构成要素之一，是证券市场上重要的交易对象，也是证券市场上最大众化的投资工具。它的发行和流通影响着现实的经济生活和金融生活，涉及经济和社会的方方面面。

一、债券的含义及特征

（一）债券的含义

债券是发行者依照法定程序发行，并约定在一定期限内还本付息的有价证券，是表明投资者与筹资者之间债权债务关系的书面债务凭证。债券持有人有权在约定的期限内要求发行人按照约定的条件还本付息，属于确定请求权有价证券。

在现实生活中，书面债务凭证很多，但它们不一定都是债券。通常情况下，要使一张书面债务凭证成为债券，必须具备以下三个条件：第一，必须可以按照同一权益和同一票面记载事项，同时向众多的投资者发行；第二，必须在一定期限内偿还本金，并定期支付利息；第三，在国家金融政策允许的条件下，它必须能够按照持券人的需要自由转让。

（二）债券的特征

债券和股票是证券的两个基本构成要素，它们有许多共同点。但债券也有其自身的特性，这些特性主要表现在债券的权利性、有期性、灵活性和稳定性上。

1. 债券的权利性

债券的权利性与股票的权利性不同，债券代表的是债权。当某投资者持有某机构发行的债券时，就成为该机构的债权人。通常情况下，债权人有以下几项基本权利：

（1）利息请求权。利息请求权是指债权人在一定条件下，有请求债券发行单位支付利息的权利。一般来说，债券发行单位在发行债券时，就确定了债券的券面利率、计息方法、利息支付方式和利息支付时间。在符合上述要求的条件下，债权人就有权请求债券发行单位按规定支付利息。债券的利息支付主要有息票支付方式和非息票支付方式两种。

息票支付方式是对息票债券而言的，一般无记名债券多为息票债券，这种债券在其下端附有利息券。债权人在规定的付息期间，剪下利息券，即可凭利息券领取债券利息。采用非息票支付方式的债券，则只能凭债券本身在规定的付息时间，到指定地点领取利息。

（2）偿还本金请求权。偿还本金请求权是指债权人在一定条件下，有请求债券发行单位偿还债券本金的权利。一般来说，债券发行单位在发行债券时，都明确规定了债券本金的偿还期和偿还方法。在符合上述要求的条件下，债权人就有权提示债券发行单位偿还债券本金，债券发行单位不得任意拖延，也不得违背债权人的利益随时偿还。

在偿还债权人本金时，凡无记名债券，债权人需交出债券；对记名债券，则不一定要求债权人交出债券，但在偿还本金之后，债券发行单位可要求债权人交还债券。

（3）财产索取权。财产索取权是指债权人在一定条件下，有向债券发行单位索取其拥有的财产的权利。一般当发生债务人因故拖延还债，且将其财产清理出售时，债权人有权向债券发行单位索取其财产或财产销售收入。

（4）其他权利。除上述权利之外，如果债券发行单位超过其规定数额发行债券，影响现有债权人利益时，债权人还有维护其利益的权利。在利息支付年度还享有请示优先支付利息的权利，在债券发行单位经营状况不佳，出现财务困难时，有请示法律部门对其进行清理的权利。

2. 债券的有期性

债券与股票的性质不同，债券是债权的代表。在债券的偿还期内，债权人只是将资金借给发行单位使用，无权过问发行单位的其他业务。发行单位的财务状况也与债权人无关，无论其财务状况如何，债权人都只能取得固定的利息。因此，债权人与债券发行单位之间只是一种债权债务关系，是一种借贷关系。而借贷是不能没有期限的，否则也就失去了借贷的性质。这样，债券的性质就决定了它必须是有期的，发行单位在发行之前就必须明确规定其归还期限，到期后，归还债权人本金和利息。若持券人要在未到期之前将其转换为现金，则只能到流通市场上将其转让给他人。

3. 债券的灵活性

由于债券不代表发行单位的资产所有权，因此对债券发行单位的限制，就不像股票或其他证券那样严格。债券的发行人既可以是股份有限公司，也可以是非股份有限公司；既可以是以营利为目的的经济组织，也可以是不以营利为目的的非经济组织，只要具有偿还能力，任何单位都是可能的债券发行者。

4. 债券的稳定性

债券的稳定性主要是通过债券收益和债券价格的稳定性体现出来的。由于债券是发行单位债权的代表，其收益实质上是债权收益。这种收益主要表现为利息收益和本金收益两种形式。在正常的条件下，由于债券票面利率一般都接近市场利率，货币本身价值也不会有较大的变化，因此债券的收益很难发生大的变化。由于债券收益很难发生大的变化，债券价格也就很难出现较大的波动。它既不会在发行单位财务状况不佳时出现大的下跌，更不会在发行单位财务状况较好时出现大的上涨。这样，就使债券收益和债券价格具有相对的稳定性，从而使债券投资具有较小的风险性。

二、债券的分类

债券按照不同的要求和标准有多种分类方法，但最普通、最重要的分类是按照发行体系来划分的。

根据债券发行单位性质的不同，可将其分为政府公债券、金融债券、企业债券和国际债券几大类。

（一）政府公债券

政府公债券是政府或政府代理机构为弥补预算赤字、筹集建设资金及归还旧债本息等而发行的债券。它又可分为国家债券、政府机构债券和地方债券等。

（1）国家债券是指由中央政府或财政部门发行的债券，如美国的国库券、日本的国债、英国的金边债券、加拿大的联邦政府债券。国家债券的发行量和交易量往往占有较大的比重，在货币市场和资本市场中起着重要的融资作用。特别是短期国库券，它作为货币市场的重要融资工具，具有“准货币”之称。由于它期限短、风险小、流动性强、收益高，因而是最受投资者欢迎的金融资产之一。

（2）政府机构债券是指各国政府有关机构发行的债券。它一般由中央政府担保，具有准国债的性质，有较高的信誉，如美国的联邦政府代理机构债券、日本的政府保证债券等，也是债券投资者的重要投资对象。

（3）地方债券是指由市、县、镇等地方公共机关为进行经济开发、公共设施建设等发行的债券。如美国的市政府债券、日本的地方债券、英国的地方当局债券等。地方债券一般以地方财政做担保，其安全性与国家债券差不多。但由于其地方性，因此不易转让，证券市场的流通量也较小。

（二）金融债券

金融债券是银行或其他金融机构为筹措中长期信用资金而发行的债券。如日本的付息金融债券、贴现金融债券，美国的国民银行从属债券等，它是商业银行或专业银行除通过发行股票、大额可转让存单等方式吸收资金外，经过特别批准后的又一种资金筹措方式。因此，其利率往往介于两种债券利率之间，也是很受欢迎的一种较好的投资工具。金融债券又可具体分为全国性金融债券和地方性金融债券两种。

全国性金融债券是由全国性金融机构在全国范围内发行的金融债券。其安全性较强，也有较好的流动性。

地方性金融债券是由地方性金融机构在本地区范围内发行的金融债券。其安全性和流动性均低于全国性金融债券。

（三）企业债券

企业债券是企业为筹集投资资金而发行的债券。企业债券多为长期债券，同政府公债券相比，其风险相对较大，因此利率也较高。通常情况下，国家为保护投资者利益，对企业债券在发行数额、发行时间、债券期限、利率等方面都有较严格的规定。企业对公众发行债券，要经有关部门审查批准。企业债券又可具体分为公司债券和非公司企业债券两大类。

非公司企业债券是指不具有独立法人地位的非公司企业发行的债券。具有法人地位的公司企业，是指那些依法成立，以营利为目的的社团法人；而那些不具备此特征的独资企业或合伙企业，则被称为非公司企业。非公司企业发行的债券与公司企业发行的债券没有很大的区别，只是在发行程序上有不同的要求。

（四）国际债券

国际债券是指各主权国家政府、信誉好的大公司以及国际机构等，在本国以外的国际金融市场上发行的债券。发行国际债券主要是为了：弥补发行国政府的国际收支逆差；弥补发行国政府的国内预算赤字；实施国际金融组织的经济开发计划；增加大型工商企业或跨国公司的营运资金，扩大经营范围。其主要特点是，发行者属于某一国家，发行地点属于另一国家，并且债券面额不以发行国货币计值，而是以外国货币或其他货币计值。国际债券目前又可具体分为外国债券和欧洲债券两大类。

外国债券是指由外国筹资人发行的，以发行所在国货币计值并还本付息的债券。发行外国债券，通常要在债券发行所在国的一个较大的国内市场注册，由该市场内的公司负责包销，并主要在该市场内出售。发行外国债券的优点是能够筹集到期限较长，又可以自由运用的外汇资金。但它要受到政府的严格检查和控制，发行时除受本国外汇管理法规的约束外，还要受到发行所在国有关法规的限制。如我国先前在日本发行的日元债券、在德国发行的马克债券等都属于外国债券。

欧洲债券是指国外筹资人在欧洲金融市场上发行的，不以发行所在国货币计值，而是以另一种货币计值并还本付息的债券。欧洲债券除可以用单独货币发行外，还可以用综合性的货币单位发行。欧洲债券一般不记名，可以通过国际债券市场上的经纪人或包销商来出售，而不必在任何特定的国内资金市场上注册或者销售。因此，欧洲债券不像外国债券那样受发行所在地国家有关法规的限制。

三、我国债券的主要分类

新中国成立后，已发行过许多债券，主要包括国家债券、国家代理机构债券、金融债券、企业债券和国际债券。

（一）国家债券

新中国成立后，我国发行过的国家债券主要有：1950 年为弥补财政赤字、制止通货膨胀而发行的“人民胜利折实公债”；1954 年至 1958 年，为筹集建设资金而发行的“国家经济建设公债”；1981 年至今为弥补财政赤字、筹集建设资金而发行的“国库券”；1987 年为筹集重点建设资金而发行的“国家重点建设债券”；1988 年为弥补财政赤字而发行的“财政债券”；1988 年为筹集重点建设资金而发行的“国家建设债券”；1989 年发行的“特种国债”和为筹集建设资金而发行的“保值公债”等。目前，国债在实物形态上有记账式、凭证式、无记名实物券式。期限有 3 个月、6 个月、1 年、3 年、5 年、7 年、10 年等。

（二）国家代理机构债券

我国的国家代理机构发行的债券主要有：1988 年国家专业投资公司发行的“基本建设债券”和“重点企业债券”，这些债券的发行目的主要是为国家筹集建设资金。

（三）金融债券

为了加强金融宏观控制，搞活经济，自 1985 年以来，我国的专业银行、综合性银行以及其他金融机构相继发行了金融债券。到目前为止，主要种类有普通金融债券、累进利息金融债券和贴现金融债券。

（四）企业债券

我国企业发行债券，多数是从 1985 年和 1986 年开始。目前我国的企业债券主要有六大类，即重点企业债券、地方企业债券、企业短期融资债券、地方投资公司债券、住宅建设债券、1998 年发行的可转换公司债券。

（五）国际债券

为利用境外资金加快我国的建设步伐，自 20 世纪 80 年代初期，我国先后在日本、德国、新加坡、英国和美国等国以及香港特别行政区发行国际债券；发行币种包括日元、港币、德国马克、美元等；期限均为中、长期，最短的 5 年，最长的 12 年。特别是 1996 年，我国在美国市场发行了 10 年期扬基债券，极大地提高了我国政府的国际形象。

第 4 节　投资基金

投资基金是当今世界上一种重要的投资方式，发展十分迅速。投资基金 19 世纪始创于英国，发展于美国，普及于日本、德国、法国等国家以及我国香港、台湾地区。100 多年来，特别是 20 世纪 80 年代中后期，投资基金在世界范围内得到了长足发展，已成为继股票、债券之后又一个非常重要的投资工具。

一、投资基金的含义与特征

（一）投资基金的含义

投资基金是指一种利益共享、风险共担的集合证券投资方式，即通过发行投资基金单位，集中投资者的资金，由投资基金托管人托管，由投资基金管理人管理和运用资金，从事股票、债券等金融工具投资，并将投资收益按基金投资者的投资比例进行分配的一种间接投资方式。

投资基金的称谓在不同的国家有所不同。美国称之为“共同基金”，英国称之为“单位信托基金”，日本称之为“证券投资信托基金”，其他国家和地区有称之为“互助基金”、“互惠基金”、“投资基金”的，也有称之为“基金”的。

（二）投资基金的特征

投资基金是既区别于直接投资又区别于间接投资，既区别于金融机构贷款投资又区别于一般信托投资，既不同于股票又不同于债券的一种独具特色的、集诸多优点于一身的投资信托方式。它有如下特征：

（1）投资基金是众多投资者出资形成的，尤其是由中小投资者的小额资金所组成的。

（2）投资基金是在一定时间内集中募集而成的，其运营期限一般都是预先约定的。

（3）投资基金的运用管理是通过专门的投资管理机构进行的。一般来说，每个投资基金都有发起人、托管人和管理人，自然人不得进行投资基金经营。

（4）投资基金的运用是以证券投资为主的综合性投资。

（5）投资基金的投资目的是唯一的，即以投资的增值、保值为目标。

（6）为保证基金投资的利益与安全，必须进行分散与组合投资。

（7）投资基金一般以有价证券方式募集形成，该有价证券可称做受益证券基金股份或单位受益凭证、投资基金券等。

（8）投资基金一般坚持共同投资、共担风险、共同受益的原则，一旦发生投资风险，应由全体投资人共同分担。但一般来说，由于有专家经营、分散组合投资的优点，其风险比单个人买卖股票或直接投资要小得多，收益也比一般投资要高得多。

（9）投资基金证券或股份一般要求以现金的方式进行流通转让，以满足投资者变现和转移投资、回避风险的要求。

（10）投资基金在约定期满一般要求解散、核资清偿，也可以应多数投资者要求予以延长或转换，这是其区别于股票的重要特点。

概括而言，投资基金的主要特征为：集体投资、专家经营、分散风险、共同收益。

二、投资基金的种类

投资基金根据不同的标准可分为若干种类。

（一）按投资基金设立后能否追加投资份额或赎回投资份额分类

按投资基金设立后能否追加投资份额或赎回投资份额，可以将投资基金分为封闭型投资基金和开放型（或叫固定型、追加型）投资基金。

1. 封闭型投资基金

封闭型投资基金是相对于开放型投资基金而言的，它是指投资基金资本总额及发行份数在未发行之前就已确定下来，在发行期满后，投资基金就封闭起来，总量不再增减的投资基金，因此也被称为固定型投资基金。封闭型投资基金受益凭证在封闭期间内不能追加认购或赎回，但投资者可以在证券交易所等二级市场上交易。

2. 开放型投资基金

开放型投资基金是指投资基金的发行总额不是固定不变的，而是可以随时根据市场供求状况发行新份额或被投资人赎回的投资基金。投资基金的单位总数是变动的，因此会但追加购买或赎回的价格不同于原始发行价，而是以投资基金当时的净资产价值为基础加以确定。投资者可以按投资基金的报价在国家规定的营业场所申购或者赎回投资基金单位。

3. 封闭型投资基金与开放型投资基金的区别

（1）封闭型投资基金的份额数量是固定的，其投资基金份额买卖和交换按标准费率执行；开放型投资基金的份额是不固定的，因其可不断卖出和买进自己的股份，并按净资产价值赎回该股份。

（2）封闭型投资基金在存续期内不得要求赎回，故信托资产稳定，便于投资基金管理人稳定运作投资基金。开放型投资基金的单位总数是变动的，因此会给投资基金管理人稳定运作投资基金带来挑战。

（3）封闭型投资基金的投资者投资风险较大，当投资基金业绩好时，投资者可享受超过净资产价值的证券收益；若有亏损，则投资者最先遭受损失。开放型投资基金则无上述风险。

（二）按投资基金的组织形式分类

按照投资基金的组织形式，可将投资基金划分为契约型投资基金和公司型投资基金。

1. 契约型投资基金

契约型投资基金又称信托型投资基金。契约型投资基金是根据信托法组建的，也就是由委托人、受托人和受益人三方订立信托投资契约，由投资基金公司根据契约运用信托财产，由托管人（信托公司或银行）负责保管信托财产，而投资成果则由投资者（受益人）享有的一种投资基金。

2. 公司型投资基金

公司型投资基金是按照公司法组建的投资基金，投资者购买公司股份成为股东，由股东大会选出董事、监事，再由董事、监事投票委任某一投资管理公司来管理公司的资产。这种投资基金股份的出售一般都委托专门的承销公司来进行。

3. 契约型投资基金与公司型投资基金的区别

（1）公司型投资基金必须由具有独立法人资格的投资基金公司发起并发行投资基金股份；契约型投资基金则无须单独组成具有法人资格的机构发起投资基金，由现有的金融机构发起即可。

（2）公司型投资基金的管理依据是公司章程；契约型投资基金的管理依据为信托契约。

（3）公司型投资基金发行股票，投资者为公司股东，可以参加股东大会，行使表决权；契约型投资基金则发行受益证券，购买受益证券的持有者只享有受益权，不具有股东资格，因此也无表决权。

（三）按投资基金投资对象分类

按投资基金投资对象不同，投资基金可分为证券投资基金、货币市场投资基金、不动产投资基金、创业投资基金等。

1. 证券投资基金

证券投资基金是投资基金的主体，有的国家明确规定投资基金只能投资于各种有价证券。

在证券投资基金中，根据投资对象，又可分为如下几种类型：

（1）股票投资基金是专项投资基金中最常见的一种，其投资对象是股票，包括优先股和普通股。股票投资基金的投资目标以追求资本成长为主，但其必须面对股票价格波动的风险。由于股票投资基金规模较大，比较容易通过投资组合分散风险，通常情况下，它是中小投资者的首选投资对象。

（2）债券投资基金是投资基金市场的重要组成部分，其规模仅次于股票投资基金，它主要用于债券投资。由于债券是一种获利稳定、风险较小和具有一定期限结构的有价证券，因而债券投资基金可以获得稳定收益，风险也较小，可见债券投资基金基本上属于收益型投资基金。债券投资基金按投资地域可划分为国际债券投资基金、欧洲债券投资基金、美国债券投资基金、英国债券投资基金等。债券投资基金按币种划分有美元债券投资基金、英镑债券投资基金、日元债券投资基金、马克债券投资基金等。债券投资基金按发行主体不同，可分为政府公债投资基金、市政债券投资基金、公司债券投资基金等。

（3）衍生证券投资基金包括期货投资基金与期权投资基金。期货投资基金是以各类证券指数期货市场为主要投资标的的投资基金，期货投资的特点是以小搏大，风险与收益都很大；期权投资基金是指主要从事证券期权交易的投资基金。

（4）指数投资基金（优化指数投资基金）是根据股票或债券对证券指数影响的程度来选择投资的一种投资基金。该投资基金在选择不同股票或债券的投资组合时，往往参照股价指数计算的方法，不断地将那些对证券指数影响较大的股票或债券作为选择对象，从而使投资基金的收益随股价指数同步波动，投资基金的收益同股票市场的平均收益基本持平。该投资基金具有一定的稳定性。

（5）认股权证投资基金是指主要从事认股权证交易的投资基金，是深受进取型投资者欢迎的投资基金。

2. 货币市场投资基金

货币市场投资基金是指在全球的货币市场上从事短期有价证券投资的一种投资基金。它的投资对象主要有国库券、银行可转让存单、商业票据、银行承兑汇票、公司债券等。由于短期证券的收益较为稳定，而且兑现方便，因此，货币市场投资基金具有收益高、流动性强、风险小、资本安全性高等特点，在国外货币市场上深受投资者的欢迎。许多国外证券投资者都是从货币市场投资基金开始投资于投资基金的。

3. 不动产投资基金

不动产投资基金是指在房地产公司发行的证券上从事投资的一种投资基金。纯粹的不动产投资基金很少，知名的有加拿大怡东太平洋地产股信托投资基金，主要投资在我国香港地区和东盟各国的地产业股票上。间接投资于地产业的投资基金则较多，它们主要是通过投资房屋抵押市场而间接投资房地产。

4. 创业投资基金

创业投资基金又称置业投资基金或风险投资基金，是以股权投资方式，主要投资于未上市公司的投资基金。它是为支持一些盈利前景看好的新兴产业而设立的投资基金，其经营方针是在高风险中追求高回报。它的投资目标主要是那些不具备上市资格的小型企业和新兴企业，甚至是仅仅处在构思之中的企业。因此，创业投资基金具有高风险、高收益的特征。创业投资基金投资于未上市公司的目的不是要控股，而是通过资金和技术援助取得部分股权，促进受资公司的发展，使资本增值。一旦受资公司发展起来，股票可以上市，投资基金管理公司通过在股票市场上出售股票收回增值的资金和资本，再去寻找新的投资对象。

（四）按投资来源和运用地域分类

根据投资来源和运用地域不同，投资基金可以分为国内投资基金和海外投资基金。

1. 国内投资基金

国内投资基金是指资金全部来自国内投资者的一种投资基金。

2. 海外投资基金

海外投资基金是指投资基金的发行对象是境外的投资者，而投资方向是国内的有价证券组合。这种投资基金的优越性是：

（1）有利于利用外资。海外投资基金与外债不同，不会构成外债负担，同时还可以将筹集的资金有效集中在国内使用。

（2）既方便了境外的投资者，又可防止国外大投机商对国内市场进行操纵。

（3）既便于国家对外汇市场的管理，又可使国内发行公司不承担外汇风险。

（4）可作为国际资本与国内证券市场间的缓冲器和控制阀，为进一步开拓利用证券市场吸收外资奠定基础。

（五）根据投资基金投资计划可变性分类

根据投资基金投资计划可变性大小，投资基金可以分为固定型投资基金、融通型投资基金和半固定型投资基金。

1. 固定型投资基金

固定型投资基金是指投资基金按投资计划投资，其投资的证券资产经编定后，不论其价格如何变化，除非发行公司合并或撤销，投资基金经理公司不得通过出卖等方式任意改变已编入的证券资产。这种方式的优点是便于投资者了解其资金投资有价证券的情况；缺点是投资基金资产的管理与运用缺乏弹性。当投资基金所编入的有价证券的价格跌落时，投资基金经理公司无力通过转换投资挽救其受益凭证价格的同时滑落。

2. 融通型投资基金

融通型投资基金是英国证券投资信托的传统方式。投资基金经理公司可根据市场情况，自由决定其投资证券的对象，出售并变更投资基金所编入的证券资产的内容和结构，以有效地防止受益凭证价格的跌落。

3. 半固定型投资基金

半固定型投资基金介于固定型投资基金与融通型投资基金之间，即基金投资的证券资产经编定后，其经理公司在一定的条件和范围内（如事先赋予在特定证券资产中有选择权），可变更投资基金的资产内容。

目前，世界各国的基金大部分是融通型或类似于融通型，如日本的证券投资信托公司只要遵守信托条款的规定，便可享有相当程度可变更投资证券资产的自由。

（六）根据投资目标和风险大小分类

根据投资目标和风险大小来分类，投资基金可以分为积极成长型投资基金、成长收入型投资基金、定期收益投资基金和平衡型投资基金。

1. 积极成长型投资基金

积极成长型投资基金是以高风险获取高收益的一种投资基金。投资基金的管理者通常购买某些新兴行业领域内的小公司股票，或者目前经营状况不佳，但前景看好的公司的股票。购买这类公司的股票，一旦时机成熟，其股价就会成倍上涨，该投资基金就可以通过股票买卖的股价差额，获取丰厚的投资报酬。由于其收益是以高风险为代价，因此，该投资基金具有较大的波动性。在股市行情上涨时，该投资基金会给投资者带来好处；在股市行情滑落时，也会对投资者的资产造成损失。投资基金的经理人往往以股票的投资组合来控制该投资基金的波动性，在弥补股价下滑造成的损失时，无论在资金实力、操作技巧还是在结构转向等方面，个人投资者都是无法与该投资基金相比拟的。该投资基金属于期限短、风险大、收益高的投资基金。

2. 成长收入型投资基金

成长收入型投资基金是指在维持投资者投入资金的情况下，尽可能在股市中为投资者争取最大收益的一种投资基金。它主要选择股息记录优良，尤其是股息逐年增加的股票作为投资对象，其获利能力要比积极成长型投资基金差，风险也较低。在利率稳定的情况下，该投资基金也不失为一种良好的投资方式。

3. 定期收益投资基金

定期收益投资基金是一种追求稳定收入的投资基金。主要投资于股息比较优厚、红利水平较高的绩优股票，资信度高的债券和可转换债券，以获取稳定的股息或债息。

4. 平衡型投资基金

平衡型投资基金是在确保一定投资收益的情况下，兼顾资本收益的一种比较保守的投资基金。它通常会把一半的资金投资于债券，把另一半的资金投资于股票，因而投资基金的收益不会有明显的涨跌。这种投资基金对于期望能保本和期望资本增值的投资者均具有吸引力。

投资基金的分类标准还有很多，事实上任何一只投资基金都可以同时归为不同类型，而最基本的投资基金类型是按投资基金的性质划分的封闭式、开放式、契约型和公司型投资基金四种。

三、投资基金与股票、债券等投资工具的关系

在发达的金融市场上，常见的金融工具有五大类：一是股票；二是债券；三是组合金融工具；四是衍生金融工具；五是实物金融工具。投资基金属于组合金融工具，它与股票、债券的关系较密切。但投资基金又是一种新的金融组织形式，它的特点是有一套完整的募集、保管制度，由专业管理人士直接管理。这些特点使得投资基金的功能、作用和市场地位都不同于股票、债券。

（1）从性质上看，三者反映的关系不一样，股票表示的是对公司的所有权，是一种所有权关系；债券所表示的只是一种债权，是一种债权债务关系；契约型基金反映的是一种信托投资关系，并不涉及所有权的转移。

（2）从发行目的看，发行股票是股份有限公司为了满足筹集资本的需要，发行股票所筹集的资金列入公司资本；发行债券是公司为了满足追加资金的需要，发行债券所筹措的资金列入公司负债；而发行投资基金股份或受益证券是为了形成一个以分散组合投资为特色，以降低风险从而达到资产增值为目的的投资基金组织，投资基金组织是一个标准的投

资人，发行投资基金所筹集的资金构成投资基金的组成单位。

（3）从发行者看，股票的发行者是股份公司，债券的发行者是政府、金融机构、公司、企业等，而投资基金的发行者是一个比较松散的组织。

（4）从操作上看，股票、债券是一种融资工具，投资面向实业；投资基金是一种信托工具，投资面向其他证券。如果说股票、债券是一次投资范畴，那么投资基金则属于再投资或二次投资的范畴。

（5）从期限上看，债券是债权的代表，债券的性质决定了债券要在一定时期内还本付息；股票是对公司的所有权的代表，没有到期日；投资基金较灵活，可有期，可无期，有期限的，在到期时，经投资基金证券持有人大会同意、主管机关批准，还可以延期。

（6）从风险和收益大小看，债券反映债权债务关系，其特点是双方事先约定借贷的利率与时间，债务人对债权人的这种承诺是无条件执行的，因此债权人风险较小，债务人风险较大。与之相比，股票投资者在其投资时没有定期取得收入的任何保证，股票收益要看公司经营的盈亏而定，且没有到期日，不能赎回，只能在二级市场上通过交易获得现金，有可能出现亏损，所以股票投资风险大。投资基金与股票的相同点是投资基金投资者在其投资时并不能得到一个确定的利率，也没有定期取得收入的任何保证，投资基金经营业绩良好，投资者会得到较好的报酬，反之则报酬较低，投资者必须要承担一定的风险。但投资基金主要投资于有价证券，专业性投资机构对投资者资金的运用能实现稳定收益，且有可能获得比债券更高的收益；投资基金的组合投资也避免了投资一般股票的高风险，所以投资基金的风险介于股票和债券之间。

（7）从返还性上看，债券到期必须还本付息；而股票投资人一旦出资购买了某公司的股票，投资者就再不能向发行股票的公司退还股票、索回资金，具有不可返还性，但可以在二级市场上通过交易换回现金。投资基金则较灵活，在投资基金的存续期内，封闭式基金同股票一样不能赎回，但可以在二级市场上通过交易换回现金；开放式基金可以自由赎回，而股票则不行。

（8）从投机性看，债券一般只是单纯的投资对象，投机性很小；而股票则不但是投资对象，还有很强的投机性，股票价格的频繁波动，就给股票的买卖投机带来了可能性。投资基金是一种中长期信托投资工具，不能当做股票来炒，但投资基金又不同于债券，投资基金的价格是随着投资经营效益的高低而发生变化的，具有波动性，所以，投资基金的投机性介于股票、债券二者之间。

第5节　衍生投资工具

证券投资工具经过几百年的发展，在近二三十年中，随着市场的不断完善，人们投资偏好的变化和预防交易风险意识的加强，又衍生了认股权证、可转换证券、证券期货、证券期权等交易形式，此外还出现了股票指数期货。

一、认股权证

（一）认股权证的含义

认股权证全称股票认购授权证。它由上市公司发行，表明持有人具有在指定时间内以事先确定的价格购买一定数量的该公司股票的权利凭证。严格地说，认股权证本身并不是股票，但它作为一种新兴的与股票紧密联系的投资工具，深受广大投资者的欢迎，在股票市场上占有相当重要的位置。

认股权证使持有人在规定的时期内可以按特定的价格购买一定数量的新股。用证券市场术语讲，就是允许持有人在有效期内，按某一既定比率（换股比率），以某一既定价格（换股价）换购一定数量的普通股票。因此，认股权证本身是没有价格的，它的价值是来源于股票的市场价格高于股票的认购价格。这样，有效期限、换股比率（一个单位的认股权证能认购多少普通股）、换股价（以认股权证购买新股的价格）就成为决定认股权证价值的三要素。

（二）认股权证同股票的优先认购权的关系

前面章节中已指出，普通股股东有很多权利，其中一个是优先认股权，或者叫认购权。也就是说，在公司发行新股票时，普通股原有股东有按占有公司股份的原比例，优先购买公司发行的新股的权利，而且这种权利又是可以有价转让的。这是因为公司规定认购新股的价格必然低于当时的市价，只有这样才能刺激原有股东乐于认购，如果高于市价，则不仅原有股东，连新投资者对其也会毫无兴趣，因为他们完全可以到证券流通市场上去购买旧股，而不会按高于市价的价格购买新股。这样就使得认购新股的认购权本身有了一定的价格，原有股东如果不想继续投资本公司，那么，他就可以按一定的价格在证券市场上将此认购权转让出去。例如，某公司股票的市场价格为每股 10 元，该公司规定原股东认购新股的价格为每股 8 元，按 1∶1 配股，这样原有股东可按持有的每一股用 8 元价格购买一新股，将新旧股综合起来看，每股平均价格为(10＋8)÷2＝9(元)。与市价相比，每股低 1 元，这 1 元就是认股权的价值。由此可以看出，与市场价格比较，认股权具有价格。在本例中，认股权的价格为 1 元。既然认股权具有价格，那么它就会随股票价格涨落而涨落，原股东是否获利或者获利多少，完全取决于认股权规定的价格与股票市场价格的差额大小。但是需要注意的是，认股权不等同于认股权证。认股权应当说只是认股权证的低级形式。因为，首先，单就认股权来看，它存在着如下两个缺点：一是认股权与原有普通股股票是连在一起的，并未分离，或者说在这里认股权并没有单独的证书作为其权利的证明，并未形成独立的投资工具，所以难以在市场上流通，认股权很难真正实现价值。二是公司发行新股时，一般希望在较短时间内迅速筹集到所需的资金，所以认股权的期限都比较短，通常只有几个星期或仅有几天，过期就会作废，这样就使得认股权的行使受到很大限制。以上缺点由于认股权证的出现而得到克服，因为认股权证是把认股权证券化，它既是一种证明权利的单独的证书，可以拿到市场上去转让，同时它的有效期限又特别长，有的长达数年之久，在这期间可以接连不断地进行多次转让，成为一种新的投资工具。其次，优先认股权产生于公司筹集资金而向现有股东发行新股时，是对普通股股东的优惠权，而认股权证产生于公司发行优先股或债券时，是对优先股股东和债权人的优惠权。最后，优先认股权的价格低于市场价格，而认股权证的认购价高于当时的市场价格。

二、可转换证券

可转换证券又称“转股证券”、“可兑换证券”、“可更换证券”等，是指发行人依法定程序发行，持有人在一定时间内依据约定的条件可以转换成一定数量的另一类证券（通常是转换成普通股股票）的证券。因此，可转换证券实际上是一种长期的普通股股票的看涨期权。

可转换证券主要分为两类：一类是可转换公司债券，即将公司债券转换成本公司的普通股；另一类是可转换优先股股票，即将优先股转换成本公司的普通股。

就可转换公司债券而言，主要包括以下一些基本要素：

（1）基准股票，又称正股，是指可转换公司债券持有人可将所持有的债券转换成发行公司普通股的股票。

（2）票面利率，主要是由当前市场利率水平、公司债券资信等级、可转换公司债券的要素组合决定的。

（3）期限（又叫存续期），可转换公司债券与一般债券的期限内涵相同。所不同的是，可转换公司债券的期限与投资价值成正相关关系，期限越长，股票变动和升值的可能性越大，可转换公司债券的投资价值就越大。

（4）请求转换的期限，是指可转换公司债券可以转换为股票的起始日至结束日的期限。在整个转换期内，投资者可视股价的变动情况逢高价时转换，也可以选择将债券转让出售。

（5）转换价格，是指可转换公司债券转换为公司每股股份所支付的价格。转换价格的确定，反映了公司现有股东和债权人双方利益预期的某种均衡。制定转换价格要和债券期限、票面利率相互配合起来。

（6）转换权的保护，当公司发行可转换公司债券后，由于公司的送股、配股、增发股票、分立、合并、拆细及其他原因导致发行人股份发生变动，股本扩大引起公司股票名义价格下降时，转换价格应做出相应的调整。转换价格调整条件是可转换公司债券设计中至关重要的保护可转换公司债券投资者利益的条款。

（7）可转换公司债券的附加条款，包括：

1）赎回条款。赎回是指发行者在可转换公司债券发行一段时期后，可以按照赎回条款生效的条件提前购回其未到期的发行在外的可转换公司债券。可转换公司债券一般有四种偿还方法：到期偿还、到期前偿还、赎回条件下偿还和回售条件下偿还。赎回是属于到期前强制性偿还的特定的一种方法。

2）回售条款。回售一般是指在公司正股市价在一段时间内连续低于转股价格达到某一幅度时，可转换公司债券持有人按事先约定的价格将所持可转换公司债券卖回发行人的行为。也有的回售条款是承诺某个条件，比如公司股票在未来时间要达到上市目标，一旦达不到，则履行回售条款。

赎回条款和回售条款是可转换公司债券不同于其他金融产品的重要特征，也是可转换公司债券金融魅力的奥秘所在。设立科学、合理的赎回条款和回售条款对债券的成功发行和转股有着重要的意义。

3）强制性转股条款。强制性转股条款是发行人约定在一定条件下，要求投资人务必将持有的可转换公司债券转换为公司股份的条款。

赎回、回售和强制性转股三种条款中，赎回与回售、强制性转股与回售可以用于同一可转换公司债券，但赎回和强制性转股则不可同时运用，因为这一条款的使用反映的是发行人不同的选择趋向。

三、证券期货

证券期货交易是指买卖双方支付一定数量的保证金，通过期货交易所进行的以将来的特定日作为交割日，按约定价格卖出或买进证券的交易方式。证券期货交易实质上是把订约与履约的时间隔离开来，通常时间间隔可以是 1 个月、3 个月、6 个月不等，相对于现货交易而言，是一种远期交易，是一种“未来买卖”。在期货交易中，买卖双方先签订买卖合同，就买卖证券的种类、数量、成交价格以及交割时间、交割地点达成协议，买卖双方等到合同规定的交割日期才正式地办理交割手续。在达成交易时，卖方并不真正地交付证券，买方也不当时就付款，只有到了规定的交割日时，卖方才交出证券，买方才支付价款。由于期货交易是要按约定价格结算，在交割时，如果正遇证券价格上涨，买方则可大获其利；如果正遇价格下跌，则卖方就能获利。

证券期货交易一般具有以下特点：

（1）交易对象是有价证券的标准化合约，即交易所为进行期货交易而制定的一种具有固定格式和内容的协议书。证券期货交易对证券的品种、期限、数量、规模等都预先加以确定，实行标准化管理，只有价格是可变的，因而便于市场流通转让，又可避免发生纠纷。所以，就期货合约而言，它具有标准化和流动性强的特点。

（2）对冲交易多，实物交割少，具有明显的投机性。在期货交易中，证券的销售者不一定拥有证券，证券的购买者也不一定真的要买证券，真正需要履约进行现货交割的是极少数，绝大部分交易都在合约到期前通过对冲买卖而了结交易，只进行差额结算，减少或免除实物的交换。

（3）采用有形市场形式，实行保证金制度，交易安全、可靠。期货交易所采用会员制办法，只有交易所会员才有资格进场交易，且为防止交易者毁约，实行保证金制度，一般按成交金额的 10%缴纳，每天收盘时，要按市价重新核算需缴纳的保证金数额，实行多退少补。这种交易方式的实质是买空和卖空，即投资者只需支付少量的保证金，就可以买卖多种证券。

（4）交易者众多，交易活跃，流动性好。参与证券期货的交易者不仅有套期保值者，更有跨期套利者，使交易趋于活跃，风险得以分散。

四、证券期权

（一）证券期权的含义及特征

证券的期权交易又称选择权交易，相对于现货交易而言，它也是一种远期交易。确切地说，它是指证券投资者事先支付一定的费用取得一种可按既定价格买卖某种证券的权利。期权交易实质上是一种权利的单方面有偿让渡。购买期权者以支付一定数量的期权费为代价，得到一种权利。这种权利使他可以在期限内的任何时候行使，买进或卖出证券，也可以到期不执行这一权利，任其作废，而对于出售期权的专门的证券交易商来说，在收取了一定数量的期权费后，在一定时间内必须无条件服从买方的选择并履行成交时的允诺，按规定出售或购进证券。

证券期权交易与期货交易有相似之处，但是它们毕竟是不同的。这种不同表现在：

（1）期权交易对象不是证券本身而是一种权利。期货交易对象是证券，只是把订约和履约的时间隔离开来。期权是一种权利，而不是一种义务，这是期权交易吸引人心的关键所在。既然期权的购买者只有权利没有义务，所以只有当其肯定获利时，他才会执行期权。期货交易则不然，期货合同一旦签订，买方或卖方不仅有权利买进或卖出，而且也有义务买进或卖出，否则，就违反了期货交易的规则，从而将受到惩罚。期权合同签订后，期权持有人可以买进或卖出，也可以不买进或不卖出，买进或卖出的实施与否，完全是期权持有人的权利，而不是必须履行的义务。

（2）期权时效的自动性。期权既然是一种权利合同，那么，这种权利就需要有严格而明确的期限，一般为 3 个月到 12 个月，如果期权持有人在规定期限内不行使这种权利，一旦期满，这种权利便自动失效，而不需办理什么特别的手续。当然，也不会因为期权合同到期未执行，从而给期权持有人造成更大的损失。但是，期货合同在时间上要求合同签订人必须执行，如果在规定时间内不执行，那么由此而引起的损失由违约方承担。

（3）期权持有人可以在合同期限内的任何一天执行合同，而期货合同则往往规定特定的合同执行时间，提前或推后都不行。

（4）期权合同属于单向合同，期货合同属于双向合同。

（二）证券期权的类型

证券期权交易因买卖关系不同可分为看涨期权和看跌期权两大类，两者都需要委托期权交易的经纪人进行。

1. 看涨期权（买入期权）

看涨期权是指依据买卖双方签订的契约，买者（持票人）在协定期内有权按照双方协定价格向卖者（出票人）买进一定数量的指定证券。例如，某人对某种股票行情看涨，那么，他就购入 100 股某种股票的看涨期权，当时每股的市场价格为 48 元，协议价格定为 50 元，每股期权费为 2 元，100 股期权费共计为 200 元，协定期为 3 个月。假设在 3 个月内（合同期内）该种股票的市价涨到每股 55 元，这时期权购买者就可依据契约用 50 元的协议价格购得 100 股该种股票，同时按市价 55 元将这些股票出售，获利价差 500 元，扣除 200 元的期权费，再假设经纪人佣金为 100 元，那么，净获利 200 元。

期权交易实质上是一种权利的单方面有偿让渡。购买期权者支付一定金额后，股票价格在合同期限内没有上涨，反而有所下降，那么，就只能放弃购进股票的权利，损失 300 元。有时，也可能不赔不赚。假如在合同期限内，股价上升到每股 53 元，那么在股票价格上获利 300 元，扣除 200 元期权费和 100 元佣金，收支相抵，不赔也不赚。

2. 看跌期权（卖出期权）

看跌期权是指依据买卖双方签订的契约，买者（持票人）在协定期内有权按照双方协定的价格向卖者（出票人）卖出一定数量的指定证券。换句话说，卖者（出票人）在协议有效期限内，必须应买者（持票人）的请求，以双方已协定的价格向其购入一定数量的指定证券。例如：某人对某种股票行市看跌，那么，他就可以支付期权保险金，购买在合同期限内按预定的价格销售一定数量某种股票的看跌期权。假若他以每股 2 元的期权保险金购买了约定价格每股 50 元的某种股票 100 股的看跌期，股价 45 元，这样，他在股票价格上获利 500 元，扣除 200 元保险金和 100 元佣金，净盈利 200 元。当然，在股价下跌到 47 元时，他可不赔不赚。但是，如果估计错误，在合同期限内，股价非但没有下跌反而上涨，那么，他实施看跌期权就变得毫无意义，只能放弃按预定 50 元的价格销售股票的权利，损失了 200 元的保险金和 100 元佣金。

目前，美国股票市场上十分盛行期权交易，在纽约股票交易所，期权交易量占全部交易量的比例高达 50%～60%。究其原因，主要是因为这种交易形式有利于限制风险损失，利用成本利润杠杆功能，获取较大利润。股票期权交易的迅速发展带动并促进了整个金融期权市场的迅速发展。新的交易所不断出现，新的期权合约不断推出，目前，交易比较活跃的期权品种除股票期权外，还有债券期权、外汇期权、股价指数期权以及各种金融期货期权。

五、股票指数期货

股票指数期货是金融期货中产生最晚的一个品种，是 20 世纪 80 年代金融创新中最重要、最成功的金融工具之一。

股票指数期货是指期货交易所同期货买卖者签订买卖股票价格指数合约，并在将来指定日期用现金办理交割的一种期货交易方式。股价指数期货合约的价值，是以现货指数的某一倍数为基准。这种倍数通常为 500，也有用 100 的。例如，美国规定每份合约的价值为指数数字的 500 倍，即指数每升降一点，指数期货价格就加减 500 美元，升降点数乘以 500 美元，合约买卖初始保证金最低为合约价值的 10%。

股票指数期货是为了适应人们管理股市风险，尤其是系统性风险的需要而产生的。严格地讲，股票指数期货交易与股票期货交易都是转移股票价格风险的手段，不同之处在于，股票期货交易转移的是某只股票价格涨落的风险，而股票指数期货交易转移的则是所有的主要股票价格涨落的风险。因此，股票期货交易的对象是某只股票，而股票指数期货交易的对象是股票价格指数。

股票指数期货契约是一种多功能的金融票据，股价指数期货交易是期货交易最复杂和技巧性最强的一种交易形式。其交易目标是一种无形体的数字，而不是有形的商品，这种交易也是买空卖空的最高表现。同其他期货交易一样，其参与者可以利用期货交易转移风险，也有的投机者可以在承担风险的前提下赚取利润。

具体来说，股票指数期货交易买进卖出的都是股票指数期货合同。这种合同订立以后，要在规定的日期履行交易双方约定的事项，双方就买卖之间的差额用现金交割。大部分合同在到期时用相反的买卖合同来对冲。

股票价格指数是用“点”来表示的，股票指数期货合同的价格也以“点”为基础来计算。每上升或下降一个点，股票指数期货合同的价格就上升或下降 500 元。例如，当股票指数为 100 时，一个期货合同的价格为 50 000 元，指数升到 102，价格就升到 51 000 元。

显然，股票价格指数不同，股票指数期货合同的价格也不同。

目前美国股票指数期货市场上使用三种指数：一是芝加哥商品交易所的标准普尔 500 种股票价格综合指数；二是纽约期货交易所的纽约证券交易所综合指数；三是堪萨斯农产品交易所的价值线综合指数。

分析股票指数期货交易，可以发现它有几个显著特点：

(1) 交易对象是经过统计处理的股票综合指数，而不是股票。一般来说，投资者在购买股票时所遇到的一个最大难题就是已知整个股市的走势，但对选择哪种股票却难以做出决策。而股指期货交易正好解决了此难题，从事一笔交易便可以达到参与整个股市的目的，而不必考虑选择购买哪一种股票。

(2) 采用现金结算，不用实物交割。因为指数代表的是若干种股票当期价格与基期价格变动情况而不是若干数量的某种股票，因此，只能用现金进行股票指数期货合同的清算。这与一般期货交易有较大区别，从而使投资者无须持有股票就可以涉足股票市场。

(3) 把正常交易先买后卖的程序颠倒过来，当投资者预计市场趋势是下降时，可以先卖出，等指数下降时，再买进一个合约来对冲。指数期货和保证金信用交易的卖空行为不同。卖空者只有在市场趋势是向上时才能做交易，在出售时虽然还没持有股票，但要向证券商借股票交割，同时还要缴保证金。股票指数期货买卖的是一份合同，不限于市场趋势上升时才能卖出。一般保证金只按合约价值的 10%交付，从而可以用较小资金获取较大利润，这是指数期货最吸引人的地方。

(4) 可以进行套期保值，这是根据股票价格和股票价格指数变动趋势是同方向、同幅度的原理。因为价格指数是一组股票价格变动情况的指数，那么在股票的现货市场与股票指数期货市场进行相反操作就可以抵消出现的风险，例如手中拥有股票想保存或将要卖出者，为避免或减少股票价格下跌带来的风险损失，应在期货市场上做空头，即卖出指数期货；将要购买股票者，为防止股票价格上涨的不测风险，应做多头，即买入指数期货。

本章小结

证券分为有价证券和无价证券两大类，有价证券又可分为货币证券、商品证券和资本证券，本章所研究的证券就是指资本证券，即股票、债券、基金等投资工具。

有价证券是商品经济和社会化大生产发展到一定阶段的必然产物。随着股份公司的产生和信用制度的发展，股票、债券、基金、金融衍生产品等证券投资品种不断涌现，不仅为广大投资者提供了越来越多的投资工具，也为广泛筹集社会资金、有效合理配置社会资源、支持和推动经济发展起到了不可替代的作用，成为资本市场的核心基础。本章的学习目标，主要是让学生对证券投资工具有个初步的了解，明确不同的投资渠道带来不同的利益。

重点概念

有价证券	股票	债券	投资基金
开放式基金	封闭式基金	认股权证	股票指数期货

复习思考题

1. 名词解释

有价证券　普通股票　投资基金　开放式基金　股票指数期货

2. 思考题

（1）有价证券是如何分类的？

（2）股票的主要特征是什么？

（3）普通股与优先股相比具有哪些特征，二者有何区别？

（4）投资基金与股票、债券投资工具有何不同？

（5）封闭式基金与开放式基金有何区别？

（6）认股权证与股票的优先认股权有何区别与联系？

3. 案例分析题

从5万到294万的经验之谈

丛翊是吉林人，1989年从吉林财贸学院财政金融系毕业后，曾经找了一份工作。1994年，他将工作辞掉来到北京。

1994年到北京工作了半年以后，身边所有的人几乎都在谈论股票，股市、大盘、庄家之类的词汇整日萦绕耳边。于是，他开始涉足股市，首先拿出5万元钱到证券公司开了一个户。在正式进入股市之前，丛翊曾经用了两个多月的时间天天读有关股市的书籍，将能买到的证券类报刊统统买来，一边看书，一边将心得写下来，将一个厚厚的硬皮本都写满了。1994年11月份，丛翊终于下决心进入股市。

一进股市顿然发现，那些从书本上学来的东西在股市中很少派上用场。当时丛翊选择了四川长虹等几只股票，一年炒下来，不但没有赚钱，反而赔了10 000多元。于是，他专门拜访了一位社科院财经研究所的研究员。这位老师教丛翊明白了一个道理——选股不如选时。

功夫不负有心人。经过1995年的摸索，从1996年开始，丛翊炒股的成绩越来越好，仅仅1996年一年时间里，就赚到了80多万元。不过，随后的两年，资金不但不涨反而锐减。心情最差的时候是1999年的春节，节前的操作使丛翊的资金锐减到50万元。

1999年的“5·19行情”来得好猛，丛翊买了海鸥基金和ST重仪等股票，虽然有所收获，但比大盘好不了多少。

这时丛翊才意识到，当个股普遍上扬的时候，你所持的股票涨得慢也是风险。于是，丛翊改变操作思路，将目光转向领涨板块，选择了广电股份、东方明珠、真空电子等网络类股票，这些股票每天都有涨停的。这时候，丛翊的收益几乎到了最大化，资金也从5月17日的48.5万元猛增到6月30日的173.3万元。6月30日，大盘放巨量高开低走，丛翊担心再次让到手的鸭子飞了，于是以低于市价3%左右的价格大部分抛出。第二天大部分股票低开，K线组合已呈高位反转之势，丛翊又将剩余的股票全部卖光。

可以说，到“5·19行情”时，丛翊已经炒股5年了，而到此时丛翊才摸索到了适合自己的操作方式，那就是在对基本面深刻研究的基础上，认真选股，始终关注两个市场的最强者。每天收盘时，丛翊都要研究资金流向，关注成交量的变化，相信自己的判断，从不被股市或市场情绪所左右。股谚说得好："量为价先"，只有成交量是真实的。所有信息都在成交量里反映了。阴线、阳线、上下影线的长短配合成交量变化，才具有决定意义。

随后经过半年休整，丛翊又从风华高科、中信国安等一些科技股的逐渐活跃中看出了苗头。基于技术面分析，丛翊选择了上海梅林，以 8.8 元的价格试探性地买入了50 000股。

2000 年 1 月 4 日股市重新开盘，昆明机床 10 分钟内率先涨停，上海梅林也表现不俗。丛翊将剩余的资金全仓杀入，以 9.42 元的价格又买了 14.2 万股上海梅林。一个星期后在 15 元左右将上海梅林悉数兑现，丛翊的资金一下子增加到 294.8 万元。

这几年下来，丛翊多少总结了一些自己的经验。

诗人讲究"工夫在诗外"，对丛翊来说却是"炒股的工夫在场外"。

现在，丛翊研究一只股票，不仅建立连续的、详细的资料库，而且尽可能眼见为实，到公司去看一看，参加一下股东大会。比如在中科健的股东会上，丛翊发现了公司的进取心很强。有时即便不能亲身调查公司现状，也会打电话询问公司的情况，通常最关心的是公司的管理层情况、募股资金使用情况、项目进展情况等。

在这几年的炒股经历中，丛翊打得最漂亮的几仗是：中科健 6 元买进 10 万多股，半年后在 18 元卖出；闽福发在平均成本 6 元多买进 4 万股，在 10 元的价位卖出；南方基金，成本为 1.5 元左右，买进约 15 万基金单位，在 3.68 元卖出 9 万基金单位。

丛翊总结的投资经验有五条：

第一，以企业本身的素质为最主要的衡量标准，决不能听信小道消息，盲从股评专家意见。

第二，投资低价股，在相对低位买进。

第三，重拳出击，持股相对单一。

第四，打持久战，设立止损点，跌到一定幅度就及时斩仓。

第五，把握板块运动规律，适当反向操作。

思考：读了这篇文章之后，你有何感想？

第2章

证券投资与市场

章前引例及分析

2013年8月16日11时5分，光大证券在进行ETF申赎套利交易时，因程序错误，生成巨量市价委托订单，其所使用的策略交易系统以234亿元巨量申购180ETF成分股，实际成交达72.7亿元，集中买单促使大盘出现异动，沪综指瞬间暴涨约5%。同日，光大证券将18.5亿元股票转化为ETF卖出，并卖空7 130手股指期货合约。这就是著名的光大证券“乌龙指”事件。这个事件是我国资本市场建立以来首次发生的一起因交易软件缺陷引发的极端个别事件，对证券期货市场造成的负面影响很大，堪称有史以来的最大黑天鹅事件。光大证券“乌龙指”是一次可以载入A股史册的大事件，并最终受到证监会5.23亿元的顶格处罚。

此次事件暴露出光大证券在内控机制、风险意识等方面的诸多缺陷。这也不免让人心生疑问：究竟是个别现象还是行业普遍问题？还有多少“隐而未发”的风险点？无论是监管者还是证券行业自身，恐怕都需要一个仔细的排查，对这些问题有明确答案。

事件发生后，振荡波传播速度之快，同样令人意外，甚至一些专业投资机构也成为传言的制造者和传播者。由于这些传言的鼓动，指数仅在十几分钟后就出现了二次拉高。正是这波上涨，吸引了大量散户跟风，给投资者造成了巨大的影响。

可见，投资、市场、风险是证券投资者要面对的三个重要问题。进行证券投资离不开证券市场，而证券市场尤其是股票市场是一个高风险的市场，投资者必须努力规避风险以获得较高的投资收益，本章将对上述问题进行具体阐述。

本章学习目标

通过本章的学习，你应该能够：

1. 掌握投资与证券投资的含义
2. 掌握证券市场的概念及分类
3. 理解证券市场的主要作用
4. 掌握证券投资风险的种类
5. 理解证券投资的风险与收益的关系

第 1 节　投资与证券投资

一、投资与证券投资的含义

投资是经济学的一个重要范畴。作为一种经济行为来考察，投资包含两层含义：一层含义是指各个投资主体为了在未来获得经济效益或社会效益而进行的实物资产购建活动，如国家、企业、个人出资建造工业厂房和购置生产所用的机械设备等，这也就是人们通常所说的“直接投资”；另一层含义是指企业或个人用其积累起来的货币购买股票、债券等有价证券，借以获得收益的经济行为，人们将这种行为称作“间接投资”。在我国，一般人们所讲的“投资”，指的都是第一层含义，如果专门指第二层含义，人们习惯在“投资”前冠以“证券”二字，称为“证券投资”，以防与第一层含义的“投资”相混淆。其实在西方，人们谈及投资，恰恰指的就是证券投资，西方的“投资学”就是专门研究证券投资的。

如果予以最大限度的抽象，“投资”说到底就是一种资本垫付行为，因而证券投资天经地义就是一种投资行为。如果我们以股份制企业作为考虑问题的基准来对资本运动全过程进行考察，“证券投资”与“实物投资”是同一个投资运行过程的两个阶段，而且“证券投资”是最基本的资本垫付，对于“实物投资”具有决定意义。因而从道理上讲，“证券投资”应该是“投资”的最一般的含义。

二、证券投资的运行过程

证券投资作为整个投资运行过程的一个相对独立阶段，它有着一些独特的运动规律，正是这些独特的运动规律决定了证券投资学有着自己的专门研究对象，这也正是“证券投资学”作为一门独立的经济科学而存在的基础。

证券投资的运行过程是一系列经济活动的综合，这一过程的基本内容包括下述几个方面。

（一）进行储蓄，以筹集进行投资的资金

证券投资的第一步是进行储蓄，以便为证券投资筹措资金。当投资者确定了以购买证券的方式进行投资时，其首先面临的问题是要掌握一定数额的资金，这是参与证券投资活动的前提条件。对于大多数个人投资者来说，用于证券投资的货币资金只能是来自收入超出支出的盈余部分——储蓄。因此，积累储蓄是证券投资的首要问题。

（二）投资者明确自己对风险的态度

证券投资是一项高风险的经济活动，几乎在所有的证券投资场所都有着“股市有风险，投资需谨慎”的警示牌。因此，证券投资者在正式参与证券投资活动之前，要认真分析自己承受风险的能力，并明确自己对风险的态度。投资者必须在心理上准备好应付证券投资而带来的财务风险和经济风险，并且还应明确了解，对于自己来说，怎样的“风险与报酬组合”才是可以接受的，以便为合理地进行证券投资决策做好准备。

（三）掌握详尽而准确的市场信息

市场信息对于证券投资是至关重要的，证券投资的成功与失败在很大程度上取决于投资者对市场信息掌握的及时、准确与否。因此，无论是在证券投资决策前，还是在进行证券投资活动之中，对于每一种证券的报酬和风险，投资者都要争取能够及时地掌握其详尽、真实的市场信息资料。在这方面，投资者可以通过大众新闻媒介的公开资料和有关部门的统计资料来进行加工、整理，也可以通过向证券投资领域的专家或长期从事证券投资活动的富有实践经验的人咨询来获得。

（四）具体判断投资于何种证券

做出证券投资的决策似乎并不很困难，而做出具体投资于哪种证券的决策就困难得多了。进入证券市场，各种股票、证券品种繁多，投资者应该能够比较全面地了解这些证券及其特点，最后对要投资于何种证券做出抉择。一般来说，抉择的前提应该是科学的决策分析。科学的决策分析可以帮助投资者估计各个证券发行者未来的收益及今后的发展趋势，判断各种证券本身的变现能力以及价格的变化态势。因此，证券投资者不仅要全面了解证券投资工具，而且还要掌握一些证券投资分析的基本方法，并能够灵活运用这些方法从事证券投资活动。

（五）掌握证券市场运作的基本方法

从事证券投资活动，是以买卖证券行为体现的，因此证券投资者应该对证券市场运作的基本方式有基本了解，掌握证券发行、交易的基本知识，尤其当证券投资者参与证券二级市场运作时，还必须对证券市场的交易机制、交易过程、交易规则以及证券经纪业务做到大致通晓，同时对于国家、地方政府部门及其授权机关发布的各种法规也要有所了解。

（六）进行证券购买业务

在证券投资活动中，证券的购买业务在短期内就能够顺利完成，但是这却是证券投资最关键的一步。证券买卖有许多学问，在证券买卖的时机选择上和证券买卖的具体方法上有许多技巧，掌握这些技巧对于证券投资者进行投资有着积极的意义。

（七）组织证券投资的合理配置

证券投资是一项高收益、高风险性质的投资活动，而且不同种类的证券其收益的大小、风险的高低是不尽相同的，因此，证券投资者在进行证券投资时，完全有必要也完全有可能选择一个较为理想的投资组合，以达到降低证券投资风险、增加证券投资收益的目的。

第 2 节　证券投资与证券市场

证券市场是有价证券发行与流通场所及与此相联系的组织与管理体系的总称。证券市场包括证券发行市场和证券流通市场。证券市场是长期资金市场，投资者通过证券市场买卖有价证券向企业提供资金，进行间接投资；企业通过证券市场筹集资金，用于生产和建设，实现直接融资。在现代发达的商品经济中，证券市场是完整的市场体系的重要组成部分。

一、证券市场的特征

证券市场是金融市场的重要组成部分，一个完善、规范的证券市场应有以下主要标志：

（1）证券市场上应有为数众多的买者和卖者。

（2）证券市场上没有单独的买者或卖者能够控制价格。

（3）证券买卖双方对每种交易的证券工具都能充分了解，并有充分的信息。

（4）在证券市场上交易的品种必须是同质的，可比较的。

（5）证券价格是在市场结构中自由决定的。

随着证券市场的发展，现代证券市场的机制发生了很大的变化，主要有以下三个显著特征：

（1）证券市场是价值直接交换的场所。有价证券是价值的直接代表，本质上它们只是价值的一种直接表现形式。由于证券市场上交易的对象是通过金融投资活动所获取的有价证券（资本证券），所以证券市场实质上是价值的直接交换场所。

（2）证券市场是产权直接交换的场所。证券市场上的交易对象是作为经济权益凭证的各种有价证券，其本身就是一定数量财产权利的代表，所以证券市场实际上是财产权利直接交换的场所。

（3）证券市场是风险直接交换的场所。有价证券既可给投资者带来收益，也可能带来一定的风险。因为有价证券的交换在转让收益权的同时，也把该证券所持有的风险转让了出去。所以，从风险的角度分析，证券市场也是风险的直接交换场所。

二、证券市场的结构

证券市场的结构是指证券市场的构成及其量的关系，目前有三种最基本的结构关系模式。

（一）按证券市场运行来划分，即纵向结构关系

这是一种按证券进入市场的顺序而形成的结构关系。按这种顺序关系划分，证券市场的构成可分为发行市场和交易市场。证券发行市场是发行者以筹集资金为主要目的，按照一定的法律规定和发行程序，向投资者出售证券所形成的市场；证券交易市场是已发行的证券通过买卖交易实现流通转让的场所。

（二）按证券市场层次来划分，即层次结构关系

这是为了适应不同规模企业不同的融资成本和风险的需要而形成的分层结构关系。按这种层次关系划分，证券市场的层次结构可分为主板市场、创业板市场和场外市场。主板市场是上市条件最为严格的全国性证券市场；创业板市场（又称二板市场）是在主板市场之外专为中小企业和新兴公司提供筹资途径的新市场；场外市场是在集中交易场所以外的

证券交易市场。这三层市场建立起“三位一体”垂直的证券市场分层结构体系。

（三）按证券市场交易品种来划分，即横向结构关系

这是按证券交易的品种细分而形成的结构关系。这种结构关系的构成主要有股票市场、债券市场、基金市场等。股票市场是股票发行和买卖交易的场所，在证券市场中占有重要地位；债券市场是债券发行和买卖交易的场所，其市场价格相对于股票价格而言比较稳定；基金市场是投资基金发行和流通的市场，是深受投资者欢迎的稳定的投资场所。

三、证券市场的功能与作用

从证券市场发展历史的角度看，证券市场对于股份公司的创立，对于西方资本主义国家的工业革命，都曾起到重要的推动作用，但是就全面的理论分析来看，证券市场的作用远不止这些。归纳起来，证券市场的功能与作用主要有下述几个方面。

（一）证券市场是筹集资金的重要渠道

社会上企事业单位的闲散资金以及人们在生活中的节余资金一般都是以存款或储蓄的方式存入银行，银行将这些分散的资金集中起来，再以放款的方式投放于生产。存款者除了从银行得到存款利息外，与企业经营的好坏没有直接的关系，也不承担企业风险。这是一种间接融资方式。而另一种融资方式则是由企业通过向社会发行股票或债券来进行，人们将节余的资金通过在证券市场上购买股票、债券来进行直接融资。以购买股票方式直接融资，投资者虽然承担一定的风险，但可以从企业利润中分得红利，而且投资者可以根据自己的意愿与企业的经营状况选择投资对象，并且可以通过证券市场买卖证券进行投资转移。如果以债券形式进行融资，投资者不仅不需要承担什么经营风险，而且还可以获得比银行存款高得多的利息。由此可见，通过证券市场进行融资更符合大众的投资心理，有着更大的吸引力，证券市场是对社会资金进行集中和再分配的较好途径。此外，股份公司发行股票筹资后，如果有个别或部分股东要求退出公司时，这些股东虽然不能退股，但可以把手中的股票拿到证券市场上去转让。这对于公司来讲，只是发生了股东的更换，企业资本没有发生变化，并不影响公司的继续经营。这与由于某个股东退伙造成公司散伙的合伙经营公司相比，要有益得多，这正是股份公司的优越性，但这种优越性，是依靠证券市场而存在的。

（二）证券市场是推动企业加强经营管理的重要动力

公众对企业进行证券投资，是希望与企业一同获得较高的经济收益。因此，人们在进行投资之前，必然持十分审慎的态度选择投资对象。毫无疑问，大家都争着向那些经营前景广阔、竞争能力强、经济效益高的企业投资，由此也就决定了社会资金必然向这样的企业集中，促使这样的企业不断发展壮大。反之，那些经营前途暗淡、竞争能力弱、经济效益低的企业，必然会遭受冷遇。证券市场时时刻刻都在通过证券的买卖来进行这样的资金再分配，这也就是证券市场推动企业加强经营管理的动力所在。在证券市场的压力下，企业要想在竞争激烈的商品社会中处于不败之地，就必须努力改进生产技术，完善经营管理，提高经济效益，只有这样，才能赢得广大投资者的信任。

（三）证券市场是商业银行安全经营的重要保证

商业银行的经营要讲究盈利性、流动性和安全性的统一，因此需要审时度势将资金有

效地用好、用活。银行的资产主要有三大类：一是贷款；二是证券；三是现金。这三类资产中，贷款的盈利性最强，但风险性最大，流动性最差；而现金的流动性最强，安全性最高，但基本没有什么盈利可言；证券介于贷款和现金之间，它既有一定的盈利性，又有较好的流动性。一般来说，人们将现金资产称为银行的“第一储备”，而将证券称为银行的“第二储备”。对于商业银行来讲，它的经营目标是获得最大的经营利润，因此它必须尽量增加资产中贷款的比例，在资产管理中维持一个较高的比率。但是也应看到，贷款是有较大风险的，而且贷款一般是通过契约形式事先确定好还本付息时间的，银行不能随时把资金抽回来。然而银行所面对的现实是复杂多变的，银行不得不时时保证有充裕的支付能力，以确保自身的安全性。证券与证券市场给银行的安全经营提供了重要保证，证券不仅有着较好的盈利性，而且有着较强的变现能力，当银行出现现金紧张、发生支付困难时，可以把持有的证券拿到证券市场去转让，很快地换回现金用于支付。由此可见，在较为发达的证券市场条件下，银行如能掌握一定数额的证券，它就可以实现在较高盈利水平上的安全经营。

（四）证券市场是国家进行宏观经济调控的重要桥梁

中央银行是国家进行金融调控的主要部门，它从事国家宏观经济调控的一个重要方面就是参与公开市场业务。所谓公开市场业务，是指中央银行通过在金融市场上公开买卖有价证券来增加或减少金融市场上的借贷资金量，实现调节信用规模，从而达到调节社会总供给与社会总需求的平衡关系的一种活动。具体来讲，当社会总需求大于社会总供给时，中央银行向证券市场抛售一定量的证券，以回笼货币，减少市场实际货币流通量，降低社会总需求水平，实现与社会总供给的平衡；当社会总供给大于社会总需求时，中央银行从证券市场上购进适量的证券，以增加市场的货币流通量，提高社会总需求水平，使社会总供求趋于大体的平衡。中央银行公开市场业务，除了向证券市场抛售或购进证券来直接调节社会总供求以外，它还能够影响金融市场的借贷利率，通过这种利率的变化起着间接调节社会总供求的作用。因为中央银行出售有价证券，则市场实际货币流通量必然减少，这样，在资金市场上就会出现资金供应紧张、市场利率上升、借贷需求减少的情况，从而使社会总需求水平下降；反之，中央银行从证券市场上购进证券，则市场实际货币流通量增多，当资金市场上资金供应充裕时，利率必然下降，导致资金需求增加，从而使社会总需求水平提高。

（五）证券市场是传导经济信息的重要媒介

证券投资者总是需要及时、全面地了解和掌握经济情况与市场动态，以便能够及时采取措施保障其投资的安全性或抓住机会买卖证券增加所得。由于证券市场是由证券买卖者、经纪人、证券公司以及证券交易所等组成的，这些参加人与机构从不同行业、不同部门、不同地区、不同单位聚集到一起，从不同角度对政治、经济及市场形势进行调查研究，并把他们所获得的信息在证券市场上相互传播。于是证券市场就自然成为经济信息产生和传播的重要场所。在这里，人们通过观察证券市场上各种有价证券交易价格与交易量的变化，可以了解到经济变化情况，进而采取相应的对策。证券投资者在这里还可以预测、判断哪些企业发展前景好，哪些企业发展前景不好，哪种证券收益多，哪种证券收益少，从而确定投资的对象或转移投资方向。证券市场的证券交易也能反映出社会资金的余缺。当社会上资金紧张时，持有证券的企业或个人为了保证生产、建设所必需的资金，必然大量地抛售有价证券来换取现金，这时证券市场上必然出现买方市场，证券价格呈下跌之势；反之，当社会资金比较充足时，必然有大量的游资投向证券，这时，证券市场上必然出现卖方市场，证券价格呈上涨趋势。由此可见，证券市场可以说是能够反映一定时期国家金融形势乃至整个国家经济形势的晴雨表、温度计。

（六）证券市场是进行国际资金融通的重要途径

证券市场不仅是吸收本国资金的重要渠道，而且也是吸收外国资金的重要渠道。企业以发行股票和债券的形式筹集资金，既可以在国内发行，也可以拿到国外证券市场上去发行。企业或个人如要进行证券投资，既可以购买本国的股票或债券，也可以通过国外证券市场购买外国的股票或债券，向国外企业投资。这样就形成了国际资金的联系，实现了国际长期资金的融通。有这样的国际资金融通条件，对于资金短缺的国家来说，企业既可以通过国内的证券市场来筹集资金，也可以通过国外的证券市场来筹集资金，甚至可以双管齐下，这样一来，就为企业开拓了广泛的筹资渠道。资金比较富裕甚至过剩的国家、企业或个人，可以将多余的资金投到国外的企业，这样不仅为这些资金找到了出路，而且为资金短缺国家进行国外融资提供了可能。现在世界上购买他国股份公司的股票，已成为国际投资的重要形式之一，向国外发行股票与债券，也已成为引进外国资本的重要途径。总而言之，证券市场的建立与发展，为国际资金融通和促进国际经济合作发挥了重要作用。

第 3 节　证券投资收益与风险

收益与风险是证券投资的核心要素，正确理解收益与风险的含义，找到影响其发生变化的因素，从数量上予以精确的衡量，是投资分析和选择的重要前提。这里主要对证券投资的收益与风险进行度量，对收益与风险的关系进行揭示。

一、收益的含义及度量

证券投资收益是初始投资的价值增值量，投资收益是可以计算的，任何一项投资的结果都可用收益率来衡量，通常收益率的计算公式为：

$$收益率=\frac{收入-支出}{支出}\times 100\%$$

投资期限一般用年来表示，如果投资期限不是一年的整数倍，则须转换为年。在证券投资中，投资收益等于期内投资者所得到的现金收益和市场价格相对于初始购买价格的升值价差收益之和，其收益率的计算公式为：

$$收益率=\frac{现金收益+（期末价格-期初价格）}{期初价格}\times 100\%$$

通常情况下，投资的未来收益率是不确定的，因为未来收益受许多不确定因素的影响，因而是一个随机变量。为了对这种不确定的收益进行度量，我们假定收益率服从某种概率分布，把所有可能出现的投资收益率按其可能发生的概率进行加权平均计算，就能够对这一投资未来可能出现的收益率有一个综合估计，这就是期望收益率。数学中求期望收益率或收益率平均数的计算公式如下：

$$E(r)=\sum_{i=1}^{n} p_i r_i$$

式中，$E(r)$为期望收益率，p_i 为情况 i 出现的概率，r_i 为情况 i 出现时的收益率。

例如，表 2—1 是一个计算数学期望的例子，计算结果表明，证券 A 的预期收益率在 10% 可能性最大。

表 2—1　　**证券 A 预期收益率的估算**

经济状况 i	可能的收益率（%）	概率（%）	$p_i r_i$（%）
1	50	10	5
2	30	20	6
3	10	40	4
4	−10	20	−2
5	−30	10	−3
合计	预期收益率（%）		10

具体计算如下：

$$E(r_A)=0.1\times0.5+0.2\times0.3+0.4\times0.1+0.2\times(-0.1)+0.1\times(-0.3)=10\%$$

在实际分析中，我们经常使用历史数据来估计期望收益率：假设证券的月或年实际收益率为 $r_i(i=1,2,\cdots,n)$，那么估计期望收益率的公式为：

$$\text{期望收益率 } \bar{r}=\frac{1}{n}\sum_{i=1}^{n} r_i$$

二、风险的含义及度量

（一）风险的含义及种类

证券投资风险是指投资收益的不确定性。通俗地讲，也可以将证券投资风险描述为使投资者蒙受损失的可能性，即证券投资的实际成果与预期成果的偏差性。投资收益的可能分布发散性越强，证券投资的风险越大。若证券市场或个别证券的市价因政治、经济及个别公司状况等各方面因素的影响产生难以预测的波动时，投资者就可能蒙受损失，承担风险。如席卷全世界各个股市的“黑色星期一”就使无数投资者蒙受了巨大损失，甚至破产。

收益与风险存在着密切关系：风险越大，投资者要求的收益越高；风险越小，投资者要求的收益越低。投资风险和收益之间是一种转换关系。从投资的证券种类看，政府债券比较安全，但收益率较低；普通股会因股价波动而风险较大，但一般来说收益率较高。从投资时机看，当股市行情疲软时，若进场投资自然风险很大，但一旦环境转好，行情必然大幅回升，会给投资者带来巨额收益；反之，投资环境良好时，股市比较平稳，投资的风险虽然较小，但投资者也只能获得一般的增值收益。

证券投资风险可分为系统性风险和非系统性风险两大类，统称总风险。系统性风险是指因各种因素影响使整个市场发生波动而造成的风险，政治的、经济的以及社会环境的变化是系统性风险的来源，这类风险与所有的证券存在着系统性联系，利率风险、市场风险和购买力风险就属于系统性风险。正因为如此，投资者一般无法通过投资组合来消除或降低该类风险。非系统性风险是因个别证券发行公司和特殊状况造成的风险，这类风险通常与整个股市的状况不发生系统性的联系，企业经营风险、财务风险、流动性风险与违约风险即属于非系统性风险。由于非系统性风险强调的是对某一种证券的影响，说明该风险具有相互抵消的可能，所以这类风险可以通过投资组合方法来加以避免。

（二）投资风险的度量

如果投资者以期望收益率为依据进行决策，那么他必须意识到他正冒着得不到期望收益率的风险，实际收益率与期望收益率会有偏差，期望收益率是使可能的实际值与预测值的平均偏差达到最小（最优）的点估计值。可能的收益率越分散，它们与期望收益率的偏离程度就越大，投资者承担的风险也就越大，因而风险的大小由未来可能收益率与期望收益率的偏离程度来反映。在数学上，这种偏离程度由收益率的方差来度量。如果偏离程度用$[r_i-E(r)]^2$来度量，则平均偏离程度被称为方差，记为σ^2。其平方根称为标准差，记为σ。

用公式表示为：

$$\sigma^2=\sum_{i=1}^{n}[r_i-E(r)]^2p_i$$

式中，σ^2为方差，$E(r)$为期望收益率，p_i为情况i出现的概率，r_i为情况i出现时的收益率，n为可能发生的情况数。

根据表2—1中的数据计算，证券A的方差为4.8%，标准差为0.22。

具体计算如下：

$$\begin{aligned}\sigma_A^2&=\sum_{i=1}^{n}[r_i-E(r)]^2p_i\\&=10\%\times(50\%-10\%)^2+20\%\times(30\%-10\%)^2+40\%\times(10\%-10\%)^2+\\&\quad 20\%\times(-10\%-10\%)^2+10\%\times(-30\%-10\%)^2=4.8\%\end{aligned}$$

$$\sigma_A=\sqrt{\sigma_A^2}=0.22$$

同样，在实际中我们也可使用历史数据来估计方差。

（三）风险资产与无风险资产

对风险资产和无风险资产做出区分是非常重要的。风险资产（risky assets）是指将来要实现的收益具有不确定性的资产。例如，假设投资者今天买入某化工公司的股票并打算持有股票一年，在购买股票时，他并不知道会得到多大的收益率。收益率取决于一年后该化工公司的股票价格以及公司在一年中支付的股利。因此，该化工公司股票，实际上是和所有其他公司股票一样，都是风险资产。

一些未来收益在当时就能确知的资产，被称为无风险资产（risk-free or riskless assets）。无风险资产一般被定义为政府的短期债务。例如，投资者购买了一年期的国库券并打算持有一年，在这种情况下，未来收益是确定的。因为投资者知道，在一年后的证券到期日，政府会支付明确的金额以偿还债务。

为了便于理解，我们注意一下一年期的美国国库券同三十年期美国政府债券的区别之处。虽然一年期证券和三十年期证券都是美国政府的债务，但前者在一年后到期，所以实现的收益是确知的；相反，尽管投资者确知政府会在三十年后对三十年期债券进行偿付，但他并不知道一年后债券的价格，这是因为一年后利率的变化会影响债券价格，从而影响投资收益。因此，购买三十年期美国政府债券的投资者并不知道他仅仅持有一年会得到多少收益，所以政府发行的证券也是风险资产。

本章小结

投资、市场、风险是与投资者紧密相关的三个重要问题，也是本章阐述的主要内容。

证券投资是指企业或个人用其积累起来的货币购买股票、债券等有价证券，借以获得收益的经济行为。

证券市场是有价证券发行与流通的场所及与此相联系的组织与管理体系的总称。证券市场由证券发行市场与证券流通市场两部分组成。

证券投资风险是指投资收益的不确定性。收益与风险存在着正相关关系，证券投资风险可分为系统性风险和非系统性风险两大类，统称总风险。

证券投资的风险与收益是可以度量的，可由未来可能收益率与期望收益率的偏离程度来反映。如何规避风险，获得高投资收益，是投资者应该认真面对并谨慎解决的一个重要问题。

重点概念

投资　　证券投资　　证券市场　　证券投资收益

期望收益率　　证券投资风险

复习思考题

1. 名词解释

证券投资　证券市场　证券投资收益　证券投资风险

2. 思考题

（1）证券投资运行过程的基本内容包括哪些方面？

（2）证券市场的结构划分有哪些？

（3）简述证券市场的功能与作用。

（4）简要说明证券投资收益与风险的度量方法。

3. 案例分析题

曾经的股神纷纷走下神坛

目前市面上已发行上千只私募产品，而管理这些信托产品的投资经理也是云集了各路的投资高手，做得优秀的公募基金经理大部分都投身私募基金，民间派、券商派等等层出不穷。经过最近几年的市场起伏，这些所谓的投资高手到底有多“高”基本上也水落石出。股市没有神，那些所谓的动辄几天百分之几十的神话，一旦拿起真金白银到私募界练练手，基本上都经不起时间的考验。

统计最近三年1 300多只现存的私募产品，没有一家收益超过 100%，第一名的信合东方也只有 77%的绝对收益；而收益超过 50%的产品也只有 10 只，收益超过 30%以上的也只有 34 只，也就是说，最近三年收益超过 30%的私募产品只占整个私募产品的 2.6%。

既然投资能力如此不堪，那么这些投资名人也只能靠名气“吃饭”了。比如，今年涨幅较好的行业中，医药板块无疑是明星之一。看看那些专注医药股的基金表现如何。从容投资是国内最大的私募公司之一，旗下有著名的医疗基金系列，截至上周公布的最新净值，从容医疗 2 期 0.792 8 元（近 6 个月收益率 2.55%）；从容内需医疗 1.08 元（近 6 个月收益率 5.04%）；从容医疗精选 1.059 2 元（近 6 个月收益率 9.81%）；从容医疗五期 0.899 0 元（近 6 个月收益率 6.05%）；从容医疗三期 0.777 0 元（近 6 个月收益率 5.04%）。上述产品都成立两年以上，上述数据都不好看。

再看看另一位大师——东方港湾投资管理公司董事长但斌。记者长期观察但斌的博客，他经常在博客上公布其投资企业是如何之牛，比如涨幅百倍的腾讯、屡创新高的上海家化、广州药业、同仁堂、贵州茅台等等大牛股都被其纷纷纳入囊中，这些股票过去几年普遍上涨三五倍以上，而事实如何呢？但斌的旗舰产品马拉松集合信托自 2007 年 2 月成立以来，6 年多的收益率只有 40%多，最近三年也基本处于横盘走势。另一只产品融新 263 东方港湾 1 期 2010 年底成立以来，近三年收益也只有 10%多点。

还有大名鼎鼎的赤子之心赵丹阳，前两年带领旗下信托投身印度股市，折损近 30%而归，至今仍无翻身迹象。前几年的赵笑云、罗伟广、王贵文等投资明星都纷纷陨落。而最近同威资产的基金经理李驰，曾被业内公认为中国复制巴菲特最成功的人士之一，最近又曝出清盘危机，旗下多只产品净值都跌到了 0.7 元甚至 0.6 元以下。

再来看一下最具传奇色彩的人物林园，8 000元入市通过炒股身价数十亿，他开通微博刚发三条信息就引来十几万粉丝，宣称自己长期投资贵州茅台、云南白药、同仁堂等大牛股。就是这样一位大师级人物也难免俗，旗下基金产品表现堪比但斌，同样是成立于 2007 年 2 月份的林园 1 期，如今净值也只有 130 元多点，6 年收益 30%多点，最近六个月出现 15%以上的下跌，林园 2 期和 3 期更惨，至今净值收益为负。

（资料来源：《证券市场红周刊》，2013－08－16。）

思考：你读了这篇文章后，对证券投资有何感想？

证券发行市场

章前引例及分析

2013 年 11 月 15 日公布的《中共中央关于全面深化改革若干重大问题的决定》中明确提出，健全多层次资本市场体系，推进股票发行注册制改革。由此，“注册制”一词首次被明文写入中央文件，这意味着我国市场发行体制将逐步由核准制过渡到注册制。

按照现行《证券法》、《公司法》等法律规定，我国股票发行审核采取核准制做法。而事实上，近一个时期以来，监管部门一直在着力研究注册制改革有关问题，此次“注册制”首次明文写入中央文件，意味着我国市场发行体制通过不断完善，由核准制过渡到注册制，已经是有方向、有目标、有共识的改革内容。

资本市场作为重要的要素市场，其改革发展是经济整体改革过程中重要的一环，健全多层次资本市场、发行注册制改革都是“使市场在资源配置中起决定性作用”综合改革的内容之一，其目的在于提高市场运行效率，更好地发挥市场配置资源的基础性作用。

推进股票发行注册制改革首次写入中央文件，将对我国资本市场带来重大影响。我国市场“新兴加转轨”的特征明显，在改革发展过程中，股票发行须行政之手干预既是我国股票发行市场的客观现实，也是进一步发挥市场机制、提高运行效率的障碍。要完善和提升资本市场配置资源的功能，注册制改革没有退路。虽然注册制的真正实施还有待很多因素配套，但注册制改革给资本市场带来的影响已可以预期。

证券发行市场是发行人以发行证券的方式筹集资金的场所，是交易市场的基础和前提，本章将对证券发行市场的有关问题进行专门介绍，供大家学习参考。

本章学习目标

通过本章的学习，你应该能够：

1. 掌握证券发行市场的定义
2. 了解股票发行市场的构成

3. 了解股票发行的目的及种类
4. 掌握股票增资发行的主要方式
5. 掌握股票的发行价格及其影响因素
6. 了解股票的发行程序
7. 了解债券的发行方式与程序

证券发行市场又称“初级市场”或“一级市场”，是指各发行主体及其中介机构发售各种证券所形成的市场，一般是无形的。通过证券发行市场，政府、金融机构及企业公开发行的新证券（股票或债券）第一次销售给投资者，成为资金需求者筹措资金的重要渠道，同时又为资金供给者提供投资及获得收益的机会。

第1节　股票发行市场

一、股票发行市场的构成

股票是股票发行的客体，即发行的对象。股票的发行主体，主要是指股票的发行者，即股份公司。此外，初始投资者、承销者及管理者对股票的发行主体具有重要作用，这些要素互相依赖并相互联系，共同构成股票发行市场。

（一）发行者

发行者即股票发行公司，是指在股票发行市场上公开发行股票的股份公司，简称发行公司。作为发行市场的主体，它是股票发行市场的第一参加者。发行者的多少、发行规模的大小、发行股票的种类和质量决定着股票发行市场的活跃程度。

1. 发行者的分类

发行者一般分为两类：一类是只办理公开发行股票手续，却未申请上市的发行公司；另一类为公开发行股票且办理了上市手续的公司，后者亦称为上市公司。

2. 发行者的特点

（1）股权公开。公开发行股票的公司在登记后，即应将董事、监察人、经理人以及持有股份额占股份总额达5%以上的股东所持有的本公司股票的种类、股数和票面金额，向主管部门申报并公告。

（2）财务公开。根据《公司法》和《中华人民共和国证券法》（以下简称《证券法》）的规定，发行公司必须定期公开财务状况，在每个营业年度终了，于办理决算后5日内，将财务报告先经会计师审核签证，然后经股东大会通过后，再向主管部门申报并公告。对上市的公司，还须按月公告营业额、按季公告损益表。

3. 发行者的资格审查

为正确评价发行股票的质量，必须对发行公司进行评估，以审查发行公司的资格。审查的主要内容包括：第一，发行公司的效益；第二，发行公司的经营管理水平；第三，发行公司的经营规模；第四，发行公司的营运能力；第五，发行公司的资本结构。

（二）投资者

投资者即缴纳资金购买股票的应募者，这些投资者可分为私人投资者和机构投资者两大类。

1. 私人投资者

私人投资者包括国内和国外的以个人身份购买股票的参加者。

2. 机构投资者

机构投资者的种类较多，主要有以下几种：

（1）以法人为代表的各种企业，主要是股份有限公司。股份有限公司不仅是股票发行者，也可以是股票投资者，尤其是当一个股份有限公司计划吞并其他公司时，就会大量购进其他公司的股票。

（2）各类金融机构，主要是投资银行、保险公司等各种银行或非银行金融机构。这些金融机构是股票发行市场上的重要投资者。当然，不少金融机构本身又可能同时充当着股票发行中介的角色。

（3）各种非营利团体，主要是各种基金会，尽管这些团体是非营利性的，但这些团体可以通过购买股票达到资产保值或增收的目的。

（4）外国公司、外国金融机构以及国际性的机构和团体等。一般来说，各国对外国公司、外国金融机构等购买本国股票均做出若干限制。

通常情况下，股票发行市场的股票消化量会受到投资者人数的多少、购买能力的强弱、资产的数量、收益要求以及承担风险的愿望等因素的制约。

（三）中介机构

在证券发行市场上，中介机构主要包括证券承销商、审计机构、律师事务所、资产评估机构等，它们是证券发行人和投资者之间的中介，在证券发行市场上占有重要地位。

1. 证券承销商

证券承销商是经营证券承销业务的中介机构。其职能主要有：向证券发行人提出有关发行证券的类型、发行时间、发行价格、发行方式、发行条件等方面的咨询，代办一切发行事宜，以包销、代销等方式将准备发行的证券销售出去并承担相应的风险。

由于各国情况不同，股票承销机构在各国不完全相同，在美国为投资银行，在日本为证券公司，在我国目前为证券公司与信托投资公司。

2. 审计机构

审计机构是对股份有限公司的财务报表、盈利情况等进行审计、验资、盈利预测审核的会计师事务所、审计事务所。

3. 律师事务所

股份有限公司在股票发行阶段应聘请法律顾问为证券的发行、上市和进行交易出具法律意见书。

4. 资产评估机构

股份有限公司在股票发行阶段，必须聘请资产评估机构对拟投入股份有限公司的资产进行评估作价。

（四）证券管理者

证券管理者是证券发行市场正常运行的重要保证。国际上证券市场的管理主体主要模式有国家财政部门为管理主体、中央银行为管理主体，还有自律管理等。在我国，股票发行市场由中国证监会实施监管。

二、股票发行目的

（一）股票的一般发行目的

股票的一般发行目的是筹集资金以满足企业发展需要。筹资发行股票，又分为两种情况：一是为设立新公司首次发行股票；二是为发展已有公司的资本规模而发行股票。

1. 新公司首次发行股票——设立发行

通过发行股票设立新公司，一般又分为发起设立和招股设立两种方式。

发起设立是公司发起人在公司设立时，必须足额认购首次发行的全部股票，无须向社会筹资。在这种情况下，股份有限公司创建时的资金来源，就只是发起人认购股票所缴资金，这样每个发起人就都是公司的原始股东。发起人在认购股份后，可以一次缴足认购款，也可以分期缴纳，期限由发起人共同议定。认股款可以用现金支付，也可以按事先协议用设备、房屋、地产等实物资产，经作价后抵缴股款。发起设立方式比较省事，只要注册申请，经过批准，即可开始新公司的营业活动。

招股设立是发起人在公司设立时只认购一部分股票，其余部分必须向社会公开招股，使之达到预定的资本总额。为此，发起人应先向主管机关申请，经核准后，公布招股书。其主要内容是：公司的基本情况（名称、营业范围、股份总额等）、发起人认购情况、认购开始和结束的时间、股金交付方式、期限以及代收股金的金融机构等。公众认购股票时，需要填写认股书，包括认购股数、金额、通信地址等。股票发行结束后，发起人应通知所有股东参加公司创立大会，讨论公司章程，选举董事会，之后公司宣告成立，开始营业。

2. 老公司发行股票——增资发行

为发展已有公司即老公司的资本规模而发行股票，一般要比前一种情况复杂一些。

老公司为扩大经营规模，扩充资本总量，以加强其市场竞争力，再度发行股票是最有效的途径。老公司发行新股时，仍要向主管部门申请变更登记。申请书应包括：原定股份总额、已发行股份额、公司财产及承销人的情况等。申请获准后，要先由公司职工优先认购一部分，然后再由原股东按原有股份比例认购，最后余下部分转给承销者面向社会出售。

老公司增资发行股票，主要是为了扩大本公司的生产经营。增资或者是为了筹措设备资本，即增加设备投资，购买新的机器和扩建厂房；或者为了筹措营运资金，即增加流动资金，特别是在银根紧缩，难以通过银行贷款解决流动资金需要时，用股票增资方式解决则比较好；或者为了筹措偿还债务的资金。增资偿债虽从表面看是偿债，实际上往往是为了公司的资金周转，也有的是为改善公司财务结构，总之是为了解决营运资金的需要。

（二）为改善企业财务结构而发行股票

当公司负债率过高时，为提高公司信用，可通过发行股票增加公司的资本，可以有效地降低公司负债比率，改善公司财务结构。

（三）为某种特定目的而发行股票

1. 转换证券

公司发行在外的可转换债券或其他类型的证券需要转换时，即公司要向债权人置换本公司股票。

2. 股份的分割与合并

股份的分割又称拆股（股份的拆细），要向原股东换发拆细后的股票。公司的合并是指原公司（两个或两个以上）都宣告解散、成立一家新的公司或一家公司吸收另一家公司，新设或作为吸收方的公司要给解散公司的股东换发新公司的股票。原有公司的股东则因取得新股票而成为新设公司或吸收方的股东。

3. 公司兼并

公司可以向目标企业发行本公司的股票，目标企业以其资产作为出资缴纳股款，由此完成对目标企业的兼并。

4. 公司缩股

公司因资本过剩或亏损严重需要减资时，重新发行股票。

5. 需要增资

证券交易所提高股票上市基准，为此需要公司增加资本时公司发行股票。

三、股票的发行方式

（一）公开发行与内部发行

公开发行是指发行公司的股票向社会公众和法人公开发售，同时也可在规定比例内，向公司内部职工发售。按现行规定，只有社会募集公司的股票可向社会公开发行，且公司向社会公开发行的股票应占总股份额的25%以上，公司内部职工购买部分不得超过向社会公开发行股票总额的10%。内部发行是指发行公司的股份（股权证）由发起人认购或同时向公司内部职工发售，发行公司的股份不得向发起人和内部职工之外的社会公众发售。因此，内部发行一般为定向募集公司的股份发行。按我国法律规定，公司在内部发售股份，公司内部职工认购的股份不得超过公司股份总额的20%。

（二）直接发行与间接发行

直接发行是指由发行公司自己办理公司股票的发行业务；间接发行是指发行公司的股票由发行市场上的中介机构承销。采取股票直接发行方式，发行公司可直接控制股票发行过程，也可降低发行费用，但由于发行准备工作时间较长，发行公司对股票市场信息掌握不足，加之推销能力有限，一般股票发行时间较长。间接发行由发行市场中介机构承销，发行公司对股票发行过程无权过问，且要支付一定的手续费，但由于中介机构熟知股市状况，又有极强的推销能力，故股票发行时间较短，尤其是在包销条件下，不管中介机构是否已将股票发售完毕，均应在规定的承销期限内向发行公司支付股款。这样，可使发行公司能够尽快地筹足资本金，且不承担股票发行风险。

（三）代销与包销

承销包括代销和包销两种形式。代销方式是由发行者委托承销者代为向社会销售股票，承销者按照规定的发行条件，在约定的期限内尽力推销。到了销售截止日期，股票如果没有按照原定发行数额售出，未售出部分仍退还给发行者，承销者不承担任何发行风险。包销又分为余额包销和全额包销两种情况。余额包销方式是由承销者按照已定的发行额和发行条件，在约定期限内面向社会推销股票，到了销售截止日期，未出售的余额由承销者负责认购，承销者要按照约定时间向发行者支付全部股票款项。采用这种方式，承销者要承担部分发行风险，以保证发行人筹资、用资计划的顺利实现。全额包销方式是由承销者先将股票全部认购下来，并马上向发行者支付全部股票款项，然后再按照市场条件转售给投资者。采用这种方式，承销者要承担全部发行风险，保证发行者及早得到所需的资金。

四、股票的增资发行

股票的增资发行按认购股票的代价，可划分为有偿增资发行和无偿增资发行两种形式。

（一）有偿增资发行方式

有偿增资发行是一种旨在筹集资金的增资发行，认股人必须支付现款，股票发行与公司资本同时增加。它是最典型的股票发行方式，可分为股东分摊、第三者分摊和公开招股三种形式，其中以公开招股形式发行的股票量最大。

股东分摊形式是给股东优先认购新股权的发行方式。新股认购权就是在新股发行时，股东优先认购新股的权利，是给股东的一种优待，股东按原有持股比例分配新股的股数，予以优先认购。

第三者分摊形式是给股东以外的本公司的管理人员、一般职员和往来客户等与本公司有特殊关系的特定者以新股认购权的发行方式。这种发行方式是为了解决某些重要问题，诸如公司经营不善、资本筹措困难，或是有些公司破产力图重建等；当不同公司进行业务合作时也可能采用第三者分摊的形式。这时，新股的发行价格低于时价，第三者可获得价格上的优惠，但发行价格与时价不能相差过大，否则将会损害原来以时价购进股票的股东的利益。

公开招股形式又称一般募集方式，是以不特定的多数投资者为发行对象，由应募者认购新发行的股票。采用这种方式，既能扩大资金的筹集量，增强股票的流通性，又可避免股票过分集中，一般以市价为基础确定发行价格。

（二）无偿增资发行方式

无偿增资发行方式是指股东无须缴付股款而取得新股的增资方法。通常此类股票的发行一般是赠送给原来的老股东，其目的并非直接筹资，而是为调整资本结构或把积累资本化。无偿增资发行又可以分为无偿交付、股票分红、股份分割和债券股票化四种形式。

无偿交付是股份公司将资本准备金并入资本金时，将准备金折成股票无偿地分发给股东。股票分红是股份公司以股票形式代替现金对股东进行分配的方式。股份分割是为了便于股票流通，股份公司将大额股份分成小额股份，只是增加了股份公司的股份数额，而股份公司的资本数额并没有增加，是无偿发行的一种特殊形式。债券股票化是一种将股份公司已发行的债券转化为股票的形式。债券股票化可以使股份资本增加，却不能使实际资本增加。

此外，除上述有偿增资发行方式和无偿增资发行方式外，还有把二者结合起来的有偿、无偿配合增资发行方式。

五、股票的发行价格

（一）股票发行价格的种类

股票的发行价格是指发行股票时的股票行市。一般而言，股票的发行价格有如下几种：

1. 平价发行

平价发行又称面值发行或等价发行，指股票的发行价格与面额的价格相等。例如，股票面额为 1 元，则发行价格也为 1 元。这种发行价格一般不能被实力雄厚的公司采用，因为这样会减少公司的资本收益。但是按这种价格发行，对发行工作来说会顺利得多。

2. 溢价发行

股票以高于其票面金额的价格在发行市场上销售，称为溢价发行。股票首次发行时，根据公司的实际情况一般有平价发行和溢价发行两种。但在增资发行股票时，一般根据公司原发行股票内在价值的增值，考虑溢价发行。溢价发行股票应考虑的主要因素有当前股市总水平、本公司实际盈利能力、每股资产净值、类似公司股价水平、大众承受心理等。股票溢价发行与时价发行的主要区别在于：前者侧重于考虑资产增值；后者既考虑资产增值，又考虑该股票在流通市场上的价格。

3. 时价发行

时价发行是指发行价格以股票在流通市场上的价格为基准来确定，因为股票的时价要高于股票的面额价格。时价发行在股票实行公开招股和配股给第三者时都予以采用，一般有两种情况：一是按超过面值的价格发行面额股票；二是按时价发行无面额股票。时价发行时的具体价格，一般会低于市场价格的 5％～10％。

4. 折价发行

折价发行是以低于面值的价格发行，这个折扣打多少，由发行公司与承销商双方协商。一般来说，发行公司声誉高、业绩好的，打折扣自然小些；如果发行公司的业绩一般，或是一个新成立的公司，这个折扣就要打得大一些。

5. 中间价发行

所谓按中间价格发行，即以时价和股票面值确定发行价格，分两种情况：一是介于时价和面值中间，但以接近时价的价格为发行价格；二是介于时价和面值中间，但以接近于面值并加些微溢价的价格为发行价格。采用中间价发行股票，不改变原来股东的构成。

（二）影响发行价格的因素

1. 净资产

国有企业依法改组设立的公司，发行人改制当年经评估确认的净资产所折股数可作为定价的重要参考。

2. 经营业绩

公司的经营业绩特别是税后利润水平直接反映了一个公司的经营能力和上市时的价

值，每股税后利润的高低直接关系着股票发行价格。

3. 发展潜力

公司经营的增长率（特别是盈利的增长率）和盈利预测是关系股票发行价格的又一重要因素。在总股本和税后利润量既定的前提下，公司的发展潜力越大，未来盈利趋势越确定，市场所接受的发行市盈率也就越高，发行价格也就越高。

4. 发行数量

不考虑资金需求量，单从发行数量上考虑，若本次股票发行的数量较大，为了能保证销售期内顺利地将股票全部出售，取得预定金额的资金，价格应适当定得低一些；若发行量小，考虑到供求关系，价格可定得高一些。

5. 行业特点

发行公司所处行业的发展前景会影响到公众对本公司发展前景的预期，同行业已经上市企业的股票价格水平，剔除不可比因素以后，也可以客观地反映本公司与其他公司相比的优劣程度。如果本公司各方面均优于已经上市的同行业公司，则发行价格可定高一些；反之，则应定低一些。此外，不同行业的不同特点也是决定股票发行价格的因素。

6. 股市状态

二级市场的股票价格水平直接关系到一级市场的发行价格。在制定发行价格时，要考虑到二级市场股票价格水平在发行期内的变动情况。若股市处于“熊市”，定价太高则无人问津，使股票销售困难，因此，要定得低一些；若股市处于“牛市”，价格太低会使发行公司受损，股票发行后易出现投机现象，因此，可以定得高一些。同时，发行价格的确定要给二级市场的运作留有适当的余地，以免股票上市后在二级市场上的定位发生困难，影响公司的声誉。

（三）确定发行价格的方法

1. 市盈率法

市盈率又称本益比（P/E），是指股票市场价格与盈利的比率。其计算公式为：

$$市盈率=\frac{股票市价}{每股收益}$$

通过市盈率法确定股票发行价格，首先应根据注册会计师审核后的盈利预测计算出发行人的每股收益；其次可根据二级市场的平均市盈率、发行人的行业情况（同类行业公司股票的市盈率）、发行人的经营状况及其成长性等拟定发行市盈率；最后依发行市盈率与每股收益之乘积决定发行价。

按市盈率法确定发行价格的计算公式为：

$$发行价=每股收益\times发行市盈率$$

$$每股收益=\frac{税后利润}{发行前总股本数}$$

确定每股收益有两种方法：一种为完全摊薄法，即用发行当年预测全部税后利润除以总股本，直接得出每股收益；另一种是加权平均法。不同的方法得到不同的发行价格，每股收益的确定采用加权平均法较为合理。因股票发行的时间不同，资金实际到位的先后对企业效益影响较大，同时投资者在购股后才应享受应有的权益。

加权平均法计算公式为：

$$\text{股票发行价格}=\frac{\text{发行当年预测税后利润}}{\text{发行当年加权平均股本数}}\times\text{市盈率}$$

$$=\frac{\text{发行当年预测税后利润}}{\text{发行前总股本数}+\frac{\text{本次公开发行股本数}\times(12-\text{发行月份})}{12}}\times\text{市盈率}$$

$$\text{每股收益}=\frac{\text{发行当年预测税后利润}}{\text{发行前总股本数}+\frac{\text{本次公开发行股本数}\times(12-\text{发行月份})}{12}}$$

2. 竞价确定法

投资者在指定时间内通过证券交易场所交易网络，以不低于发行底价的价格并按限购比例或数量进行认购委托，申购期满后，由交易场所的交易系统将所有有效申购按照“价格优先、同价位申报时间优先”的原则，将投资者的认购委托由高价位向低价位排队，并由高价位到低价位累计有效认购数量，当累计数量恰好达到或超过本次发行数量的价格，即为本次发行的价格。

如果在发行底价上仍不能满足本次发行股票的数量，则底价为发行价。发行底价由发行人和承销商根据发行人的经营业绩、盈利预测、项目投资的规模、市盈率、发行市场与股票交易市场上同类股票的价格及影响发行价格的其他因素共同研究协商确定。由于此种方法下，机构大户易于操纵发行价格，因此，经试验后停止使用。

3. 净资产倍率法

净资产倍率法又称资产净值（Net Value of Assets）法，指通过资产评估（物业评估）和相关会计手段确定发行人拟募股资产的每股净资产值，然后根据证券市场的状况将每股净资产值乘以一定的倍率，以此确定股票发行价格的方法。其公式是：

$$\text{发行价格}=\text{每股净资产值}\times\text{溢价倍率}$$

净资产倍率法在国外常用于房地产公司或资产现值要重于商业利益的公司的股票发行，但在国内一直未采用。以此种方式确定每股发行价格不仅应考虑公平市值，还须考虑市场所能接受的溢价倍数。

4. 现金流量折现法

现金流量折现法通过预测公司未来盈利能力，计算出公司净现值，并按一定的折扣率折算，从而确定股票发行价格。该方法首先是用市场接受的会计手段预测公司每个项目未来若干年内每年的净现金流量，再按照市场公允的折现率，分别计算出每个项目未来现金流量的净现值。公司的净现值除以公司股份数，即为每股净现值。由于未来收益存在不确定性，发行价格通常要对上述每股净现值折让 20%～30%。

国际主要股票市场对新上市的公路、港口、桥梁、电厂等基建公司的估值和发行定价一般采用现金流量折现法。这类公司的特点是前期投资大，初期回报不高，上市时的利润一般偏低，如果采用市盈率法定价则会低估其真实价值，而对公司未来收益（现金流量）的分析和预测能比较准确地反映公司的整体和长远价值。用现金流量折现法定价的公司，其市盈率往往远高于市场平均水平，但这类公司发行上市时套算出来的市盈率与一般公司发行的市盈率之间不具有可比性。

六、股票的发行程序

股票的发行一般包括发行前期的准备阶段、正式审批阶段和具体实施阶段三大过程。下面以公开发行股票方式为例，介绍股票发行的一般程序。

（一）股票发行前期的准备阶段

股票发行前期的准备工作，对于能否取得发行资格，能否顺利发行股票都具有重要意义。这一阶段的工作内容主要包括以下几个方面：

1. 研究和分析发行市场情况

企业进入证券市场发行证券，必须首先充分了解证券市场，包括发行市场现状、规模、供需关系及投资者心理承受能力等，并且还要对发行手续、发行成本、发行数额、发行期限、发行时机、税收等方面有全面了解，从而为拟订发行方案打下基础。

2. 拟订股票发行方案，形成股票发行决议

为了保证股票发行工作的顺利进行，发行公司需要认真拟订发行方案。方案的内容主要有：第一，确定发行目标和规模；第二，对发行目标和规模进行可行性研究；第三，拟定发行股票的种类和价格；第四，确定股票发行的时间和方式。公司董事会依据法定程序，通知召开股东大会，就股票发行方案做出决议，如果决议通过方可进行下一步的工作。

3. 聘请中介机构进行评估工作，准备申报材料

向社会公开发行证券的企业，应聘请会计师事务所、资产评估机构、信誉评估机构、律师事务所等专业性机构对其资信、资产、财务状况进行审定、评估和就有关事项出具法律意见书。企业依据上述报告，认真起草发行证券所需要的各项申报材料，包括发行证券的申请书、章程、可行性研究报告等，为正式申请做好准备。

（二）股票发行的正式审批阶段

1. 提出发行申请，报送有关文件

发行企业按照隶属关系分别向省、自治区、直辖市、计划单列市人民政府或中央企业主管部门提出公开发行股票的申请，同时应报送有关文件，主要包括股票发行申请书、章程、可行性研究报告、招募说明书及具有资格的中介机构提供的各种文件等。经批准后，再向中国证监会报送有关材料。

2. 证券主管机关审批

发行企业提出申请并根据规定呈报全部有关文件后，政府主管部门和证券管理机关便开始接受发行资格与条件的审查。在我国企业申请发行股票，须由政府主管部门对企业的发行申请进行审批，被批准的发行申请送中国证监会审核，中国证监会审核同意后申请人即向证券交易所上市委员会提出申请，经上市委员会同意后便可发行股票。

（三）股票发行与承销的具体实施阶段

1. 承销前的准备工作

发行公司与承销商举行各种承销前的会议，讨论需要筹措资金的数额及发行价格、承销方式等。除此之外，要解决承销合同的条款问题。

从承销商与发行公司商讨承销合同时起，承销商就开始对发行人进行非常严格、全面

的承销前调查，这关系到承销商能否顺利地销售其承销的股票和获得应得的利润，也关系到承销商的信誉。

发行人在承销前的准备工作期间须做如下工作：由会计师编制上市申请书；聘请律师就有关发行股票的法律问题进行分析和解释；起草承销合同，并由发行公司、承销人共同修改，从而在除发行价格外的其他方面达成一致的意见等。

2. 组织承销集团、签订股票分销协议

当发行股票数量庞大，远远超过一个承销商的承受能力时，多个承销商往往联合起来组成承销集团。这样不仅能迅速筹集巨额资金（它们通常向商业银行借款），而且还能使股票价格下跌的风险分散。在法律意义上，承销集团是一个以契约为基础的临时组织，最初的承销人一般为该集团的管理人，各成员仅对各自未出售的证券负责，集团本身不对此负任何责任。

3. 向社会公告

发行公司与承销商协商确定具体承销证券事宜后，必须在正式发行前采用适当的方式在指定的报刊或电台、电视台向公众公告，发布公司章程和招募说明书及评估机构的验证报告书等。

4. 发售股票

发布招募公告后，在约定的日期由承销机构负责具体的操作，向社会公众公开发售股票，进行股款缴纳、股份交收工作。

5. 股东登记与承销报告

股东名册上登记的股东资料是证明股东身份和股东权利的有效法律文件，同时也是保证股东所持股票顺利上市交易的重要依据。所以，在股份交收的同时，应由承销机构协同发行人及时、准确汇总全部股东资料，制成股东名册。

在发售结束后的规定时间内，承销机构应及时向证券主管机关报送股票销售情况报告书。至此，股票发行工作便告结束。

第2节　债券发行市场

一、债券市场的发行主体

债券发行是将债券从发行者手中转移到投资者手中的过程。债券的发行主体，主要是债券的发行者，具体包括政府、金融机构、股份有限公司以及企业等。

（一）政府

政府根据信用原则，为了达到特定的目的，也经常采取债券的形式筹措资金。政府又分为中央政府和地方政府。中央政府为了弥补国库暂时性资金不足，可发行短期国家债券，即国库券；为了某种特定目的，也可发行中、长期国家债券，即公债券。其发行范围可在国内以本币币种发行，还可以在国外以外币币种发行。地方政府为了发展地区经济

（如建设某个大型项目、修建基础设施等），也采用举债的形式发行地方政府债券，简称地方债券。

（二）金融机构

金融机构主要包括银行及非银行性质的金融机构（如信托投资公司、证券公司等），发行的目的主要是筹集信贷资金。

（三）股份有限公司

股份有限公司为了增加资金，经董事会决定后，可申请发行债券。这种方式不仅比增发新股票简单，而且也比较灵活。

（四）企业

企业在具备发行资格的条件下，可以作为发行者，通过发行债券筹集资金，它是企业最直接、最有效的资金来源之一。

二、债券的发行条件

确定发行条件是发行债券过程中一项至关重要的工作。合理确定债券的发行条件，对发行者来说直接关系到筹资成本的高低，对投资者来说是做出投资判断的基本依据。只有制定出合理的发行条件，才能保证债券发行的成功。发行条件主要是由发行额、票面利率、发行价格、票面金额、偿还期限等内容构成。

（一）发行额

发行额是一次发行债券所筹集的资金总额。它是根据发行者所需资金的数量、发行者的信誉、债券的种类以及市场的承受能力等因素决定的。从发行者的角度看，在债券总金额相等的条件下，一次发行比分次发行节省时间和费用，但一次发行债券总金额在一些国家受到法定最高限额的限制，并且发行额定得过高，会造成销售困难，以致影响发行者的信誉，对债券发行后的转让价格也会产生不良的影响。一般来说，发行者首次发行债券，发行额可定低一些，保证发行成功，以后再根据需要发行债券时，就可参照首次发行的情况，确定出有把握的发行额。

（二）票面利率

票面利率又称名义利率，是债券票面所载明的利率。它反映的是债券上的固定利息和券面金额的比率，是固定不变的。例如，某种债券票面利率10%，即表示每认购100元债券，每年可得到10元利息。通常情况下，在确定债券票面利率时，既要考虑到发行单位的承受能力，又要考虑到对投资者是否有吸引力，具体有以下几个方面：

1. 银行同期存款利率水平和期限的长短

银行存款和债券投资是资金运用的两种不同方式，投资者要对这两种方式的收益性和风险性进行比较，选择最佳的投资对象。通常来说，债券的风险略高于银行存款，票面利率也应略高于银行存款利率。同时，期限长的债券票面利率高些，期限短的债券票面利率则低些。

2. 其他债券的利率水平

债券的种类很多，各种债券由于信用程度不同，利率有一定差别。信用级别高的债券可以相应降低票面利率，信用级别低的债券则要相应提高票面利率。发行者应在考虑自己信用程度的基础上，确定相应的票面利率。

3. 发行者的承受能力

发行者应在正确评估自己的承受能力的基础上确定票面利率。否则，盲目地将票面利率定得过高，暂时可吸引投资者，其结果轻者会给发行者带来沉重的利息负担，重者使发行者不能按期偿还本金，给以后的债券发行工作带来严重的不利影响。

（三）发行价格

发行价格是相对票面金额而言，习惯上以对票面金额的百分比来表示。例如，面额为100元的债券，如果以100元发行，发行价格是100%；如果以98元发行，发行价格则是98%。一般来说，发行价格可以与利率相互配合来调整债券购买者的实际收益率，使之与利率保持一致。如果在市场利率水平有较大幅度浮动时，可以调整债券的票面利率，也可微调发行价格与之相适应。

（四）票面金额

票面金额是债券券面所表示的金额。债券票面金额的确定要考虑两个因素：一是认购者的购买能力。用公募方式向社会公众发行债券时，若票面金额定得过高，就会把小户投资者拒之门外；用私募方式向法人投资者发行债券时，则可考虑适当提高票面金额。二是成本测算。如果票面金额定得过低，就会增多债券数量，不仅增加印刷成本，还会使发行工作复杂化。综合上述两种因素，发行者一般是采取多票面金额的方式。

（五）偿还期限

偿还期限是指从债券发行日起到偿清本息止这段时间。它是根据发行人使用资金的周转期、市场利率的发展趋势、流通市场的发达程度以及投资人的投资意向等因素决定的。

一般将偿还期限在1年以内的债券称为短期债券；偿还期限在1年以上、5年以内的债券称为中期债券；偿还期限在5年以上的债券称为长期债券。

发行人在考虑债券的期限时，首先要考虑自己使用资金的周转期，发行不同期的债券主要是为了满足不同的特定的资金需求，使债券的期限与资金的周转期相适应。其次，要考虑未来市场利率的发展趋势，以避免利率风险，减少市场利率上升所引起的筹资成本上升。最后，要考虑流通市场的发达程度，如果流通市场发达，投资人就敢于购买长期债券，因为债券可以随时变现；反之，投资者存在后顾之忧，长期债券就难以销售。另外，投资人的投资意向、心理状况以及市场上其他债券的期限构成，也是发行人确定债券期限的因素之一。

三、债券的发行方式与程序

（一）债券的发行方式

债券发行者可根据各自的不同需要采用不同方式发行债券，可以从不同的角度对这些发行方式加以分类比较。

1. 按债券募集对象决定债券的发行方式

按债券募集对象的范围，可以把债券的发行方式分为私募发行和公募发行两类。

(1) 私募发行是面向少数与发行者有密切业务往来的投资者为对象发行债券。私募发行的对象大致有两类：一类是使用发行单位产品的用户或发行单位自己的职工组成的个人投资者；另一类是大的金融机构或是与发行人有密切业务关系的企业组成的机构投资者。采用私募方式发行的债券，一般不允许转让，较长时间持有在投资者手中，债权者比较稳定；因有确定的投资者，发行者不必担心发行失败。对私募发行，许多国家法律一般不要求向政府主管部门登记注册，可以节省发行时间及注册费用。一般私募发行较多采用直接销售方式，可以节省承销费。但私募债券的发行额一般比较小。

（2）公募发行是以广泛的、不特定的投资者为对象发行债券。公募发行的债券在市场上买卖，发行者一般要有较高的社会信誉。采用公募方式可以扩大投资者的范围，筹资潜力大，但发行手续较为复杂，发行者必须向证券管理机关办理发行注册手续，必须在发行说明书中如实披露有关财务方面和公司的详细情况，以供投资者做出投资决策。如发行者对重要事实作了不正确的说明或有欺诈行为，则必须承担法律责任。公募发行面向众多的投资者，发售工作量大且难度也大，需要获得承销者的协助，否则难以完成发行任务。此外，公募债券发行后可以上市转让。

2. 按债券活动有无中介人划分发行方式

从债券发行活动有无中介人来看，债券发行可分为直接发行和间接发行两类。

（1）直接发行是发行者自己办理有关发行的一切手续，并直接向投资者发行债券的方式。一般来说，私募债券和金融债券多采用这一方式。直接发行不需要发行中介人的介入，可以节省委托发行的手续费；其不利之处是，在事务处理上费时又费力，尤其是在不能自行募足投资时，就会导致发行工作的失败。

（2）间接发行是发行者通过发行市场的中介人即承销者办理债券的发行手续和销售事务。承销者承销债券的方式有代销方式、余额包销方式和全额包销方式三种。由于这几种承销方式的承销者承担的发行风险不同，因此所获得的承销手续费也不同。全额包销费用要高于余额包销费用，余额包销费用要高于代销费用。

（二）债券的发行程序

债券的发行必须按照政府有关法律和规则进行。下面以公司债券为例，说明其发行程序。

1. 制定发行方案

债券发行方案主要包括债券发行金额、资金用途、期限、利率、发行范围、发行方式、公司现有资产、收益分配状况、筹资项目的可行性研究或经济效益预测、还本资金来源等。

2. 董事会决议

发行公司债券须经董事会通过决议，且要由三分之二以上董事出席以及超过半数的出席董事通过方为有效。董事会决定公司债券发行的总额、票面金额、发行价格、利率、发行日、偿还期限和偿还方式等内容。董事会的决议必须在公司债券发行前形成。

3. 申请政府主管部门批准

申请发行公司债券的公司，应向政府主管部门报送下列文件：发行公司债券的申请书；营业执照；公司董事会决议文件；准予进行公司固定资产投资的批准文件；发行公司债券的章程或者办法；公司财务报表；政府主管部门要求提供的其他文件。政府主管部门根据上述文件对发行公司债券的申请进行审批。

4. 签订承销协议

这是由发行公司和承销者之间签订的协议。协议主要规定：承销者所承担的责任和义

务、承销者报酬、承销者缴款日期等。

5. 订立承销团协议

承销团协议是参加承销团的所有成员必须签订履行的。协议内容包括：承销团承销债券的数量、承销报酬；承销团各成员分担的份额。协议还应对承销团各成员不得自行做主降低价格出售债券及保证其推销份额的完成等加以规定。

6. 签订信托合同

在发行抵押公司债券的情况下，发行公司必须和受托公司签订信托合同。信托合同中主要规定受托人的权利和义务，根据信托合同，受托公司取得抵押权。

7. 制作认购申请书、债券和债权者名簿

认购申请书上载有：认购金额、认购者住所、签名、盖章等栏目。认购申请书实际上是交易合同，投资者有按所填写金额缴款的义务。

债券的制作，通常由募集者代办。债券的内容是法定的，券面上应记载下列内容：公司名称、地点；债券的票面金额、利率、利息支付方式、发行日期和编号、偿还期限和方式；发行公司的印章、公司法定代表签章和政府主管部门批准发行的文号、日期。

发行记名公司债券时，发行公司应备有债权者名簿。债权者名簿在债权转让时，要做相应的更改。

8. 发出募集公告

发行公司或募集者以公告形式公布发行内容，募集投资者。公告内容主要有公司经营管理简况、公司财务状况、发行计划、发行债券目的、债券总金额、发行条件、还本付息方式、募集期限等。

9. 正式募集

在募集期间，由申请认购者填写认购申请书，其后在交割日缴纳价款，领取债券。

10. 呈报发行情况

债券募足后，董事会应在一定时间内（一般为 15 天）向政府主管部门呈报发行情况。

本章小结

证券发行市场又称“初级市场”或“一级市场”，是指各发行主体及中介机构发售各种证券所形成的市场。本章详细介绍了股票、债券、基金的发行市场构成、发行方式和发行价格等主要内容。

股票发行市场由发行者、投资者、中介机构和证券管理者构成；股票发行目的包括一般目的、改善财务结构和某种特定目的等。

股票的增资发行可划分为有偿增资发行方式和无偿增资发行方式两种。有偿增资发行又包括股东分摊、第三者分摊和公开招股三种形式。无偿增资发行又可以分为无偿交付、股票分红、股份分割和债券股票化四种形式。

股票的发行价格有平价发行、溢价发行、时价发行、折价发行和中间价发行。其中，股票首次发行时，一般采用平价发行和溢价发行两种。影响股票发行价格的因素很多，包括公司净资产、经营业绩、发展潜力等。

股票的发行一般包括发行前期的准备阶段、正式审批阶段和具体实施阶段三大过程。

债券的发行方式，按照债券募集对象的范围，分为私募发行和公募发行；按有无中介人，分为直接发行和间接发行。

重点概念

证券发行市场	设立发行	增资发行	直接发行
间接发行	平价发行	溢价发行	市盈率
债券信用评级			

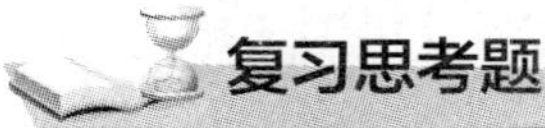

复习思考题

1. 名词解释

证券发行市场　溢价发行　市盈率

2. 思考题

(1) 股票发行的目的是什么？

(2) 影响股票发行价格的因素有哪些？

(3) 确定股票发行价格的方法有哪几种？

(4) 股票的发行程序与债券的发行程序有何不同？

3. 案例分析题

IPO 最严财务核查进入关键期

2012 年末，证监会对 IPO 在审企业掀起史上最严财务核查风暴，剑指财务信息失真、虚假及欺诈发行上市等隐疾。证监会规定，发行人及中介机构需在 3 月 31 日前提交自查报告。保荐机构和会计师应各司其职，分别编制工作底稿并出具自查报告。

2013 年 3 月 7 日，中国证监会副主席姚刚接受记者采访时表示，“IPO 财务核查进展到了很关键的时候”。按照证监会的部署，IPO 财务报告专项检查分为两个阶段：第一阶段是核查阶段，由发行人、中介机构自查；第二阶段由监管部门抽查部分公司的自查报告。

来自投行方面的消息称，目前不少公司初稿已完成，进入复核阶段，但还没有一家公司正式上交自查报告。业内人士预计，在月底大限之前，大多数排队企业会踩着这个时间点递交自查报告，但也会有部分公司在 3 月中旬抢先递交自查报告。因此，预计从下周起，IPO 自查报告的递交将进入密集期，排队企业材料撤回也可能会进入加速期。

在证监会开启了被称为“史上最严”的在审企业财务核查工作的两个多月后，已有 42 家拟上市企业“撤单”。尽管如此，目前的排队企业数量仍高达 849 家。其中，沪市主板、深市主板、创业板拟上市企业数量分别为 175 家、351 家和 323 家。业内人士认为，此次证监会动员全系统的力量进行核查风暴，背景是高悬在 A 股市场之上的 IPO“堰塞湖”。

财务打假行为有两个重要目的，首先，缓解整个“堰塞湖”压力。我们知道现在有 800 多家企业在审，在这个过程中“堰塞湖”的缓解，证监会需要用详尽的方法。其次，上市公司的业绩变脸是最近一两年投资者很关注并非常诟病的现象，这次打假也从另一个层面给投资者一个交代。

（资料来源：中国广播网，2013-03-19。）

思考：读了这篇文章之后，你有何感想？

第 4 章

证券交易市场

章前引例及分析

2012 年，中国并购市场交易整体趋于活跃，投中集团统计数据显示，2012 年 1～11 月中国并购市场宣布交易案例数量3 379起，披露交易规模 2 660.7 亿美元，较 2011 年全年上升 18%。在 IPO 市场持续放缓的背景下，部分具有充实资金的企业开始展开大规模的并购重组交易，以期迅速扩大规模做大做强。2011 年底至今，境内与跨境并购市场连续出现两起敌意收购，成为一大看点：2011 年 12 月 13 日，拥有上游油气资源、却在下游天然气市场远远落后于中石油的央企中石化与国内市场规模居前的民资城市管道燃气提供商新奥能源联合公告，拟以 167 亿港元对国内最大的跨区域城市燃气分销商中国燃气发起收购，交易立即遭到中国燃气抵制。2012 年 10 月 15 日，中石化与新奥能源称放弃对中国燃气的收购。

2012 年 10 月 23 日，中国私募股权公司鸿商集团与中非发展基金公告称，在月初向澳大利亚铜矿商 Discovery Metals Ltd. 董事会发起收购被拒绝后，它们将向其股东直接发出 8.3 亿澳元的现金收购。

敌意收购的发起方报价通常较二级市场实际价格有部分溢价，交易遭到拒绝后，标的企业多会采取二级市场增持股票以提升公司股价、发动员工集体抗议、寻求白衣骑士等方法拖延交易时间以抵制交易。因此，敌意收购方往往面临交易耗费时间长、投行调查费用高昂、拟进行交易巨额资金暂时“冻结”的局面，无论收购成功与否，都将带来巨大的资金和时间成本，即使交易成功，在标的方不情愿的情况下也很难实现协同效应，收购方还须谨慎参与。

本章学习目标

通过本章的学习，你应该能够：

1. 认识证券发行市场与交易市场的关系
2. 了解证券交易市场的类型
3. 掌握柜台交易市场的特点

4. 掌握证券交易的基本方法

证券交易市场是对已发行证券进行转让、买卖的场所，因此它又被称为证券流通市场、二级市场或证券次级市场。

证券发行市场与证券流通市场是证券市场正常运行的两个“车轮”，二者缺一不可。证券发行市场体现了证券由发行主体流向投资者的市场关系，它通过一种纵向关系将证券发行者和投资者联系起来。而流通市场则通过一种横向关系将同是证券投资者的证券买卖双方联系起来。从证券交易的结果来看，证券发行市场交易的结果是社会长期资金增加，形成股票、债券绝对数量的上升，越来越多的资金通过证券的买卖被投入生产经营或其他方面。证券流通市场买卖的结果只是资金所有权和证券所有权的易位，社会长期资金的总数不会因此而增加，股票、债券等虚拟资本也并不能膨胀。

证券交易市场可分为集中交易市场即证券交易所和场外交易市场两种类型。

第 1 节　证券交易所市场

证券交易所是证券交易市场中有组织、有固定地点，并能够使证券集中、公开、规范交易的场所，是证券流通市场的主体与核心。

一、证券交易所的特点

证券交易所作为各种证券公开买卖的场所，作为有组织、有固定地点的证券交易市场，它一般具有如下三个特点：

（1）证券交易所本身既不持有证券，也不买卖证券，更不能决定各种证券的价格。它只是为证券买卖双方的证券交易提供服务，创造条件，并对双方的交易行为进行监督。证券交易价格是证券买卖双方以公开竞价方式决定的。

（2）证券交易所是证券买卖完全公开的市场。它要求所有申请上市的证券发行者必须定期地、真实地公开其经营情况和财务情况。它自身也定期公布各种证券的行情表和统计表，以使投资者迅速选择投资目标，使证券持有者决定保留还是转让证券。交易所还随时公布股票价格指数，据此预测证券市场行情的发展趋势。

（3）证券交易所具有严格的组织性。它有专门的立法和规章制度。各国都明确规定，只有证券商经纪人才能代理买卖双方进入交易所参加交易，一般投资人不能直接进场交易。交易所对成交价格、成交单位、成交后的结算都有严格的规定，并且对交易所内部的员工也严加约束，如遇有利用内部情报操纵价格和垄断等行为和事件发生，也有相应的规定予以严厉制裁。

二、证券交易所的组织类型

证券交易所的组织类型一般分为公司制和会员制两种。

公司制证券交易所是一个按照股份制原则设立的，由股东出资组成的组织，是以营利为目的的法人团体。公司制交易所的特点是：证券交易所本身不参加证券买卖，只为证券经纪商提供交易场地、设施和服务，以便证券交易的完成。公司制证券交易所的最高决策管理机构是董事会，董事和监事由股东大会选举产生。交易所由注册合格的证券商进场买卖证券，证券商与交易所签订合同，并缴纳营业保证金，同时交易所收取证券成交的佣金。公司制证券交易所的优点是：既能提供比较完善的设备和服务，又能保证证券交易的公正性。因为在采取公司制的证券交易所中，交易所本身不允许参加证券交易，这就为证券交易价格的公正性提供了基本保证。公司制证券交易所的缺点是：由于交易所的设立是以营利为目的的，交易所的收入主要是按证券成交价格一定百分比收取的佣金，而且一般收费较高，所以对于证券交易者来说，成本费用较高。

会员制证券交易所是一个由会员自愿出资共同组成的、不以营利为目的的法人团体。会员制证券交易所的会员必须是出资的证券经纪人或自营商，只有会员才有资格进场参加证券交易。会员制证券交易所由会员来共同经营，会员与交易所不是合同关系，而是自治和自律关系，这是会员制证券交易所与公司制证券交易所的最大区别。会员制证券交易所的最高决策管理机构是理事会，理事会成员由会员选举产生。会员制证券交易所的会员要遵照交易所制定的规章制度在所内参加交易，对于违反法令或内部规定者，交易所将给予严厉惩罚。会员制证券交易所的优点是：首先，由于会员制证券交易所不是以营利为目的的，因而收取的证券交易成交佣金一般都比较低；其次，会员制证券交易所内部实行自律，各个会员要严格约束自己，而且还要相互约束，会员的责任感一般都比较强。其缺点是：因在会员制证券交易所内买卖双方须自负交易责任，不能获得交易所的赔偿，故风险较大。

目前，西方大多数国家都是采用会员制建立证券交易所，如美国的纽约证券交易所就是比较典型的会员制证券交易所。在我国，证券交易所也是采取会员制形式建立的，如上海、深圳两家证券交易所就是采用会员制形式建立起来的。

三、证券交易所经纪人

证券交易所进场交易的经纪人基本可分为两种，一种是证券经纪商，另一种是自营商。主要从事代客买卖的证券商称为经纪商，而主要从事自行买卖证券的证券商称为自营商。

经纪商又可分为佣金经纪商、大厅经纪商和专家经纪商三种。

第一种经纪商是佣金经纪商。佣金经纪商是证券交易所会员公司派在交易大厅内专门为顾客代理买卖的经纪商，交易完成由他们收取佣金。这类经纪商在交易所内人数最多，证券交易所内的大部分证券交易都是通过佣金经纪商成交的。佣金经纪商就是人们通常所说的“证券商”。

第二种经纪商是大厅经纪商。大厅经纪商是以私人身份在证券交易所取得会员席位，不属于任何会员公司的经纪商。大厅经纪商在证券交易所大厅内专门接受其他经纪商的委托代为买卖，成交后从中收取佣金。这种现象的存在主要是因为佣金经纪商可能在业务繁忙时接受许多客户的委托，单靠自己工作无法完成委托交易，这样就必须将客户的委托指令再委托给大厅经纪商，求其代为执行。因此，从某种意义上讲，大厅经纪商是佣金经纪商的经纪商。

第三种经纪商是专家经纪商，或称为专业经纪商、特殊经纪商。这种经纪商同时具有经纪商和自营商双重身份，他们既可以代客买卖证券，又可以自营买卖证券，专家经纪商的特殊之处主要表现在：专家经纪商各自专门从事某几种股票的买卖活动，专门长驻在某一交易台边，专门研究和等待所受委托的股票的行市涨落，以便在适当时机买卖，所以专家经纪商可称得上某几种股票的研究专家，其在证券交易所内的主要作用：一是对其专做的股票在每天营业开始时决定首次成交价格；二是设法保证证券交易的连续性，维持证券交易公平而有秩序地进行；三是在交易供求不平衡时以自己的财力买进或卖出以缩小供求差距。

在证券交易所从事证券交易的自营商也可分为零股自营商和大厅自营商两种。

在证券交易中，不足一个交易单位的零散股一般被称为零股。例如，一个交易单位为 100 股，零股就是指不足 100 股的股票交易。在证券交易所中交易台一般不经营零股交易，而专门有一部分证券商经营零股交易，这部分经营零股交易的证券商就被称为零股自营商。

大厅自营商主要从事短期性的证券买卖，通过价差获取利润，而不参与具有较大风险的长期交易。由于大厅自营商所从事的证券买卖有着很强的投机性，因而人们将大厅自营商所进行的交易活动通常称为“抢帽子”交易。

四、证券交易所市场层次

证券交易所按上市证券符合的标准不同分为两种：一种是主板市场，另一种是二板市场。

主板市场的功能定位是为大型企业服务，上市“入门”阶梯较高，一般要求上市时企业已达到相当的规模，企业发展速度相对稳定，要求企业在上市前若干年连续盈利，投资者进行投资判断时可进行参考。

二板市场也称创业板市场，市场的功能定位是为有潜质的发展中的中小型企业服务，上市“入门”阶梯较低，一般仅要求有明确的主营业务和上市前有两年活跃业务记录即可，主要是为风险投资提供退出之路。成功的创业板上市公司以优质的资产、优秀的管理层、潜在的市场以及未来的高增长前景作保障。

第 2 节　场外交易市场

场外交易市场英文简称“OTC”，是证券交易所以外的证券交易市场的总称，是分散的、非组织化的市场。场外交易市场包括店头市场、第三市场、第四市场。

一、店头市场

店头市场又称“证券商柜台买卖市场”，是证券市场的一个独特形式，其基本含义是证券经纪人或证券自营商不通过证券交易所把未上市的证券，有时也包括部分已上市证券直接同顾客进行买卖的市场。店头市场一般具有如下几个特点：

（1）从设施上看，店头市场没有大型证券交易所设立的中央市场，但个别店头市场也有不小的规模和场面。例如美国，规模大小不等的店头市场遍布于全国各地，规模大的店头市场经营证券多达数百种，同全国 3 000 多家证券自营商有业务联系，并配备有现代化的电子通信设备，规模小的店头市场只有一两间门面，营业人员只有几人。

（2）从价格形成方式上看，它不像证券交易所那样通过充分竞价方式得出证券行市，并根据买卖交易情况不断变化。店头市场只提供协议价格，也就是证券自营商买卖双方之间或客户与自营商买卖之间协商的价格。

（3）从价格水平上看，店头市场一般按净价基础进行交易。所谓净价就是指不包括佣金的证券价格。但这并不意味着证券商不赚钱，因为证券商卖出证券的价格一般都高于进价，而证券商买进的价格一般也略低于卖价。

二、第三市场

第三市场是指那些已经在证券交易所上市交易的证券却在证券交易所以外进行交易而形成的市场。它实际上是上市证券的场外交易市场。

第三市场是从 20 世纪 60 年代起最早在美国兴起的市场，近些年来发展很快。第三市场产生的原因是：证券交易所法令规定，只有属于交易所组织成员的证券商、经纪人才能在交易所内代客或自行买卖证券，同时买卖这些证券还有最低佣金的限制，不允许任意降低佣金的标准。凡是在证券交易所挂牌上市的证券一般都是信誉好、收益高、畅销的证券，但受最低佣金的限制，交易的费用比较高。在此情况下，就容易出现挂牌上市证券流出证券交易所，由非交易所成员的经纪人在场外进行交易，以减轻大额交易费用的负担这种现象。第三市场的出现和迅速发展，反映了 20 世纪 60 年代以来证券市场的三大变化：一是证券交易特别是股票交易日趋分散化、多样化，成交额不断扩大；二是机构投资者在证券市场上的投资比重明显上升，如各种投资公司、年金和基金会、保险公司、互助储蓄机构等大量购买和持有各种股票和证券，据统计，它们持有量已占发行总额的半数；三是加强了证券业务的竞争性，其结果是促使交易所，尤其是一些老资格交易所的改革。

三、第四市场

第四市场是指证券交易不通过经纪人进行，而是通过电子计算机网络直接进行大宗证券交易的场外交易市场。这是近年来在美国出现的场外交易形式。

第四市场通常只涉及买卖双方，尽管有时也帮助安排交易的第三者，但其不直接卷入交易过程。第四市场的经纪人不需要向政府有关当局注册，也不公开其交易情况，佣金也比其他市场低。

第四市场的优点在于：一是交易成本低，这是因为买卖双方直接交易，无须中间人，即使有时需要通过第三者安排，佣金也比其他市场少；二是买卖双方直接洽谈成交，成交迅速，并可望获得双方都满意的价格；三是可以保守交易秘密；四是不冲击证券市场。第四市场所进行的一般都是大宗证券交易，如果在证券交易所或店头市场公开进行，可能会给证券市场的价格造成较大的影响，而在第四市场交易，因其不公开出价，故可以避免对证券行市产生压力。正是由于第四市场的这些优越性，这一市场的发展才具有很大潜力。当然，第四市场的存在和发展也对证券市场的管理提出了挑战。

第 3 节　证券交易制度

一、证券交易的基本方法

在世界各国的证券交易业务中，证券交易的方法可以说是多种多样。

（一）按照证券价格形成的方式划分

1. 相对买卖

相对买卖是指买卖双方一对一的当面讨价还价的交易方式。这种交易方式在商业中多被采用，它是一种比较原始的交易方式，但是在证券交易所中运用较少，而大量地被运用在场外交易市场中。

2. 拍卖标购

拍卖标购是指一个买主对多个卖主或一个卖主对多个买主的交易方式。在这种交易方式下，不仅存在着买主与卖主之间的竞争，而且存在着买主内部之间或卖主内部之间的竞争。在一个卖主对多个买主的证券交易中，买主们为了实现自己的买入计划，必然竞相提出高于他人的价格，这样卖主就与出价最高的买主达成交易，这种交易方式也称作“拍卖”。在一个买主对多个卖主的证券交易中，卖主们为了实现自己的卖出计划，必然竞相报出低于他人的出售价格，这样买主就与出价最低的卖主达成交易，这种交易方式也称作“标购”。无论是拍卖还是标购，都是通过多个买主或卖主的竞争来产生证券的买卖价格，因此它对于促进证券价格的公平合理具有一定的积极意义。

3. 竞价买卖

竞价买卖是指多个买主对多个卖主的交易方式。它是证券交易所中采用最为普遍的一种证券买卖方式。竞价买卖把全国或整个地区的证券供求都集中在证券交易所中，使多个买主与多个卖主聚集在一起相互竞价，以实现出价最高的买主与报价最低的卖主达成交易。它对于确定证券公平合理的价格具有更可靠的保证，这也正是证券交易所的特色与优势所在。

（二）按照买卖订约和清算期限划分

1. 现货交易

证券的现货交易是指证券买卖成交后即时履行合同的交易方式。现货交易原则上要求成交后立即办理清算交割手续，但是由于技术上的限制，实际上很难完全做到，因此许多证券交易所都根据不同情况规定了现货交易的交割形式。具体有当日交割、次日交割、例行日交割及特约交割等。例如，美国纽约证券交易所规定在成交后的第五个营业日办理完交割；日本东京证券交易所规定在成交后的第四个营业日办理完交割。

2. 期货交易

证券的期货交易是指已成交的证券在未来某一日按照合同规定进行清算和交割的证券交易方式。在期货交易中，证券买卖双方先签订买卖合同，就买卖证券的种类、数量、成交价格以及交割时间达成一致，买卖双方在合同规定的交割日期才正式办理交割手续。在达成交易时，卖方并不真正地交付证券，买方也不当时就付款，只有到了规定的交割日时，卖方才交出证券，买方才支付价款。由于期货交易是要按预期价格结算的，在交割时，如果正遇证券价格上涨，买方则可大获其利；如果正遇价格下跌，则卖方就能获利。由此可见，证券的期货交易是证券交易活动中进行期货保值或投机获利的一种方法。

3. 期权交易

证券的期权交易又称选择权交易，它是指证券投资者事先支付一定的费用，取得一种可按既定价格买卖某种证券的权利。证券的期权交易不同于期货交易，其交易对象不是证券本身，而是一种权利，购买期权者可以在期限内的任何时候行使这个权利，买进或卖出证券，也可以到期不执行这一权利，任其作废；而对于出售期权的专门的证券商来说，则必须按规定出售或购进证券。证券的期权交易因买卖关系不同又可分为“看涨期权”和“看跌期权”两种。

4. 信用交易

证券的信用交易又称垫头交易，它是指证券买卖者通过交付一定数量的保证金得到经纪人的信用而进行证券买卖行为。证券的信用交易也分为两种：一种是“保证金买长”；另一种是“保证金卖短”。保证金买长交易是指客户要买进某种看涨证券而自己没有能力支付价款，这时他向经纪人支付一部分保证金，由经纪人代为垫付购买证券所需价款，使其能够如愿买进某种证券。经纪人垫付款项后，一方面要收取一定比例的垫款利息，另一方面要将客户购入的证券作为借款的抵押。等到一定时期以后，该种证券的价格上涨，客户再将该证券按当时的市价卖出，从中赚取价差，人们将这种交易方式又称为“多头”或“买空”。保证金卖短交易是指客户要卖出看跌证券，但自己手里并不拥有证券，这时他向经纪人缴纳一定数额的保证金，然后从经纪人那里借入证券并按市场价格卖出，待日后该种证券价格下跌后，再按当时市价买入同等数额的证券还给经纪人，从而在这种交易中获利，人们将这种交易方式又称做“空头”或“卖空”。

5. 回购交易

回购交易是指证券买卖双方在成交同时就约定于未来某一时间以某一价格双方再行反向成交。其实质是一种以有价证券为抵押品拆借资金的信用行为。证券的持有方（融资者）以持有的证券作抵押，获得一定期限内的资金使用权，期满后则须归还借贷的资金，并按约定支付一定的利息；而资金的贷出方（融券者）则暂时放弃相应资金的使用权，从而获得融资方的证券抵押权，并于回购期满时归还对方抵押的证券，收回融出资金并获得一定利息。

证券回购交易在我国发展的历史较短，目前回购交易的核心内容为债券回购，回购券种主要是国债和经中国人民银行批准发行的金融债券。

二、证券交易的基本过程

证券的交易过程包括选择经纪人、证券买卖的委托、证券买卖的竞价与成交、证券的清算与交割以及办理证券的过户手续等。

（一）选择经纪人并开户

证券投资者在证券交易市场上买卖证券，由于不能直接进入证券交易所内自己亲自从事证券买卖活动，因而必须委托经纪人来进行。

1. 选择经纪人

选择经纪人可以通过别人介绍，也可以自己到证券经纪公司去聘请。对于证券投资者来说，选择一位可靠的经纪人是非常重要的，这对于证券投资者的投资成功与否具有决定意义。

2. 进行委托登记

证券投资者确定了经纪人后，就要与经纪人进行委托登记。个人投资者，登记内容除了姓名、地址外，还应留存印鉴或签名样卡，如有委托代理人，还必须留存书面授权文件。法人投资者，登记的内容包括企事业单位的名称、地址及法人代表的姓名等，同时还要留存法定代表人授权证券交易执行人的书面授权文件。

3. 开户

在证券商处完成委托登记后，一般要在该证券公司申请开户，即在证券公司的营业部正式开立委托买卖账户，进行注册登记。证券商对要求开立账户的投资者要进行资信等状况调查，由申请人填写开户登记表，填入申请者的有关情况，包括姓名、身份证号码、单位、联系电话、联络方式及申请开立的账户种类等。

投资者开立的账户一般分为证券账户和资金账户。证券账户要求投资者将证券存入证券公司，从证券公司获得一个证券账户卡（我国深圳证券交易所为证券账户卡，上海证券交易所为股票账户卡）。当购入证券时，就表现为证券账户上投资者某种证券持有量的增加，同时资金账户上的存款相应划出；当卖出证券时，从该账户上扣除一定数量的某种证券，同时资金账户上相应收入出售证券的款项。资金账户要求投资者存入供证券交易的资金，通过资金账户办理证券交易的现金清算。资金账户类似于银行的活期存折，投资者可随时提取存款，也同样可获得活期存款的利息。

为了建立和发展统一的清算系统，上海证券交易所于 1992 年 7 月推广了磁卡账户，它集股票账户与资金账户的功能于一身，不仅可以提高交易效率，还可以加强对证券市场的管理。

（二）委托买卖

投资者开立账户后即可委托证券商代理证券的买卖。当投资者准备买卖某种证券时，可对证券商发出委托指令，证券商即向其交易所内的经纪人传达客户指令，经纪人按指令要求进行买卖，通过竞价成交后，由证券商代理投资人办理清算、交割和过户手续。委托指令的下达是从投资者填写委托单开始的。委托单要填入委托人姓名、证券账号、委托日期，写明证券名称、买卖数量、委托价格、委托方式及委托的有效期限等内容。

根据投资者委托的不同内容，证券委托可有不同的分类。

从委托买卖证券的数量看，有整数委托与零数委托之分。整数委托是指投资者委托证券商买进或卖出的证券数量以一个交易单位为起点或是一个交易单位的整数倍。如我国深圳证券交易所，其股票的一个交易单位为100股，上海证券交易所股票的一个交易单位为100元面额。一个交易单位称为“一手”。零数委托是指委托买卖的证券数量不足一个交易单位。若以100股为一个交易单位，则1～99股便为零数股，若投资者委托买卖零股，便为零数委托。一般规定，只有交易额达到一个交易单位或交易单位的整数倍才允许进交易所内交易，零股则必须待证券商凑齐为整数股后才能进场交易。我国证券交易所规定，允许卖出零股委托，不允许买入零股委托。

从委托价格看，有市价委托和限价委托之分。市价委托是指投资者向证券商发出委托指令时，只规定某种证券的名称、数量，价格由经纪人随行就市，不作限定。市价委托便于迅速成交，尤其是在证券价格急剧波动，投资者急需立刻卖出或买进某种证券时，为减少损失或增加更多的收益，常以此方式报价成交。限价委托即由投资者在发出委托指令时，提出买入或卖出某种证券的价格范围，经纪人在执行时必须按限定的最低价格或高于最低价格卖出，或按限定的最高价格或低于最高价格买进。限价委托有可能按投资者希望的价格成交，有利于谋求较大的收益，但成交速度慢，有可能坐失良机。若投资者预期失误，有可能无法成交而蒙受损失。

从委托方式看，有当面委托、电话委托、电报委托、传真委托、信函委托与自助委托之分。当面委托又称递单委托、书面委托，指投资者在证券公司营业部填写买卖委托单，提出各项委托要求，作为委托的凭据。书面委托是传统的委托方式，比较适合拥有资金不多的中小投资者。电话委托即投资者利用电话通知证券经纪商，按电话内容填制委托书，据此办理委托业务，成交后由投资者在委托单上签字确认，以免以后发生纠纷。自助委托主要有磁卡委托、电脑自助委托、远程终端委托等方式，是投资者通过证券经纪商设置的委托终端亲自下达买卖指令。其他如电报委托、传真委托、信函委托等与当面委托的内容大体一样，只是分别通过电报、传真、信函的形式发出委托指令。

从委托有效期看，有不定期委托与定期委托之分。不定期委托也称有效委托，即投资者发出委托指令时不规定指令的有效期限，只要不宣布撤销委托，则指令一直有效。定期委托也称限时委托，是指投资者发出委托买卖指令时，对交易的时间有一定的限制，超过时限则委托指令自动失效，而不论买卖是否成交。若投资者仍有买卖意向，则需重新提出委托。我国证券交易中的有效期限分为当日有效和5日内有效两种。

（三）竞价与成交

证券商接受投资者委托后，即通知其在交易所内的经纪人按照投资者指令进行申报竞价，然后拍板成交。

1. 竞价原则

由于证券交易所采用复数成交价格的竞价买卖方式成交，在经纪人以竞价方式成交时，往往会出现多个买方（或卖方）经纪人同时叫价的情形。在这种情况下到底哪个经纪人有优先购买（或出卖）证券的权利呢？证券交易对此均按照以下优先原则执行：

第一，价格优先原则。就是指谁的出价（或递价）越低（或越高），谁就有优先出卖（或购买）的权利。在证券交易所里，一般出价最低的与递价最高的买卖双方能达成交易。

第二，时间优先原则。就是在经纪人的出价（或递价）都一样时，以谁最先提出出价（或递价）为最先成交的标准。

此外，还有顾客委托优先原则、数量优先原则、市价优先原则等。我国上海证券交易所按价格优先、时间优先的原则组织成交，深圳证券交易所按价格优先、时间优先、顾客委托优先的原则竞价成交。

2. 竞价方式

在证券交易所中，证券买卖的价格是通过竞价方式确定的。目前竞价的方式有如下三种：

（1）口头竞价。口头竞价是指证券商在规定的交易台前或划定的区域内相互以口头喊价的方法讨价还价直至达成交易。其具体步骤和方法为：证券商接受委托后到交易所指定的区域内进行竞价，一般情况下，他要首先对拟定买卖证券进行询价，以便较为准确地申报价格；而后他要按照委托人的具体要求以最有利于委托人且能够成交的价格喊价。如果有其他证券商愿意接受这一喊价的话，就与其达成口头成交协议，然后共同在成交单上签字，同时及时通知委托人进行复盘。

（2）书面竞价。书面竞价是指证券买卖通过书面形式达成交易价格的一种方法。书面竞价要经过申报、撮合和最后成交等环节。首先，证券商要将拟定买卖的证券及其具体要求记录在“证券买卖记录单”上，并按照证券交易所的要求将其中的一联交给交易所的中介经纪人。其次，中介经纪人接到“证券买卖记录单”后，按照价格和时间序列记录到“证券买卖申请记录表”上，然后按照“优先原则”进行撮合。最后，当中介经纪人撮合成交后，迅速通知买卖双方证券商交易员，由双方在“场内成交单”上签字、盖章，履行成交手续，并通知委托人复盘。

（3）电脑竞价。电脑竞价是指证券商利用计算机联网系统进行证券交易达成交易价格的一种方法。电脑竞价要经过申报输入、撮合成交和成交信息反馈等环节。申报输入过程是指证券商将买卖证券的有关指令输入计算机终端，然后经计算机网络将申报指令传给交易所，交易所的计算机主机接到申报指令便发回已接受的通知，并由证券商打印“买卖申报回报单”。撮合成交过程就是证券交易所计算机主机按各个证券商发来的指令进行自动搜寻，选择最佳匹配组合方案，从而使之撮合成交。成交信息反馈是指证券交易所计算机主机在撮合成交的同时向成交双方证券商发出信息，通知他们的成交结果，最后由双方计算机的终端打印“成交回报单”。利用计算机进行证券交易，大大提高了证券交易的效率，促进了证券市场向现代化方向发展。

3. 竞价结果

竞价结果有三种可能：全部成交、部分成交、不成交。

（1）全部成交。委托买卖全部成交，证券经营商应及时通知委托人按规定的时间办理交割手续。

（2）部分成交。委托买卖如果未能全部成交，证券经营商在委托有效期内可继续执行，直到有效期结束。

（3）不成交。委托买卖如果未能成交，证券经营商在委托有效期内可继续执行，直到有效期结束。

（四）证券的清算与交割

证券买卖成交后，买卖双方要进行清算和交割。证券的清算与交割是指证券买卖双方在证券交易所买卖证券成交后，通过证券交易所将证券商之间买入、卖出证券的数量和价款分别予以轧抵，然后再将其应收、应付证券和应收、应付差额款项按照一定的规则和惯例进行结算的过程。证券的清算与交割是证券交易结算过程中相互关联的两个方面，具体分析起来，证券的清算是指证券商在证券买卖成交后，对应收或应付的证券数量、价款分别同证券交易所进行轧抵和计算。通常清算在证券买卖成交后立即进行，而证券的交割则是证券商在事先约定的时间内，按照证券清算单据上的应收、应付差额集中同证券交易所办理转账和交付，交割一般在交割日进行。

证券的交割因交割期不同分为如下几种：

（1）当日交割。证券商在交易所买卖证券成交后，交易双方在成交当日就进行证券与价款的收付。这种交易一般用于证券商的自营买卖和其他急于获得证券或现金的客户。

（2）次日交割。证券商在证券交易所买卖证券成交后，交易双方在成交日的下一个营业日进行证券与价款的交接。

（3）例行交割。证券买卖成交后，按照证券交易所的有关规定从证券买卖成交日算起的若干营业日内进行证券与价款的收付。一般情况下，凡是没有指示的证券交易均按例行交割处理。目前世界上各国证券交易所大多数的证券交易都是采用例行交割方式的。有的证券交易所规定在成交日后（包括成交日当天）的第四个营业日交割，有的规定在第五个营业日完成交割。

（4）特约日交割。交易双方共同约定一个日期进行交割。一般交易双方商定在成交日算起 15 天内某一特定日进行证券价款的交付。这种交割方式通常是为了给那些无法进行例行交割的客户提供方便，例如异地交易的客户异地之间的往来需要较长的时间。

约定日交割即买卖成交后，交易双方共同约定一个日期进行交割，一般选定在成交后 15 日内某一天。我国目前在证券交割上实行“T＋1 规则”，即次日交割，在双方成交后的下一个营业日办理完交割事宜。

按交割者的不同身份，交割也分为证券商之间的交割和证券商与投资者之间的交割两种。前者是通过清算，交付买卖数额相互轧抵后的差额，后者则需向投资者交付票款或代买的证券。即对委托卖出证券的投资者，证券商应付的金额要从卖出证券的价款中减去佣金、过户费和印花税，就其余额交付给投资者；对委托买入证券的投资者，证券商应收的金额除了证券购进价外，还要加上佣金、过户费和印花税。

在我国上海证券交易所和深圳证券交易所的股票交易中，由于已实行了“无纸化”交易和股票集中托管制度，所以在交割过程中，并没有实物股票的出现，证券账户上的划转取代了实物交割，整个交割过程实际上只是价款的交割。

（五）过户

证券按票面是否记名可分为记名证券和不记名证券。对于许多投资者而言，买卖成交办理清算交割后，其证券交易过程就已经完成了，而对于购买记名证券的投资者来说，还需要办理过户手续。所谓过户，是指投资者买入记名证券后，应到证券发行公司或指定的过户机构办理所有权变更登记手续，即证券原所有者（卖方）向新所有者（买方）转移有关证券全部权利的记录手续。投资者只有办理了过户手续才能享受所有者的相应权益。

买卖股票办理过户手续时，投资者要持有原股东填写的过户申请书或转让背书证明，凭自己的身份证和印章，在原发行公司或指定的过户机构填写过户申请书和股东印鉴卡，经查验无误后即可正式办理过户手续。投资者若是发行公司的老股东，则只要将新购的股票数量记入原来的账户即可。若是新股东，则须开立户头，进行登记。

我国两家证券交易所的股票已经实行“无纸化”交易，通过股票账户卡可实现电脑交易、过户一体化。所有的过户手续都由交易所的电脑自动过户系统一次完成，无须投资者另外办理过户手续。

本章小结

本章主要阐述证券交易市场及其有关主要内容。

证券交易市场又称证券流通市场、二级市场或次级市场，它与证券发行市场共同构成完整的证券市场。

证券交易市场分为集中交易市场即证券交易所和场外交易市场两种主要类型。其中，证券交易所是证券交易市场的主体和核心。

证券交易制度是证券交易运行的规则。它包括证券交易的基本方法、证券交易的基本过程及原则等。这是本章的核心内容。

重点概念

证券交易市场　　证券交易所　　场外交易市场　　上市证券

现货交易　　竞价买卖　　期货交易

复习思考题

1. 名词解释

证券交易市场　证券交易所　场外交易市场

2. 思考题

（1）如何理解证券交易市场与发行市场的关系？

（2）证券交易市场的类型有哪些？

（3）柜台交易市场有何特点？

（4）结合实际说明证券交易的基本过程。

3. 案例分析题

“三板”和“新三板”发展历程和未来展望

全国中小企业股份转让系统有限责任公司（下称“新三板公司”）已于 2012 年 9 月 20 日核准成立，注册资本 30 亿元。新三板公司的经营范围是“组织安排非上市股份公司股份的公开转让；为非上市股份公司融资、并购相关业务提供服务；为市场参与者提供信息、技术服务”，住所为北京市西城区金融大街丁 26 号，注册资本、实收资本均为 30 亿元。

有业内人士指出，股份转让系统采用公司制，是借鉴了成熟市场的做法，有独立的股东会、董事会，是公司法人，而非事业单位。未来股份转让系统的主要职能将是监管新三板及其他场外市场。

据悉，作为全国性场外市场运营管理机构，新三板公司与上海证券交易所、深圳证券交易所不同，不会负责提供竞价系统来撮合交易，只是将股票买卖委托传递给对应的做市商，由做市商负责成交，类似于美国负责对纳斯达克市场的运营进行监管的全美证券交易商协会。

“新三板”是指中关村科技园区试点的非上市股份有限公司的代办股份转让系统，是证券公司代办股份转让系统的组成部分。

由于挂牌企业均为高科技企业而不同于原转让系统内的退市企业及原 STAQ、NET 系统挂牌公司，因此被形象地称为“新三板”。“新三板”扩容是指中关村科技园区非上市股份有限公司代办股份报价转让系统的试点园区范围扩大和代办系统的主办券商数量增加。“新三板”扩容将在原中关村科技园区试点的基础上，将范围扩大到其他具备条件的国家级高新技术园区；在交易制度上，将同步引入做市商制度；在投资者资质上，符合新三板市场投资者适当性管理有关要求的个人投资者，可进入新三板市场参与报价转让交易。

三板市场的发展经历了一个复杂曲折的历程。1992 年 7 月，为解决法人股流通问题，全国证券交易自动报价系统（STAQ）启动。1993 年 4 月，全国电子证券交易系统（NET）也在北京启动。这两个市场被称为“两网”市场。1993 年 6 月，为治理整顿和控制通胀，证监会停止了两网市场的新股挂牌。1997 年，NET 更名为“中国国债登记结算有限责任公司”，不再进行股票交易。1999 年 9 月，STAQ 和 NET 暂停交易，并实质上进入关闭状态。2001 年 7 月，中国证券业协会启动证券公司代办股份转让业务，俗称三板市场。当时由具有该项业务资格的 6 家证券公司 300 多家营业部采用电子交易方式进行交易。除解决 STAQ 和 NET 系统挂牌公司股份流通问题外，还将从主板退市的股份公司、原各地交易中心挂牌交易的公司以及历史遗留问题公司的股票纳入交易范围。

2006 年 1 月，中关村非上市公司股份报价转让启动试点，主要为中关村高科技企业的股权交易提供服务，具体的交易实施在新三板中进行。至此，三板市场由于新业务的加入也被称为“新三板市场”。2009 年 7 月，《中关村报价转让试点办法》正式实施。2011 年初，新三板规则制度设计初步完成；直至 2012 年 7 月，新三板副主办券商制正式实施。这一系列制度的完善都为新三板扩容打下了良好基础。截至 2012 年 7 月，新三板挂牌股票达到 156 只，呈现出市场规模扩大、功能不断完善（除交易功能外，挂牌公司还可定向增发募集资金，未来有可能引入“注册制”和做市商制等）的发展态势。

思考：读了这篇文章之后，你有何感想？

股票价格指数

章前引例及分析

2013 年中国股市：平平淡淡迎新年

2013 年对于 A 股而言，是类似于 2005 年的一个牛、熊过渡年。2005 年 A 股市场的背景是“宏观经济高速发展＋国有股改革”，在这样的铺垫下，A 股才在 2006 年、2007 年出现了波澜壮阔的大牛市。

2013 年底，在全球资本市场上，疲弱的 A 股或再一次“排名垫底”。回顾走过的这一年，沪指最高摸到了2 444.8 点，最低下探至1 849.65 点，年底则在2 100点门前打转。指数在低位打转的过程中，资本市场迎来了改革的春风，也因 IPO 的重启而陷入“恐慌”；投资者分享过创业板的翻番行情，也曾被乌龙指等“黑天鹅”撞过腰……2013 年是不平静的一年，却在平淡的指数表现中收场。

2013 年 1 月 4 日，A 股上证指数报收2 276.99 点，而截至 12 月 30 日，上证指数还在2 100点附近震荡。这也就是说，上证指数在大概一年时间内，不仅没有上涨，反而下跌了 8%左右。

股市是国民经济的“晴雨表”，股价指数的波动反映了市场的走势，也反映了宏观经济运行的状况。投资者入市进行证券买卖，须对股价指数有一个全面的了解。

本章学习目标

通过本章的学习，你应该能够：

1. 掌握股票价格指数的含义
2. 掌握股票价格指数的几种计算方法
3. 了解世界主要股价指数及其特点
4. 了解中国现行股价指数的种类

第1节　股票价格指数概述

一、股票价格指数的含义

股票价格指数是用来表示多种股票平均价格水平及其变动情况以衡量股市行情的指标，简称股价指数。若A日的股价指数大于（或小于）B日的股价指数，就称A日股票市场相对B日上涨（或下跌了）。股价指数除了天然具有直接反映股票市场平均股价走势这一告示功能外，它还是股市人气聚散的征兆，揭示大户试图造势的动向，体现多空双方的实力和心态。不仅如此，股价指数与国民经济运行紧密相关，是国民经济的“晴雨表”。它可以反映经济所处阶段，证券市场与借贷市场关系，利率、汇率等经济指标是否适度等。

按照股市涵盖股票数量和类别不同，可以把指数分为综合指数、成分指数和分类指数三类。综合指数是指在计算股价指数时将某个交易所上市的所有股票市价升跌都计算在内的指数，如纽约证交所综合指数、我国的上证综合指数等。成分指数是指在计算股价指数时仅仅选择部分具有代表性的股票市值作为标的指数。目前世界上大多数的指数都是成分指数，如道·琼斯指数、标准·普尔500指数，伦敦金融时报100指数、上证180指数、深成指等。成分指数选择的股票一般具有市值大、交易量大、业绩好的特点。分类指数是指选择具有某些相同特征（如同行业）的股票作为目标股计算出来的指数。如房地产股指数、金融股指数、工业股指数等。

二、股票价格指数的编制要求

股票价格指数一般具有客观性、准确性、代表性和敏感性的特征。为反映这些特征，在编制过程中应符合下述几项要求。

（一）要正确选择若干种股票作为计算对象

选择的计算对象又称样本，这些采样股票必须具有典型性、普遍性或一定的影响力，才能使计算结果有较高的代表性。因此，在选择作为计算对象的样本股票时，必须综合考虑其行业分布、市场影响力、股票等级、数量等因素。

（二）要采用恰当的计算方法科学地编制和计算

对于股价平均数和股价指数，其计算方法应具有高度的适应性，能对不断变化的股市行情做出相应的调整或修正，使股价指标有较强的敏感性。

（三）要有科学的计算依据和手段

对于股价指数的计算，其计算口径必须一致，一般均以交易所的收盘价为计算依据。但随着计算频率的增加，有的以每小时价格，甚至以更短的时间价格来计算，因此计算依据一般与计算时间间隔相适应。随着科技的发展，计算手段也需不断完善，使股价指标能更准确、更客观地反映股市行情。

（四）选好计算股价指数的基期

在计算股价指数时须选好基期，基期应该有较好的代表性和均衡性，要能够代表正常情况下股票市场的均衡水平。基期只有定得合适才有可比性，据此计算出的股价指数才能如实地反映股市活动的全貌。

三、股价指数的编制方法

股价指数是报告期股价与某一基期股价相比较的相对变化指数，它的编制是首先假定某一时点为基期，基期值为 100，然后用报告期股价与基期股价相比较而得出的。其计算方法主要有下述几种。

（一）简单算术平均法

简单算术平均法是在计算出采样股票个别价格指数的基础上加总求其算术平均数。其计算公式为：

$$P=\frac{1}{n}\sum_{i=1}^{n}\frac{P_{1i}}{P_{0i}}\times 100$$

式中：P 为股价指数；P_{0i}（$i=1, 2, \cdots, n$）为基期第 i 种股票价格；P_{1i}（$i=1, 2, \cdots, n$）为报告期第 i 种股票价格；n 为股票样本数。

表 5—1 为四种股票的交易资料。

表 5—1　　股票交易资料

项目 / 种类	股价（元）		交易量（股）	
	基期 P_0	报告期 P_1	基期 Q_0	报告期 Q_1
A	5	8	1 000	1 500
B	8	12	500	900
C	10	14	1 200	700
D	15	18	600	800

股价指数 $P=\frac{1}{4}\times\left(\frac{8}{5}+\frac{12}{8}+\frac{14}{10}+\frac{18}{15}\right)\times 100=142.5$，说明报告期的股价指数比基期上升了 42.5 个百分点。

（二）综合平均法

综合平均法即分别把基期和报告期的股价加总后，用报告期股价总额除以基期股价总额，其计算公式为：

$$P=\frac{\sum_{i=1}^{n}P_{1i}}{\sum_{i=1}^{n}P_{0i}}\times 100$$

上例中，股价指数 $P=\left(\frac{8+12+14+18}{5+8+10+15}\right)\times 100=136.8$，说明报告期股价指数比基期上升了 36.8 个百分点。

从简单算术平均法和综合平均法计算股价指数看，二者都未考虑到由于各种采样股票的发行量和交易量的不相同，而对整个股市股价的影响不一样等因素，因此，计算出来的指数亦不够准确。为了使股价指数计算精确，则需要加入权数，这个权数可以是交易量，亦可以是发行量。

（三）加权综合法

根据权数不同，加权综合法的计算公式有以下三种：

以基期交易量（Q_{0i}）为权数，$P=\dfrac{\sum_{i=1}^{n}P_{1i}Q_{0i}}{\sum_{i=1}^{n}P_{0i}Q_{0i}}\times 100$

以报告期交易量（Q_{1i}）为权数，$P=\dfrac{\sum_{i=1}^{n}P_{1i}Q_{1i}}{\sum_{i=1}^{n}P_{0i}Q_{1i}}\times 100$

以报告期发行量（W_{1i}）为权数，$P=\dfrac{\sum_{i=1}^{n}P_{1i}W_{1i}}{\sum_{i=1}^{n}P_{0i}W_{1i}}\times 100$

上例以报告期交易量为权数计算 $P=\dfrac{8\times 1\,500+12\times 900+14\times 700+18\times 800}{5\times 1\,500+8\times 900+10\times 700+15\times 800}\times 100=$ 139.47，说明报告期比基期的股价指数上升了 39.47 个百分点。

（四）加权几何平均法

加权几何平均法即以交易量或发行量作为权数，其计算公式为：

$$P=\sqrt{\frac{\sum_{i=1}^{n}P_{1i}Q_{0i}\cdot\sum_{i=1}^{n}P_{1i}Q_{1i}}{\sum_{i=1}^{n}P_{0i}Q_{0i}\cdot\sum_{i=1}^{n}P_{0i}Q_{1i}}}$$

此公式是对前几个公式的进一步修正，它被称为费雪（Irving Fisher）理想公式，其最大缺点是样本股票增资除权（用除权数去除增资时的拆股认购权）时，修正很困难。因此，世界各国大多采用前几种方法计算。

第 2 节　国际主要股票价格指数

一、道·琼斯股价平均指数

道·琼斯股票价格平均指数，简称道·琼斯指数，是世界上影响最大的股票价格指数之一。1884 年，道·琼斯公司创始人查理斯开始编制道·琼斯股票价格平均指数并刊登在当时出版的《每日通讯》上。开始时，只选用了 11 种股票（几乎全是铁路公司的股票），以后逐渐增加，而且扩大到其他行业。目前股票种数已经变动了四次，即在 1897 年股票由 11 种增至 32 种，1916 年增至 40 种，1928 年增至 50 种，1958 年定为 65 种，直至今天。该指数所选用的代表性公司股票涉及工业、运输业、公用事业等所有重要行业。

道·琼斯股价平均指数共分四组，即：

（一）道·琼斯工业平均指数

这是由美国 30 家最具有影响的大工业公司的股票组成的股票价格指数，如埃克森石油公司、通用汽车公司和美国钢铁公司等。这一价格指数基本能够反映股票市场价格变动情况，因而常为世界各大报刊、电台、电视台引用。

（二）运输业平均指数

计算这个指数选用了 20 种有代表性的运输公司的股票，涉及铁路、航空、轮船等各个方面。这个指数大致能客观反映出运输行业股份的变化情况。

（三）公用事业平均指数

该指数计算选用了美国 15 家公用事业公司的上市股票，如美国电力公司等。

（四）平均价格综合指数

这是由前三组合计的 65 家公司所有股票价格计算出来的，这一指标更能反映出整个股票市场的变化情况。

道·琼斯指数在世界上享有盛名，其主要原因是：第一，历史悠久。道·琼斯指数从 1884 年开始编制到现在，是一个最古老的股价指标。第二，采样典型性。道·琼斯指数 65 种股票包括交通运输业公司、工商业公司和公用事业公司，都是著名大公司，也都是热门股票。第三，快捷迅速。该指数以数秒钟的速度运算每分钟的价格平均数。第四，由世界金融界最有影响的《华尔街日报》详尽报道，为各国股市和股票投资者所重视。

二、标准·普尔股价指数

标准·普尔股价指数是美国最大的证券研究机构标准·普尔公司编制和公布的股票价格指数。1957 年，标准·普尔公司把最初采样的 233 种股票扩大为 500 种，包括 85 个工商行业的 400 种股票，商业银行、储贷协会、保险公司和金融公司的 40 种股票，航空公司、铁路公司和公路货运公司的 20 种股票以及公用事业的 40 种股票。目前这 500 种股票交易额占纽约股票交易所交易总额的 80%左右，因而具有很强的代表性。

标准·普尔股价指数以 1941 年至 1943 年为基期，然后将所有采样股票加权平均计算。其计算公式为：

$$P=\frac{\sum_{i=1}^{n}P_{1i}Q_{1i}}{\sum_{i=1}^{n}P_{0i}Q_{0i}}\times 100$$

式中：$P_{0i}(i=1,2,\cdots,n)$为基期第 i 种股票价格；$P_{1i}(i=1,2,\cdots,n)$为报告期第 i 种股票价格；$Q_{0i}(i=1,2,\cdots,n)$为基期第 i 种股票数量；$Q_{1i}(i=1,2,\cdots,n)$为报告期第 i 种股票数量。

最后此项数字再除以 10（如果是 130，则用 130 除以 10 得 13），便得到我们目前所看到的标准·普尔 500 指数。

从标准·普尔500指数与道·琼斯指数的比较看，前者更能反映股票价格变动的全貌，代表性更强，而后者只代表了最大的公司的股价。但从整体上看，二者的表现是非常接近的。

三、英国金融时报股价指数

英国金融时报股价指数是由《金融时报》编制发表的、描述伦敦证券交易所的股价指数。这一指数包括金融时报30种股价指数（FT30）、金融时报精算所有指数（FTA）和金融时报一股票交易所100种股价指数（FT－SE100）。

通常所说的金融时报股价指数是指FT30，它是计算主要工业股的几何平均数，最初公布于1935年，由于其仅占市值的30%，是一种几何平均数，其长期绩效并不显著。但许多投资人仍习惯用FT30来衡量英国股市变化状况。

FTA是衡量整体市场的基准指数，1962年引入该指数时，它由700多只成分股构成，市值占英国股市总市值的90%，是一种以市值加权的算术平均指数，它是评价投资组合与基金经理人绩效的基准指标。

FT－SE100是英国第一个真正的即时指数，1984年1月运作，每分钟更新一次。FT－SE100是由100家英国最大的上市公司股价构成的、以市值加权的算术平均指数，其市值占英国股市总市值的70%，它与FTA相关性极高，约98%，且克服了FT30股数少、不足以代表市场变动、计算费时的缺点。

四、日经股价指数

日经股价指数的全称是日本经济新闻社道·琼斯股票平均价格指数，又称日经道·琼斯平均股价指数。它是由日本经济新闻社编制发布的在日本股票市场上最具代表性的股价指数，该指数开始发布于1950年9月，当时被称为“东证修正平均股价”，选用东京证券交易所第一市场上市的225种股票，算出修正平均股价。1975年5月1日起，日本经济新闻社根据与道·琼斯公司的合同，公布日经道·琼斯平均股价。

日经平均225种股票股价指数用以观察股价的长期性变动极为便利，至今仍是最常用的分析指标。但由于其完全不考虑资本金的大小，造成一部分市场流通性小的高价股票暴涨暴跌，会使平均值产生剧烈波动，还因为个别股票价格的小幅涨跌就使日经指数大幅变动，这也给人一种价格变动剧烈的错觉。

为了弥补日经225种股票股价指数的不足，日本经济新闻社又采用日经500种股票平均股价，从1982年1月4日起每天公布，把选用的股票数扩大到约占东京证交所第一市场上市股票的半数即500种，并且在每年4月份，以到前一年度为止的过去3年的成交量、买卖金额、时价总额为基准，对选用股票进行更换。

五、香港恒生指数

恒生指数是香港股票史上历史最悠久的一种股价指数。它由恒生银行于1969年11月

24 日起每日公布，以 1964 年 7 月 31 日为基期，基期指数为 100，采样股 33 种，这些有代表性的股份被称为“成分股”。成分股主要根据以下四个指标选定：公司股票在股市的重要程度、股票成交值对投资者的影响、发行股数足以应付市场旺市的需要、公司业务需以香港为基地。33 种成分股由下列行业组成：金融业 4 种、公用事业 6 种、地产业 9 种、其他工商业包括航运及酒店业 14 种，这些成分股分布于香港主要行业，都是具有代表性、经济力量雄厚的大公司。

恒生指数的计算方法是：根据上述 33 种有代表性的上市股票，按其每天的收市价算出当天这些上市公司的总市值，再与基日资本总市值相比，乘以 100 可得当天指数。

$$恒生指数=\frac{计算日资本总市值}{基日资本总市值}\times 100$$

第 3 节　中国主要股票价格指数

一、中国上海证交所指数

（一）上证综合指数

上证综合指数全称为上海证券交易所股票价格综合指数。它是在吸取国际重要股价指数编制经验，对原有上海静安指数进行分析的基础上，依据当时在交易所上市的所有股票为样本，以 1990 年 12 月 19 日为基期，以股票发行量为权数进行编制的。其计算公式为：

$$股价指数=\frac{现时市价总值}{基日市价总值}\times 100$$

具体计算方法是：以当时基期和计算日股票的收盘价分别乘以发行股数，相加以后再求得基期和计算日的市价总值，再相除后即得股价指数。但遇上股票增资扩股或转增（剔除）时，则须相应进行修正。其计算公式调整为：

$$股价指数=\frac{现时市价总值}{新基准市价总值}\times 100$$

$$新基准市价总值=修正前基准市价总值\times\frac{修正前市价总值+市价总值变动额}{修正前市价总值}$$

随着上海股市的发展，上海证券交易所决定从 1993 年 5 月 3 日起发布上海证券交易所分类股价指数（此前编制的为上证综合股价指数）。将分类股价指数编制的基期日从原定 1990 年 12 月 19 日改为 1993 年 4 月 30 日，并以这天上证综合收盘股价指数1 358.78点作为计算基准；同时，上证综合股价指数（包括 A 股指数和 B 股指数）仍照常编制。

上证分类股价指数的计算公式为：

$$\frac{当日分类}{股价指数}=\frac{前日收盘}{分类指数}\times\left(\frac{当日收盘分类}{市价总额}+\frac{前日或经调整前日}{分类市价总额}\right)$$

首日分类指数计算公式中“前日收盘分类指数”即为基准日上证综合收盘股价指数。首日上证分类指数分别为：工业类开盘 1 367.38 点，收盘 1 348.23 点；商业类开盘 1 368.86点，收盘 1 384.36 点；地产类开盘 1 373.06 点，收盘 1 356.16 点；公用事业类开盘 1 358.78 点，收盘 1 345.73 点；综合类开盘 1 360.30 点，收盘 1 378.83 点。

在遇有新股上市或送配股时，分类股价指数应与上证综合指数一起作相应调整。比如 1993 年 5 月 4 日，上海有外高桥、望春花、国嘉实业、新亚快餐四个新股上市，按照国际通行做法，应以当日分类开盘市价总额权数即时做出相应调整，但开始时上交所电脑尚跟不上需要，因此新股上市当日均不算入综合和分类股价指数内，而是次日再作调整。其调整公式为：

$$\frac{\text{新股上市次日}}{\text{分类股价指数}}=\frac{\text{前日收盘}}{\text{分类指数}}\times\left[\frac{\text{当日收盘分类}}{\text{市价总额}}+\left(\frac{\text{前日分类}}{\text{市价总额}}+\frac{\text{前日收盘分类}}{\text{新股市价总额}}\right)\right]$$

根据上海证交所的规定，上证综合股价指数自 2002 年 9 月 23 日起新股上市首日即计入指数。新股计入指数的基准价格是以发行价来计算的。这次新股计入指数基准日的调整，将对证券市场产生积极的影响。

（二）上证 30 指数

1996 年 7 月 1 日，上海证券交易所正式推出“上证 30 指数”，该指数是以在上交所上市的所有 A 股股票中选取的最具市场代表性的 30 种样本股票为计算对象，并以流通股数为权数的加权综合股价指数，取 1996 年 1 月至 3 月的平均流通市值为指数的基期，基期指数定为 1 000 点。从选出的样本股看，基本上覆盖了上交所上市公司所属的行业，并且在上市公司中具有代表性。30 家入选公司中，工业股 16 只，商业股 4 只，房地产股 2 只，公用事业股 4 只，综合股 4 只，其中上海本地股 11 只，异地股 19 只。上证 30 指数编制的特点是：第一，以流通量作为权数；第二，以 1996 年第一季度为基期；第三，基期指数定为 1 000 点；第四，样本容量定为 30，上证 30 指数样本股占 A 股流通股总市值的 36%。上证 30 指数 1996 年 1 月 1 日开盘 2 074.915 点，收盘1 966.68点。上证 30 指数的发布对当时市场产生了深远的影响，它较客观地反映了市场有代表性股票的总体走势，引导投资者树立以产业政策为导向，重视上市公司的投资理念，逐步实现股价指数反映国民经济晴雨表的功能，满足投资者多角度、多侧面审视上市公司市场表现的需要。上证 30 指数也存在缺陷：样本股数量不足，难以完全反映市场全貌；市值比例小，活跃程度低，相关性不够，易于操控等。

（三）上证 180 指数

上证 180 指数是在原有的上证 30 指数基础上，根据国际惯例和上市公司实际情况进一步调整完善的成分指数，它以 2002 年 6 月 28 日上证 30 指数收盘点数为基点，自 2002 年 7 月 1 日起取代上证 30 指数，成为新的市场基准。

与原有上证 30 指数相比，上证 180 指数编制方法更为科学，成分选择代表性和公开性更强。上证 180 指数的流通市值占上海市场的 50%，成交金额也占 47%，指数加权方法采用分级靠档加权，更科学、客观地反映了上市公司的经济规模和流通规模，每半年对样本进行不超过 10%的调整，体现了样本稳定性和动态跟踪的结合。行业代表性、股票规模、交易活跃度和财务状况等是样本选择的着眼点。作为成分指数的上证 180 指数，可以使市场参与者更加客观地认识和评价市场，也是市场走向成熟、规范和国际化的重要标志。

与原有的上证 30 指数相比，上证 180 指数是更加适应证券市场发展状况的指数产品。上证 30 指数因长期未作调整，其样本股流通市值占上海市场的比例已下降到 2002 年 4 月的 10.5%，已经失去了应有的代表性。而上证综指以总股本加权，而且覆盖了所有上市公司，其中还包括经营不正常的股票、亏损股票以及股价被操纵从而波动异常的股票，同时因为新股上市基期的虚拟性，使其存在相应缺陷，上证 180 指数则尽力避免。

上证 180 指数可有效地规避市场系统性风险，且有较强的可操作性，缘于以下特征：第一，市盈率水平低，如表 5—2 所示，如不剔除亏损股，其他指数市盈率会更高。因而上证 180 指数抗风险能力强。第二，波动程度低，无论价格波动还是收益率波动，上证 180 指数的标准差都低于其他指数。第三，流动性风险较小，换手率低，自然流动性风险低。第四，样本股整体财务状况良好，各种财务评估指标，上证 180 盈利能力都优于其他指数。第五，股权结构分布较为合理。第六，大中小规模分布较均衡，上证 30 指数总市值的一半以上集中于大于 100 亿的股票，而上证 180 指数流通市值分布均匀。第七，样本股行业分布较全面。上证 180 指数涵盖了 90%以上的证监会一级行业分类，在交通运输、仓储业、电子、金融、保险、建筑和采掘等证监会行业内的股票比例较高。第八，样本股上市时间分布较分散均匀，从 1990 年以前到 2002 年之后上市股票均有包括。第九，样本股地区分布更广泛，这主要是和上证 30 指数的比较。第十，模拟走势较其他指数稳定。其本身表现出的特性说明其可作为指数化投资的基准指数。但我们也看到上证 180 指数的不足，如指数在选择样本股过程中还难免有很多主观决定的成分，加之流动性也不是特别好。

表 5—2　　相关风险测量指标列表（数据截至 2002 年 6 月 21 日）

统计指示	上证 180 指数	上证 30 指数	全部 A 股	深证 A 股	上证 A 股
市盈率（剔除亏损）（倍）	31.99	37.96	41.27	45.08	39.67
市盈率（倍）	32.09	38.64	63.41	191.88	46.61
市净率（倍）	2.83	2.48	3.53	3.81	3.39
总市值（亿元）[求和]	16 432.05	2 891.46	46 106.86	16 135.74	29 971.12
流通市值（亿元）[求和]	3 626.37	832.67	13 522.38	5 622.53	7 899.85
价格标准差	78.14	139.97	89.88	97.28	85.57
日收益率标准差	1.89%	3.74%	2.03%	2.10%	1.98%
年收益率标准差	27.47%	54.62%	29.08%	29.83%	28.65%
日均换手率	0.81%	0.60%	1.02%	1.04%	1.01%
累计换手率	85.51%	63.51%	108.26%	110.06%	107.02%

上证 180 指数丰富了目前证券市场的指数品种，为进一步推出指数衍生产品打下基础，可以为基金等机构投资者提供权威投资方向和跟踪目标，为评价投资绩效提供客观标准，还将引导市场理念向价值理性投资转变。上证 180 指数遵循国际主流价值取向，聚集了市场主要的蓝筹股，开启了市场新格局，影响积极、深远。

二、中国深圳证交所指数

（一）深圳综合指数

深圳证券交易所综合股价指数是 1991 年 4 月 4 日开始编制和发布的，以 1991 年 4 月

3日为基期，基期指数为100，属于发行量加权指数，该指数以所有上市股票为样本股，将其每日收盘价分别乘以其发行量，以求出市价总值，再与基日的市价总值相除予以指数化，此种指数在于表示采样股票全体资产价值的变化，用发行量作权数，以弥补简单算术平均法及道·琼斯指数的忽视股票比重的缺点。

每当有新股在深交所上市时，在其上市后的第二天则被纳入样本股计算，若采样股在交易时间内突然停牌，将取其最后成交价格按盘计算即时指数，直至收市后再进行必要调整，将其暂剔除，其计算公式为：

$$当日即时指数=上一营业日收市指数\times\frac{当日现时总市值}{上一营业日收市总市值}$$

这是一个“每日连锁方法”计算公式。假定现有 N 种采样股，则，

$$I=I_0\times\frac{P_{11}t_1P_{12}t_2+\cdots+P_{1n}t_n}{P_{01}t_1+P_{02}t_2+\cdots+P_{0n}t_n}$$

式中：I 为当日即时指数；I_0 为上一营业日收市指数；P_{11}，P_{12}，…，P_{1n} 为各采样股当日市价；P_{01}，P_{02}，…，P_{0n} 为各采样股上一营业日收市价；t_1，t_2，…，t_n 为各采样股发行股数。

鉴于深圳综合指数编制与发布的特定历史情况，当时深圳开展柜台交易的五家公司全在深交所上市，集中交易，股票托管工作也逐步完成，编制指数只好将上市股票全部纳入计算，并用总股本加权，其后凡新股上市均于第二天纳入指数计算，深圳综合指数有以下不足：第一，总股本作权数的不合理性。中国股市目前的国家股和法人股尚未完全上市流通，用总股本加权，不能反映实际情况，容易产生偏差。第二，新股上市影响指数走低。新股次日计入指数，容易形成恶炒暴跌，影响指数。第三，结构变动频繁，新股上市从最初5只增加到目前500只，每只股票对指数的影响在降低，内部结构不断变动，可比性差。第四，除权调整有偏差。由于国家股、法人股、个人股分红方案不同，采用总股本计算除权价对个人股来说往往不是有效指标，填权股票会使指数上升，贴权股票会使指数下跌。

（二）深圳成分指数

深圳成分指数是从所有上市公司中按一定标准选出一定数量有代表性的公司的股价编制而成的。深圳成分指数的意义表现在以下几个方面：第一，它克服了深圳综合指数的不足，采用流通股中市值较大，交易活跃，具有行业代表性的股票作为成分股，用可流通股数加权，给投资者提供了一个更合理的参考指标。第二，深圳成分指数反映市场主流的大势所向。成分样本股中大多数是大盘股、一线股，在股市中的作用举足轻重，依此编制成分股指数，消除其他因素影响，有助于证券市场健康发展。第三，深圳成分指数有助于交易品种的开发。国外股票指数期货、期权交易大多采用成分股指数，原因是其内部结构均衡，走势稳定，从而便于规避风险，进行合理的投资组合。

深圳成分指数的编制主要采用有代表性公司的流通股数作为权数，利用派氏加权计算，即以计算日成分股实际可流通A股数和可流通B股数作为权数，计算公式是：

$$即日成分股指数=\frac{即日成分股可流通总市值}{基日成分股可流通总市值}\times 1\ 000$$

B股用上周外汇调剂平均汇率将港币换算为人民币，用于计算综合指数，B股指数仍采用港币计算。每日集合竞价结束后，用集合竞价产生开盘价（无成交者取上日收市价）

计算开盘指数，然后用连锁方法定时计算即时指数，直至收市。计算公式是：

$$每日即时指数=上日收市指数\times\frac{今日现时成分股可流通总市值}{经调整上日收市成分股可流通总市值}$$

$$成分股可流通总市值=成分股可流通\text{A}股总市值+成分股可流通\text{B}股总市值$$

$$成分股可流通\text{A}股总市值=\sum(成分股\text{A}股股价\times成分股可流通\text{A}股股数)$$

$$成分股可流通\text{B}股总市值=\sum(成分股\text{B}股股价\times成分股可流通\text{B}股股数)$$

成分股指数及其分类指数的基日定为 1994 年 7 月 20 日，基日指数定为 1 000 点，这是基于以下考虑：深圳股市波动小，用“千分点”计量，较直观，借鉴国外先例，便于指数期货运作和结算，减少期货交易中平仓与交割的结算单位。

深圳成分股的选择也有一定原则：第一，渡过交易平稳期。要剔除新股上市之初的剧烈振荡阶段，以充分考察上市股票的市场表现和行业代表性。第二，有一定的上市规模，衡量标准是一段时间内的平均总市值和平均可流通市值。第三，要有活跃交易，这在一定程度上反映公司财务状况、盈利记录、发展前景等，从而提高指数的敏感性及与股市的相关性。第四，非终身制。与日经股价指数相似，每年定期更换代表性差的公司，切实体现择优原则。深圳成分指数按照股票种类分为 A 股指数和 B 股指数，A 股指数按其所属行业分类，包括工业分类指数，每种分类指数至少用 3 个成分股编制。

（三）深证 100 指数

由深圳证券信息有限公司编制的深证 100 指数于 2003 年 1 月 3 日正式对外发布。[①] 该指数以 2002 年 12 月 31 日为基准日，基日指数定为 1 000 点。作为中国证券市场第一只由中立机构编制、管理并向整个证券市场发布的股票指数，深证 100 指数自公告之日起就引起了市场和广大投资者的普遍关注。专业人士认为，深证 100 指数非常具有投资价值，未来发展前景广阔。深圳证券信息有限公司有关负责人表示，深证 100 指数的推出，将为投资者，特别是机构投资者提供有效的投资绩效评价基准，适应了市场多样化的投资需求和研究需求，为指数产品如指数基金和交易所交易基金的创新发展创造了条件。同时，对完善中国证券市场股价指数体系将起到重要作用。

深证 100 指数选取在深交所上市的 100 只 A 股作为成分股，以成分股的可流通 A 股数为权数，采用派氏综合法编制。深证 100 指数的编制借鉴了国际惯例，吸取了深证成分指数的编制经验，成分股选取主要考察 A 股上市公司流通市值和成交金额份额两项重要指标。根据市场动态跟踪和成分股稳定性的原则，深证 100 指数每半年调整一次成分股。

专家们认为，与目前市场上现有的一些指数相比，深证 100 指数更侧重于市场交易性指标，具有结构简单、权重清晰等特点。该指数选股原则客观、简明，编制方法科学、公开，具有较高的权威性和较强的市场适应性，具体表现在：

（1）市场覆盖率高。2003 年 1 月，深证 100 指数成分股的流通市值和成交金额均占深圳股票市场总流通市值和总成交金额的 40%左右。成分股具有流通市值大且交易活跃的特点，市场代表性较高。

（2）成分股的领先性。2003 年 1 月，深证 100 指数成分股税后利润总额占深市上市公

---

① 参见《上海证券报》，2002 - 12 - 16；《金融时报》，2003 - 01 - 03。

司的 61%，主营业务收入占深市上市公司的 43%，平均每股收益达 0.187 元，比深市平均每股收益 0.113 元高出 65%。深证 100 指数目前的市盈率约 28 倍，低于深市 A 股 38 倍的平均市盈率水平。

(3) 收益性好。从指数内部试运行的结果看，无论是阶段性收益对比还是长期收益比较，深证 100 指数收益特征均强于深圳市场其他的指数，具有很高的可投资性。

(4) 稳定性高。模拟测试数据表明，深证 100 指数的波动性小于深证综合指数及深证成分指数。此外，深证 100 指数在进行定期调整时采用样本缓冲区技术，提高了深证 100 指数内部结构的稳定性和指数前后的可比性。

本章小结

股票价格指数是反映股票市场行情变化的主要指标。本章主要介绍股票价格指数编制原理和计算方法、国际证券市场主要股价指数、中国现行主要股价指数等。

股价指数的计算方法有 4 种，即简单算术平均法、综合平均法、加权综合法和加权几何平均法。

国际证券市场主要的股价指数有道·琼斯股价平均指数、标准·普尔股价指数、英国金融时报股价指数、日经股价指数和香港恒生指数等。

中国证券市场主要的股价指数分为上证指数和深证指数两个类别，主要有上证综合指数、上证 30 指数、上证 180 指数和深证综合指数、深圳成分指数、深证 100 指数等。

重点概念

股票价格指数　　上证综合指数　　深圳成分指数　　道·琼斯股价平均指数

复习思考题

1. 名词解释

深圳成分指数　道·琼斯股价平均指数

2. 思考题

(1) 股票价格指数的计算方法有几种？各有什么特点？

(2) 国外具有代表性的股价指数有哪些？

(3) 中国现行股票市场上发布的价格指数有哪些？

3. 案例分析题

2007 年的中国 A 股市场简述

(1) 巨额 IPO：A 股新股首发（IPO）融资总额居全球首位，中国 IPO 市场集资金额高达 3 284.14 亿元，几乎是美国和英国同年 IPO 规模的总和。

（2）全民炒股：截至 2007 年 12 月 20 日，沪深两市账户总数达到 13 795.21 万户。

（3）高点：沪综指连续跨越了 3 000 点、4 000 点、5 000 点和 6 000 点大关。至 10 月 16 日最高涨至 6 124 点高位（见图 5—1）。

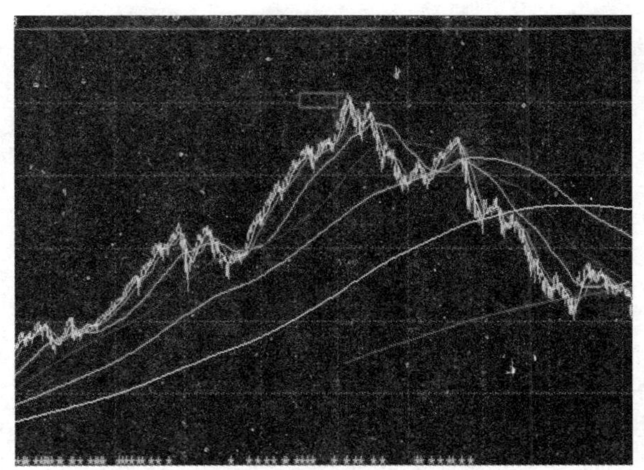

图 5—1　2007 年 1 月至 2008 年 5 月中国上证综指走势图

（数据来源：wind 金融资讯终端。）

（4）成交量：2007 年，股票市场成交量增加。全年累计成交 460 556.2 亿元，为 2006 年总成交量的 5 倍。

（5）年度涨幅为 93.74%。

思考：阅读本案例后，你对 2007 年的中国 A 股市场有何评价？

证券投资价值分析

章前引例及分析

茅台股价走下神坛后的启示

茅台股价从2001年8月27日上市，首日收盘价35.55元，之后长期上涨，至2012年7月16日最高价达266.08元，11年上涨了39.26倍。茅台股价由此成为股市神话。恰恰在人们认为这个神话将永远不倒时，茅台股价从高位直跌，至2013年12月26日，收盘价为124.14元，仅一年半时间下跌了53.3%。很多朋友在这段下跌中怀抱旧梦，一路抄底，至此套得结结实实。过去的美梦终成噩梦。

对于这种现象，我们的理性思考应该是：不要再纠结于茅台股价的涨跌了，我们应放在一个大的视野上看待茅台股价长期趋势由上涨转为下跌现象，它标志着中国股市一个时代的基本结束和一个新时代的来临。

茅台股价由神话变为了美丽传说，并不是说茅台酒公司不行了，而是要求我们投资者见微知著，其一，不要再沉浸于过去的思维之中，我们要告别过去，迎接崭新的未来。其二，我国未来很长一段时期，股市变化会很大，投资机遇也很多，把握住经济发展新的主流选股，做好股票投资价值分析与投资计划，已成为投资操作最重要的问题。

本章学习目标

通过本章的学习，你应该能够：

1. 掌握债券的估价模型，了解影响债券的因素
2. 熟悉债券价值分析的基本公式并能够熟练应用
3. 了解股票价格的种类以及影响股票价格的因素
4. 掌握股票估价模型并能够熟练运用
5. 熟悉投资基金以及其他衍生工具的投资价值分析

第 1 节　债券投资价值分析

一、债券的估价模型及影响因素

债券是债务人依照法定程序发行，承诺按约定的利率和日期支付利息，并在特定日期偿还本金的书面债务凭证。企业运用债券形式从资本市场上筹资，如果定价偏低，企业会因付出资金成本过高而遭受损失；如果定价偏高，企业会因发行失败而遭受损失。而对于已经发行在外上市交易的债券，估价仍然有重要意义，因为债券的价值代表了债券投资人要求的报酬率。

（一）债券的估价模型

债券估价的基本模型是对债券在某一时点的价值量的估算，是债权评价的一项重要内容。对于新发行的债券而言，股价模型计算结果反映了债券的发行价格。

1. 债券估价的基本模型

债券估价的基本模型是指对典型债券所使用的估价模型。此种模型假设债券票面利率固定，每年末计算并支付当年利息、到期偿还本金。即：

$$P=\sum_{t=1}^{n}\frac{V\cdot i}{(1+k)^{t}}+\frac{V}{(1+k)^{n}}$$

或

$$P=I\cdot(P/A,k,n)+M\cdot(P/F,k,n)$$

式中：P——债券价格；

I——每年债券利息收入；

i——票面利率；

k——债券持有人要求得到的实际收益率（或称折现率）；

V——债券面值；

n——债券期限。

【例 6—1】 宏达公司拟于 2005 年 2 月 1 日发行面额为 1 000 元的债券，其票面利率为 8%，每年 2 月 1 日计算并支付一次利息，并于 5 年后的 1 月 31 日到期。同等风险投资报酬率为 10%。要求计算债券的价值。

解： $P=1\,000\times8\%\times(P/A,10\%,5)+1\,000\times(P/F,10\%,5)$

$=80\times3.791+1\,000\times0.621$

$=924.28$（元）

2. 到期一次还本付息债券的估价模型

到期一次还本付息债券的估价模型指用于估算到期一次还本付息债券价格的模型。即：

$$P=\frac{V\cdot i\cdot n+V}{(1+k)^{n}}$$

或

$$P=(V\cdot i\cdot n+V)\cdot(P/F,k,n)$$

式中符号含义与基本模型相同。

【例 6—2】 上例中，若市场利率为 8%，债券到期一次还本付息，则债券价格为：

$$P=\frac{1\,000\times8\%\times5+1\,000}{(1+8\%)^5}=952.82\text{（元）}$$

3. 零票面利率债券的估价模型

此模型可用于估算票面利率为零的债券价格。即：

$$P=\frac{V}{(1+k)^n}=V\cdot(P/F,k,n)$$

式中符号含义与基本模型相同。

【例 6—3】 A 债券面值为 1 000 元，期限为 3 年，期内不计利息，到期按面值偿还，当时市场利率为 10%。A 债券价格为多少时，企业购买该债券比较合适？

解： $P=1\,000\times(P/F,10\%,3)=1\,000\times0.751\,3=751.3$（元）

即该债券价格在低于 751.3 元时，企业可以购入。

（二）影响债券价格的主要因素

债券价格是随着债券市场的供需状况不断变化的，因此，市场的供求关系对债券价格的变动有着直接的影响。当市场上的债券供过于求时，债券价格必然下跌；反之，债券价格上涨。影响债券供求关系，从而引起债券行市变动的因素较多，除政治、战争、自然灾害等因素外，还有以下几方面的因素：

（1）利率。货币市场利率的高低与债券价格的涨跌有密切关系。当货币市场利率上升时，信贷紧缩，用于债券的投资减少，于是债券价格下跌；当货币市场利率下降时，信贷放松，可能流入债券市场的资金增多，投资需求增加，于是债券价格上涨。

（2）经济发展情况。经济发展情况的好坏，对债券市场行情有较大的影响。当经济发展呈上升趋势时，生产对资金的需求量较大，于是市场利率上升，债券价格下跌；当经济发展不景气、生产过剩时，生产企业对资金的需求急剧下降，于是市场利率下降，资金纷纷转向债券投资，债券价格也随之上涨。

（3）物价。物价的涨跌会引起债券价格的变动。当物价上涨的速度较快时，人们出于保值的目的，纷纷将资金投资于房地产或其他可以保值的物品，债券供过于求，从而会引起债券价格的下跌。

（4）中央银行的公开市场操作。中央银行具有宏观调控的重要功能，为调节货币供应量，通常在信用扩张时向市场上抛售债券，这时债券价格就会下跌；而当信用萎缩时，中央银行又从市场上买进债券，这时债券价格则会上涨。

（5）新发债券的发行量。当新发债券的发行量超过一定限度时，会打破债券市场供求的平衡，使债券价格下跌。

（6）投机操纵。在债券交易中进行人为的投机操纵，会造成债券行情的较大变动，特别是在初建证券市场的国家，由于市场规模较小，人们对于债券投资还缺乏正确的认识，加之法规不够健全，因而使一些非法投机者有机可乘，以哄抬或压低价格的方式造成市场供求关系的变化，影响债券价格的涨跌，从而达到自己的目的。

（7）汇率。汇率的变动对债券市场行情的影响很大。当某种外汇升值时，就会吸引投资者购买以该种外汇标值的债券，使债券价格上涨；当某种外汇贬值时，人们纷纷抛出以该种外汇标值的债券，债券价格就会下跌。

二、债券投资价值分析

投资者投资于债券的目的在于投资期间内每年获得一定利息，并到期收回本金。相对来看，债券投资分析的侧重点在于投资买卖债券所获得的收益与其投资是怎样的比例关系，即债券收益率的高低。债券收益率可视为在一定时期内投资者支出一定本金所获收益与其本金的比率。影响债券收益率高低的因素有三个：名义利率、期限（包括持有期限和剩余期限）、买卖价格。上述三者任何一个发生变化，债券收益率都会发生变化。因此，对债券的投资价值分析实际上就是对债券收益率的计算与分析。当然也可以通过债券收益率来计算分析债券的交易价格。

（一）债券认购收益分析

所谓债券的认购收益，是指投资者在债券发行时购入并持有到期满时的预期收益。决定债券认购收益的基础因素有三个，即偿还期限、利率和发行价格。其中发行价格又受多种因素的影响，可能低于、高于或等于债券的票面金额。债券的种类不同，其收益的计算方法也不相同。

1. 一般债券认购收益的计算

一般来说，多数债券的面值中都不包含利息，而利息是每期或终期计付的。对于这类债券，其认购的收益可按下列公式计算：

$$\text{认购每单位债券的预期总收益}=\text{债券票面面值}-\text{认购价格}+\text{年利息}\times\text{债券期限}$$

$$\text{认购每单位债券的预期年收益}=(\text{票面面值}-\text{认购价格})\div\text{债券期限}+\text{年利息}$$

$$\text{认购债券的年收益率}=\frac{\text{认购每单位债券的预期年收益}}{\text{认购价格(或发行价格)}}\times 100\%$$

【例 6—4】 某种票面金额为 100 元的债券，现假定发行价格为 104 元，年利息率为 8%，偿还期限为 5 年，则该种债券的认购收益率为：

$$\frac{100\times 8\%+(100-104)\div 5}{104}\times 100\%=6.92\%$$

【例 6—5】 某种票面金额为 1 000 元的债券，现假定发行价格为 980 元，年利息 80 元，偿还期限为 5 年，则该种债券的认购收益率为：

$$\frac{80+(1\,000-980)\div 5}{980}\times 100\%=8.57\%$$

上面两例中，例 6—4 的发行价格高于票面值，两者的差额称为偿还亏损，它抵消了部分债息收入。而例 6—5 的发行价格低于票面值，两者之差形成债券偿还增益，是利息以外的收益。例 6—4 中因存在偿还亏损使得认购的收益率低于债息率，即 $6.92\%<8\%$；而例 6—5 中因存在着偿还增益，使得认购预期收益率高于债息率，即 $8.57\%>8\%$。

2. 零息债券认购收益的计算

零息债券亦称贴现债券，是以贴现方式发行的债券。零息债券的特点是利率很高，且采用逆向计算利息的方法，即贴现法。其票面价值既包括到期偿还的本金，也包括债券的全部利息。正因为零息债券的以上特点，其认购收益计算与其他债券的收益计算略有不同。

假如我们设零息债券的面值为 V，发行价格为 P，债券期限为 n 年，则根据贴现原理存在着下列公式：

$$P\times(1+\text{债券认购收益率})^n=V$$

则我们得出下列公式：

$$\text{债券认购收益率}=\sqrt[n]{V/P}-1$$

$$=(\sqrt[\text{债券期限}]{\text{债券面值}\div\text{认购价格}}-1)\times100\%$$

对于期限在1年以内的零息债券，其认购收益率可按单利计算，即：

$$\text{认购收益率}=\frac{\text{债券面值}-\text{认购价格}}{\text{认购价格}\times\text{期限(年)}}\times100\%$$

【例6—6】 某种票面金额为100元的零息债券，认购价格为39.875元，期限为8年，则该债券的认购收益率为：

$$(\sqrt[8]{100\div39.875}-1)\times100\%=12.18\%$$

【例6—7】 某种票面金额为1 000元的零息债券，现假定认购价格为994元，偿还期限为6个月，则该种债券的认购收益率为：

$$\frac{1\ 000-994}{994\times0.5}\times100\%=1.21\%$$

（二）债券转让收益分析

债券投资者购买债券后并不一定持有到期满时兑现本息，他们可以根据证券市场的价格涨落情况及需要现金的情况，将债券转让给他人。另外，债券投资者并非一定要在债券发行时购买，可以根据需要随时购入各种已在证券市场上流通的债券。鉴于此，还应该针对债券转让的各种情况进行投资分析。

1. 到期一次还本付息债券转让的收益计算

目前，我国的债券绝大部分为到期一次还本付息债券。由于这类债券没有中间支付利息问题，因此，卖出者的收益就只是价差部分，其收益率的计算与债息无直接关系。而买入债券者的收益则包括全部债息及部分偿还亏损。

（1）卖出者的实际收益率或债券持有期间的收益率计算公式为：

$$\text{持有期间的收益率}=\frac{\text{卖出价格}-\text{债券面额}}{\text{债券面额}\times\text{持有年数}}\times100\%$$

在债券投资者的认购价格或原购入价格不等于面额时，上面公式应转变为：

$$\text{持有期间的收益率}=\frac{\text{卖出价格}-\text{认购价格或原买入价格}}{\text{认购价格或原买入价格}\times\text{持有年限}}\times100\%$$

（2）买入者的预期收益率或到期收益率计算公式为：

$$\text{到期收益率}=\frac{\text{债券面额}-\text{购买价格}+\text{利息总额}}{\text{购买价格}\times\text{剩余还本付息年数}}\times100\%$$

$$\text{利息总额}=\text{债息率}\times\text{债券面额}\times\text{债券期限}$$

【例6—8】 某种面额为100元的债券，票面利率为9%，期限为一年，若初期投资者甲的认购价格为101元，在离债券到期日还有60天时，投资者甲将此债券以106元的价格转让给投资者乙，则投资者甲的持有期间收益率和投资者乙的到期收益率分别为：

$$甲持有期间收益率=\frac{106-101}{101\times(305\div365)}\times100\%$$
$$=5.92\%$$

$$乙到期收益率=\frac{100-106+100\times9\%\times1}{106\times(60\div365)}\times100\%$$
$$=17.22\%$$

【例 6—9】 投资者甲于 2005 年 1 月 21 日买入面额为 100 元的债券，到期一次还本付息，期限为 3 年，票面利率 12%，认购价格等于面额。若 2006 年 9 月 25 日甲因急需现金，以 113 元的价格将债券卖给另一投资者乙，则投资者甲的持有期间收益率和投资者乙的到期收益率分别为：

$$甲持有期间收益率=\frac{113-100}{100\times(1+247\div365)}\times100\%$$
$$=7.74\%$$

$$乙到期收益率=\frac{100-113+100\times12\%\times3}{113\times(1+118\div365)}\times100\%$$
$$=15.38\%$$

2. 附息票债券转让的收益计算

附息票债券的特点是每隔半年或一年支付一次利息，而不是期满一次支付。因此，转让债券时只要卖者的持有时间跨越了一个利息支付期，买者的收益中就不能包含债券的全部利息，而只能获得持有期内的债息。因此，这类债券的收益计算不同于到期一次还本付息的债券。

(1) 以单利方式计算债券收益率。此种情况下，一般持有时间比较短（不超过一年）。

1) 到期收益率（买者最终收益率）的计算：附息票债券到期收益率应根据债券的利息收入及债券买入后的偿还损益（面额与购买价格之差）来计算，其计算公式为：

$$单利到期收益率=\frac{每年利息+\dfrac{面额-市场价格}{距到期年数}}{市场价格}\times100\%$$

有时也可以利用下面公式计算：

$$单利到期收益率=\frac{每年利息+\dfrac{面额-市场价格}{距到期年数}}{\dfrac{面额+市场价格}{2}}\times100\%$$

在上面两个公式中，“距到期年数”的计算是这样的：当年数不足一整年时，一般用剩余天数除以 360 计算。

单利到期收益率又称单利最终收益率，即投资人从购入已发行债券之日，到最终偿还日止这一段时间内的收益率。

2) 持有期间收益率的计算：与期满一次还本付息债券一样，附息票债券持有期间的收益率也是指从购入债券之日开始到卖掉之日止这段时间的收益率。不同的是，附息债券持有人不仅获得价差收益（或亏损），而且在持有期间内也获得了利息收入。其计算公式为：

$$持有时间收益率=\frac{年利息+\dfrac{卖出价格-原买入价}{持有年数}}{原买入价格}\times 100\%$$

注意，这里债券的距到期年数和持有年数均以 360 天计算，分子的天数均按每月 30 天计算。

如果考虑“经过利息”（即当交易日与付息日不重合时，从上次付息到交易日为止的利息）问题，则上面两公式应做如下修改，以便更为准确地计算：

$$到期收益率=\frac{剩余期总利息+债券面值-市场价格}{市场价格\times 距到期年数}\times 100\%$$

$$持有期间收益率=\frac{已获利息总额+卖出价格-原买入价格}{原买入价格\times 持有年数}\times 100\%$$

如果考虑到债券利息有的是半年兑付一次，则上面两个公式还要做些调整：

$$到期收益率=\frac{债券面值\times 年利率\times 剩余利息支付期数\div 2+面值-市场价格}{市场价格\times 距到期年数}\times 100\%$$

$$持有期间收益率=\frac{债券面值\times 年利率\times 支付期数\div 2+卖出价格-原买入价格}{原买入价格\times 持有年数}\times 100\%$$

有的国家对经过利息作了明确的处理规定，如日本规定，在债券买卖交易时，买方除应支付给卖方有关价款外，还应把经过利息支付给对方，以消除利息分配的不合理现象。此时，到期收益率和持有期间收益率应按上面所列公式计算。

（2）以复利方式计算债券到期收益率。此种情况下，投资者持有债券时间比较长，一般超过一年。

1）到期一次还本付息债券：

$$持有期间收益率=\sqrt[t]{\frac{V}{P}}-1$$

其中：P 为债券买入价；V 为债券到期兑付的金额或者提前出售时的卖出价；t 为债券实际持有期限（年），等于债券买入交割日至到期兑付日或卖出交割日之间的实际天数除以 360。

2）每年年末付利息的债券：

$$P=\sum_{t=1}^{n}\frac{I}{(1+k)^t}+\frac{V}{(1+k)^n}$$

或

$$P=I(P/A,k,n)+V(P/F,k,n)$$

其中：k 为债券持有期年均收益率；P 为债券买入价；I 为持有期间收到的利息额；V 为债券兑付的金额或提前出售的卖出价；n 为债券持有期。

通过以上任一公式，可以计算出债券持有期年均收益率 k。

3. 零息债券转让的收益计算

（1）零息债券单利到期收益率的计算。计算公式如下：

$$到期收益率=\frac{债券面值-购买价格}{购买价格\times 距到期年数}\times 100\%$$

$$距到期年数=\frac{距到期天数}{360}$$

（2）持有期收益率的计算。计算公式如下：

$$持有期收益率=\frac{卖出价格-原买入价格}{买入价格\times持有年数}\times100\%$$

【例6—10】 B投资者在发行日以350元的价格买入一面值为1 000元的零息债券，期限为6年，在持有两年半后以450元的市场价格转让给别人，则B投资者的持有期收益率为：

$$持有期收益率=\frac{450-350}{350\times2.5}\times100\%=11.43\%$$

（3）零息债券复利到期收益率的计算。按复利方式计算零息债券转让的到期收益率与按复利方式计算零息债券认购收益率的道理相同，只需将发行价格换成购买价格，将债券期限换成距到期年数即可。

$$到期收益率=(\sqrt[距到期年数]{债券面值\div购买价格}-1)\times100\%$$

【例6—11】 2014年3月发行的一种债券，其面值为1 000元，A投资者在距到期日两年时，以812元的价格从他人手中购买了此债券，如按复利计算，则此投资者的到期收益率为：

$$到期收益率=(\sqrt[2]{1\ 000\div812}-1)\times100\%=10.97\%$$

4. 直接收益率的计算

只考虑债券利息收入的收益率称为直接收益率（或称当期收益率）。直接收益率是债券利息与其市场价格的比率，其计算公式为：

$$直接收益率=\frac{年利息收入}{市场价格}\times100\%$$

【例6—12】 宏盛企业发行面值为1 000元的债券，票面年利率为8%，期限为1年，C投资者以950元的价格购入，则当期收益率为：

$$\frac{1\ 000\times8\%}{950}\times100\%=8.42\%$$

第2节　股票投资价值分析

一、股票价格的含义及决定

股票是一种虚拟资本，它本身没有价值，仅仅是一种凭证。它之所以有价格，是因为它具有能给持有者带来股息收入的性质。因此，买卖股票实际上就是购买或转让一种领取股息收入的凭证。

（一）股票价格的含义及本质

股票价格，从狭义上讲，就是指股票交易价格，即股票行市；从广义上讲，包括股票的发行价格和交易价格。股票价格不是由人们的主观意志决定的，而是根据时常变动的供求关系形成的。因此，股票价格与一般商品价格的形成是完全一致的。所不同的是，股票是一种特殊商品，它不像一般商品那样，有使用价值、劳动价值、品位价值等。其价格也不像一般商品那样由产品成本、税金和利润等构成。然而，股票代表着某些权利，这些权利反映了股票的投资价值，成为形成股票价格的重要因素。一是参与经营权左右着股票价格的形成；二是股利请求权影响着股票价格的形成；三是剩余财产分配请求权对股票价格的形成也有一定影响。总之，股东享有的这三方面权利，在一定程度上反映了股票投资价值，影响着供求关系的变动。股票价格的形成乃至变动，是包括上述因素在内的诸多因素综合作用的结果。

股票作为一种虚拟的资本商品，具有以下三个特征：首先，股票作为一种虚拟的资本商品，其产生过程存在着风险。这是因为股票投资者把货币资金使用权让渡给生产企业后带来的一定收入，在较大程度上取决于企业的生产经营状况，就是说，企业盈利高低与投资风险大小相伴随。其次，股票作为虚拟的资本商品，其风险可以通过流动而转移。因为股票投资者按照自己的预测，会根据风险的大小、预期收益的高低而进行买卖，从而使其股票通过流通，达到风险转移的目的。最后，股票作为虚拟的资本商品，在其风险转移的过程中会出现投机。由于股票的增值受多种因素制约，股票价格受多种因素决定，以及人们对股票的增值依据他们各自对预期收入、风险大小的判断，于是出现了股票的投机性。可以说，股票是最具有商品拜物教性质和投机性质的虚拟资本商品。总之，在“风险”、“流动”、“投机”三大特征中，“风险大小”是股票作为虚拟的资本商品的基本属性。

（二）股票价格的种类

1. 股票的理论价格

股票的理论价格是按照股票投资价值与股息收入水平、市场利率水平协变关系分析、计算的价格。从理论上讲，它取决于每股所取得的股息与当时的市场利率。它与预期股息收益的大小成正比，而与市场利率成反比。其公式可表示为：

$$股票理论价格=\frac{预期股息收益}{市场利率}$$

2. 股票的票面价格

股票的票面价格又称股票的面额，是股份有限公司在发行股票时所标明的每股股票的票面金额。它表明每股对公司总资本所占的比例，以及该股票持有者在股利分配时所应占有的份额。股票的票面价格是确定股票发行价格的重要参考依据，也可防止那些同公司内部人员有联系的投资者以较低的价格获取新股票，同时也是新股票投资者投资的参考依据。股票票面价格的高低主要取决于公司的筹资总额、公司发行股票的股数、原公司股票的票面价格等因素。

3. 股票的发行价格

股票的发行价格是指股份有限公司在发行股票时的出售价格。根据不同公司和发行市场的不同情况，股票的发行价格也各不相同，一般主要有面额发行、设定价格发行、折价发行和溢价发行四种情况。

4. 股票的账面价格

股票的账面价格也称为股票的净值，是证券分析家和其他专业人员所使用的一个概念。它的含义是指股东持有的每一股份在账面上所代表的公司财产价值，它等于公司总资产与全部负债之差同总股数的比值。

5. 股票的清算价格

股票的清算价格是指公司清算时，每股股票所代表的真实价格。从理论上讲，股票的清算价格是公司清算时的资产净值与公司股票股数的比值。但实际上由于清算费用、资产出售价格等原因，股票的清算价格不等于这一比值。一般来说，股票的清算价格主要取决于股票的账面价格、资产出售损益、清算费用的高低等因素。

（三）影响股票价格的因素

股票市场价格的形成依据是理论价格，但是因为受到诸多因素的影响，股票行市经常产生波动。影响股票行市的因素很多，但是从性质上讲，可归结为两大类：一是基本因素；二是技术因素。所谓基本因素是指市场以外的各种因素，而技术因素是指股票市场内可影响股价的各种操作。股市的主要运动或长期趋势是由基本因素决定的（如经济周期），而技术因素则会引起股价的短期波动。

1. 影响股票价格的基本因素

（1）经济因素。经济因素是影响股价的最基本的因素，它包括宏观经济因素、中观经济因素和微观经济因素。

宏观经济因素是指宏观经济环境的优劣对股价的影响，既包括商业周期波动这种单纯的经济因素，也包括政府经济政策及特定的财政金融行为等混合因素。如经济周期、财政收支状况、利率水平、货币政策、税收政策、物价水平等都会影响股价的变动。再如主要社会指标，如国民生产总值、经济增长率、工农业生产指数等指标是对国民经济总体状况的反映，它们无疑会影响股票的行市。

中观经济因素指某一行业的经济状况对股票价格的影响，又称行业因素，主要包括行业寿命周期、行业经济波动等因素。

微观经济因素对股票价格的影响主要包括股票发行公司的盈利水平、公司的股利派发政策、股份分割和无偿增发新股、公司资产质量等方面。

（2）政治因素。政治因素是指能够影响股票价格的政治事件以及政府的政策和措施。例如政局稳定对股市有良好影响，相反，政局不稳是导致股市下跌的重要因素。此外，战争、劳资纠纷等都将会对股价产生影响。

（3）其他因素。如自然灾害一旦发生，生产设备受到破坏，生产处于停顿，会使股价下降；反之，当进入灾后重建阶段时，由于灾后重建需要大量投资，会使社会需求增加，从而诱使股价上升。

2. 影响股票价格的技术因素

技术因素即指市场的操作因素，它们的产生主要是投机活动的结果。由于投机活动的主要目的是获取短期收益，因此，技术因素一般只能影响股市的短期波动，而很少能对市场的长期波动趋势产生影响。

3. 信用交易因素

信用交易使投机者可以通过大规模借入资金来购买股票或者借入股票做大宗卖出，这种情况使股价的长期波动又多了一个重要影响因素。因为信用交易除了受利率因素影响外还受交易保证金比例的影响，而交易保证金比例会对股价产生重大影响。更严格地说，是利率和保证金的综合效应对股价产生影响。

4. 证券管理部门的限制规定

证券管理部门发现某些股价波动是由过度投机因素造成的，为了稳定股价，保证证券交易的秩序及公平，可以采取一些措施。例如，提高保证金比例或降低抵押证券的抵押率，规定信用交易贷款余额。

二、股票投资价值分析

股票的投资价值集中反映在它带来收益的能力，并以具体的价格形式表现出来。因此，研究股票投资价值实际上就是分析、研究股票投资的各种收益及其变化与股票价格的关系。

下面主要以普通股来分析其估价模型：

（一）股利固定模型（零成长股票的模型）

人们在进行股票投资价值分析时，一般都是以货币的时间价值理论为基础来计算股票的投资价值。根据这一理论，在股票投资价值计算时，就是把未来的现金收入资本化，或者说用折现的方法以时间现值计算股票的投资价值。如果投资者长期持有股票，且各年股利固定，则其支付过程是一个永续年金，其估价模型为：

$$W=\frac{D}{i}$$

其中：W 代表股票投资价值；D 代表未来各期每股预期股息；i 代表折现率。

【例 6—13】 某证券投资者在 2013 年初预测某类股票每年年末的股息均为 0.9 元，而折现率为 9%，则该股票的投资价值为：

$$W=\frac{0.9}{9\%}=10\text{（元）}$$

现在如果我们将折现率改为 5%，年股息收益不变，则该股票的投资价值为：

$$W=\frac{0.9}{5\%}=18\text{（元）}$$

（二）股利固定增长模型

股利固定增长模型又分为以下两种情形：

1. 考虑股息增长

假设股息每年增长率为 g，投资者要求的必要报酬率为 i，则估价模型为：

$$W=\frac{D}{i-g}$$

【例 6—14】 东方公司普通股股票的当期股息为 1 元，折现率为 10%，预计以后股息每年增长率为 5%，则东方公司股票目前的投资价值为：

$$W=\frac{1}{0.1-0.05}=20\text{（元）}$$

一般来说，$0<g<i$，因此，该公式适用于对每年收益或股息持续增长的股票进行投资价值评估。

当预期报酬率与必要报酬率相等时，有 $i=\frac{D}{W}+g$。这就是著名的戈登模型。

【例 6—15】 假设某公司本年每股将派发股利 0.2 元，以后每年的股利按 4%递增，必要投资报酬率为 9%，要求计算该公司股票的内在价值。

解：$W=\frac{0.2}{9\%-4\%}=4$（元/股）

预期报酬率　$i=\frac{0.2}{4}+4\%=5\%+4\%=9\%$。

因为股利逐年增加，股票价值亦同比例上升，故投资者每年可获得 4% 的资本利得，即预期报酬率（内含报酬率）等于当年的股利收益率与预计增长率之和。

以上我们是在股息无限期增长的条件下分析问题的，但是实际上有的企业在一段时间内股息是持续增长的，但持续增长一段时间后就不再增长了，因此我们还要针对这种情况考虑新的模型。现假定某公司股息增长期为 m 年，但自 $m+1$ 年以后，股息则不再增长。其评估模型应为：

$$W=\frac{D}{(i-g)}\left[1-\frac{(1+g)^{m}}{(1+i)^{m}}\right]+\frac{D(1+g)^{m-1}}{(1+i)^{m}}\cdot\frac{1}{i}$$

【例 6—16】 红旗股份有限公司股票的股息为 10 元，折现率为 10%，预计股票购买后的前 10 年每年股息增长率为 5%，10 年以后股息将不再增长。则该股票的投资价值为：

$$W=\frac{10}{0.1-0.05}\times\left[1-\left(\frac{1.05}{1.10}\right)^{10}\right]+\frac{10\times1.05^{9}}{1.10^{10}}\times\frac{1}{0.1}=134.2\text{（元）}$$

2. 考虑未分配盈余

以上成长评估模型，主要都是在有股息增长情况下进行股票投资价值分析的理论模型，即都是分析股息增长对股票投资价值的影响，但未能考虑股息的来源问题。下面我们将股息来源这一因素考虑进来，从而进一步建立一些新的理论模型，来对股票投资价值进行分析。

假设未分配盈余占税后纯收益的比率为 b，该企业的投资获利率（即税后纯收益与资产总额即使用总资本之比）为 r，并且假定该公司没有负债，因此获利全部属于股东。因此，存在如下公式：

$$W=\frac{D}{i-rb}$$

【例 6—17】 东方公司股票的股息为 1 元，折现率为 10%，投资获利率为 12%，未分配盈余占税后纯收益的比率为 50%。即：$D=1$，$i=10\%$，$r=12\%$，$b=50\%$。则该股票投资价值的计算如下：

$$W=\frac{1}{10\%-12\%\times50\%}=25\text{（元）}$$

透过这个算式我们可以发现，如果不考虑股息来源于未分配盈余，那么该公司股票的投资价值只有 10 元，即：

$$W=\frac{1}{10\%}=10\text{（元）}$$

但是一旦我们把公司未分配盈余考虑进来，则该公司的股息增长率实际上就等于 6%，即 $g=r\times b=12\%\times50\%=6\%$。这样该股票的投资价值就变成了 25 元，即后者是前者的 2.5 倍。这是因为，未分配盈余使每股使用的总资本增加，而这种增加又导致了下期税后纯收益的相应增加，从而又使未分配盈余进一步增加。这样，公司处于一种良性财务循环之中，股息持续地以一定比率（$g=rb$）增长，从而提高了公司股票的投资价值。

（三）股票投资价值的评价方法

在股票市场上，投资者必须先对各种股票的市场价格进行分析和评价，然后才能决定其投资行为。对股票市场价格进行评价的主要方法有以下几种：

1. 每股净值法

许多稳健的投资者在进行股票投资时，常分析股票的每股净值，即分析每一股股票所代表的公司的净资产有多少。股票的每股净值是从公司的财务报表中计算出来的。每股净值的计算，通常是用公司的资本总额减去公司的负债总额，得到资产净值总额，再除以普通股股数，即得每股净值。计算公式为：

$$\text{股票每股净值}=\frac{\text{资产总额}-\text{负债总额}}{\text{普通股股数}}$$

$$=\frac{\text{股东权益}}{\text{普通股股数}}$$

由于净资产总额是属于股东全体所有的，因此也被称为股东权益。为了充分衡量股价的合理性，一般以每股净值的倍数作为衡量的指标。计算公式为：

$$\text{股价净资产倍率}=\frac{\text{股票时价}}{\text{每股净资产}}$$

股票的时价是指在股票流通市场上，每种股票的现时交易价格。这个公式表明：股票的时价是股票净资产的倍数。如果倍数越高，则表示投资价值越低；如果倍数越低，则表示投资价值越高。投资者一般把净资产倍率高的股票卖出，而买进净资产倍率低的股票。同时，投资者也可以计算上市股票的平均净资产倍率，对各个不同时期的平均净资产倍率进行比较，以判断现今股票市场价格是处于较高或较低的水平，从而决定是买进或卖出所持股票。因此，平均净资产倍率是分析股票市场股价水平的重要指标。而某种股票的净资产倍率则能反映此种股票的投资价值的高低。

2. 每股盈余法

这是表示每一普通股所能获得的纯收益为多少的方法。其计算公式为：

$$\text{每股盈余}=\frac{\text{税后利润}-\text{特别股股利}}{\text{普通股股数}}$$

【例 6—18】 在某一会计年度内，甲公司的税后利润为 500 万元，股本总额为 5 000 万元。乙公司的税后利润为 100 万元，股本总额为 500 万元。从税后利润指标来看，当然是甲公司税后利润高，效益好。然而，这个结论并不一定正确。假如两家公司都决定用 50%的税后利润派发股息，则：

甲公司每股股票所获股息为：

(500 万元×50%)÷5 000 万股=0.05 元/股

乙公司每股股票所获股息为：

(100 万元×50%)÷500 万股=0.1 元/股

因此，尽管甲公司的税后利润比乙公司的税后利润高几倍，但甲公司每股股票所能获取的收益，比乙公司每股股票所能获取的收益要低。因此，甲公司的股票价格要比乙公司的股票价格低得多。

3. 市盈率法

市盈率表示投资者为获取每 1 元的盈余，必须付出多少代价，也称投资回报年数，即现在付出的投资代价，需要经过多少年才能收回。其计算公式为：

$$市盈率=\frac{股票市价}{每股盈余}$$

一般来说，市盈率越低越好。市盈率越低，表示投资价值越高。影响股票市盈率变化的因素有以下几个方面：

(1) 预期上市公司获利能力的高低。如预期获利能力高，虽然上市公司目前市盈率较高，也值得投资。因为其市盈率会随获利能力的提高而不断下降。

(2) 分析公司的成长能力。如上市公司的成长能力越高，成长的可能性越大，则投资者就越愿意付出较高的代价，以换取未来的成长利益。

(3) 投资者所获报酬率的稳定性。报酬率不稳定，表示投资风险高，市盈率也相应提高。

(4) 当利率水平变化时，市盈率也应该作相应调整。在实务操作中，常用 1 年期银行存款利率，作为衡量市盈率是否合理的标准。如 1 年期银行存款利率为 10%，则合理的市盈率可为 10。而当利率上升到 12.5%时，则合理的市盈率应降低到 8。如利率下降到 8%，则合理的市盈率则会上升到 12.5。市盈率一直是投资者进行中长期投资的选股指标。仔细研究上市公司的市盈率，会给投资者带来优厚的投资报酬。

第 3 节　基金投资价值分析

投资基金是一种以分散组合投资为特色，以证券投资为主要投资手段的为大众集合式代理的新的投资方式。它既有别于直接投资，又区别于间接投资；既区别于金融机构贷款投资，又区别于一般信托投资；既不同于股票投资，又不同于债券投资。基金投资是当今世界上一种重要的投资方式，其发展十分迅速。

一、投资基金的估价与基金收益率

（一）投资基金的估价

投资基金的估价涉及三个概念：基金的价值、基金单位净值、基金的报价。

1. 基金的价值

基金的价值取决于基金净资产的现在价值。由于投资基金不断变换投资组合，未来收益较难预测，再加上资本利得是投资基金的主要收益来源，变幻莫测的证券价格使得对资本利得的准确预计非常困难，因此，基金的价值主要由基金资产的现有市场价值决定。

2. 基金单位净值

基金单位净值是指在某一时点上每一基金单位所具有的市场价值，是评价基金价值的最直观指标。其公式为：

$$基金单位净值=\frac{基金净资产价值总额}{基金单位总份数}$$

其中，基金净资产价值总额等于基金资产总额减基金负债总额，基金负债包括以基金名义对外融资借款以及应付给投资者的分红、应付给基金管理人的经理费等。

3. 基金的报价

基金的报价理论上是由基金的价值决定的。基金单位净值高，基金的交易价格也高。具体地说，封闭式基金在二级市场上竞价交易，其交易价格由供求关系和基金业绩决定，围绕基金单位净值上下波动；开放式基金的柜台交易价格则完全以基金单位净值为基础，通常采用两种报价形式：认购价（卖出价）和赎回价（买入价）。

基金认购价＝基金单位净值＋首次认购费

基金赎回价＝基金单位净值－基金赎回费

（二）基金收益率

基金收益率是反映基金增值情况的指标，它通过基金净资产的价值变化来衡量。基金净资产的价值是以市价计量的，基金资产的市场价值增加，意味着基金的投资收益增加，基金投资者的权益也随之增加。

$$基金收益率=\frac{持有基金份数\times基金单位净值年末数-年初持有份数\times基金单位净值年初数}{年初持有份数\times基金单位净值年初数}$$

如果年末和年初基金单位的持有份数相同，基金收益率即基金单位净值在本年内的变化幅度。年初的基金单位净值相当于是购买基金的本金投资，基金收益率即相当于投资报酬率。

【例 6—19】 某基金公司 2011 年发行开放式基金，有关资料见表 6—1。

表 6—1 **基金有关资料** 金额：万元

项目	年初	年末
基金资产账面价值	2 000	1 500
负债账面价值	600	800
基金资产市场价值	3 500	4 000
基金单位	600 万单位	750 万单位

假设该公司收取首次认购费，认购费为基金净值的 6%，赎回费用为基金净值的 1%。

要求：

(1) 计算年初、年末的下列指标：基金净资产价值总额，基金单位净值，基金认购价格，基金的赎回价格。

(2) 计算 2011 年基金收益率。

解：

(1) 计算年初、年末下列指标：

1）年初基金净资产价值总额＝基金资产市场价值－负债总额

＝3 500－600＝2 900（万元）

2）年初基金单位净值＝2 900/600＝4.8（元）

3）年初基金认购价格＝基金单位净值＋首次认购费＝4.8＋4.8×6%＝5.09（元）

4）年初基金赎回价格＝基金单位净值－基金赎回费＝4.8－4.8×1%＝4.75（元）

5）年末基金净资产价值总额＝基金资产市场价值－负债总额

＝4 000－800＝3 200（万元）

6）年末基金单位净值＝3 200/750＝4.27（元）

7）年末基金认购价格＝基金单位净值＋首次认购费＝4.27＋4.27×6%＝4.53（元）

8）年末基金赎回价格＝基金单位净值－基金赎回费＝4.27－4.27×1%＝4.23（元）

（2）2011 年基金收益率＝$\frac{750\times4.27-600\times4.8}{600\times4.8}\times100\%=11.20\%$。

二、投资基金的投资选择

投资者准备投资基金时，必须在众多的基金管理公司中选择出最适合自己的基金管理公司，然后再从该公司管理的基金中选择自己最满意的基金进行投资。

（一）基金管理公司的选择

投资者在选择基金管理公司时，必须从以下几个方面进行分析：

1. 基金管理公司业绩

基金管理公司业绩的好坏是投资者选择基金管理公司的重要因素，因为对于投资者而言，获利的根本保证是基金业绩表现良好，而表现良好的投资基金，其管理公司通常有良好的专业判断力，这样才能在不断的投资过程中给投资者赚钱，而不断盈利的前提是要有精确而有效的信息。

另外，投资者应将考察基金业绩的期限拉长到 3 年～5 年，这是因为投资基金适合于长期投资，投资者不仅要看其在牛市中是否表现优良，而且更应看其在熊市中的表现。

2. 基金管理公司服务品质与收费标准

投资者购买基金，不仅是购买基金未来的增值潜力，同时还购买基金的一系列服务，而这些服务不是免费的。因此，投资者应分析基金管理公司的服务品质是否是自己所追求的，是否可以接受基金的收费标准。一般来说，投资者在基金管理公司具有一定的业绩表现及服务水平的前提下，应选择收费较低的基金管理公司。

3. 基金管理公司的市场评价

投资者应通过各种信息来分析自己想投资的基金管理公司的市场表现。好的基金管理公司不仅在证券市场上表现良好，而且，其投资方式与分析、判断行情的能力也会受到同行或投资者的肯定。因此，投资者应着重投资于市场评价良好的基金。

4. 基金管理公司诚信度

投资者在投资前必须要考虑基金管理公司的诚信度。基金管理公司从广大投资者手中募集到资金后，如果不将投资者的利益放在第一位，全力追求报酬与风险的平衡，那么就会危害投资者的权益。所以，投资者应分析基金管理公司的主要决策者的背景、诚信度、处事原则，确定其不会损害投资者的利益时，才可以放心地进行投资。

5. 基金管理公司的持续经营能力

投资基金是一种适合长期投资的有价证券。长期投资可以达到储蓄投资与减少风险的目的。因此，投资者应分析基金管理公司的持续经营能力的高低，以确定公司的投资价值。判断基金管理公司的持续经营能力主要考虑如下几点：第一，基金的经营业绩；第二，基金的资产数量；第三，基金的规模大小及以前的成长速度；第四，基金的财务状况及主要持有者状况。

（二）单个基金的选择

投资者在选择投资基金时，不要简单地选择最能赚钱的基金进行投资，因为收益高的基金往往风险也高，投资者遭受投资损失的可能性也大。投资者必须根据自身条件和需要选择最适合自己的基金。一般对单个基金的选择应考虑以下因素：

1. 基金的历史业绩

投资者分析基金的历史业绩，主要是保证自己不选择正处于衰落期的“夕阳”基金。在大多数情况下，经营状况不良的基金不会倒闭，而只是更换名称或与其他基金合并。然而，经过合并或更名的基金业绩不可能一下子变好，投资者应尽量避开这些有问题的基金，才会提高自己的投资收益并减少投资风险。

2. 基金的投资组合

投资者还要重点分析基金的投资组合是否合理，因为同样是成长型基金，有的投资于成长快、风险大的小公司，有的投资于规模大、风险较小的大公司，并且它们的持股比率与所投资公司的行业类别，都会大大影响投资基金的报酬及风险。另外，投资者还必须分析投资基金投资组合的风险分散程度，如果基金投资过分集中，风险就会很大，除非是追求高风险、高回报的投资者，否则就不要投资持股太集中的基金。

3. 基金周转率

基金周转率即换手率。在证券交易中，投资基金买卖证券所获得的收益远远大于其付出的成本，那么，基金的周转率高并没有什么不好。但考虑到基金是大资金运作，其进出数量比较大，如果周转率过高，即短线进出过于频繁，则会使交易成本过大，降低长期投资的收益。因此，如果一个投资基金的周转率高于同类型基金的平均周转水平，则投资这一基金不一定好。

4. 基金规模

对于基金而言，并非规模越大，收益就越高，风险便越低。由于证券市场是经常波动的，规模大的基金投资于规模大、业绩稳定的大公司具有优势，所以大基金能做到业绩稳定、风险小。然而大基金不能及时地对证券市场的变化做出反应，小规模基金却在这方面具有优势，而且小规模的基金在投资成长性好的小公司时具有更大的优势。

第 4 节　衍生工具投资价值分析

一、认股权证的价值分析

认股权证是由股份有限公司发行的，能够按照特定的价格，在特定的时间内购买一定数量该公司股票的选择权凭证，其价值有理论价值与实际价值之分。其理论价值公式为：

$$V=\max[(P-A)\times n,0]$$

式中：V 为认股权证理论价值；P 为普通股市价；A 为认购价格；n 为每一认股权可认购的普通股股数。

影响认股权证理论价值的主要因素有换股比率、普通股市价、执行价格、剩余有效时间等。认股权证的实际价值是由市场供求关系决定的。由于套利行为的存在，认股权证的实际价值通常高于其理论价值。

【例 6—20】 某公司年初股票价格为 100 元，总股份为 100 万股。公司董事会为激励公司经理，给予了经理 3 万份认股权证。规定经理在今后的 3 年内每年末可以执行认股权证的 1/3，在上一年度未执行的可以累计到下一年度执行；在第 1 年末执行时，经理可以使用每份认股权证按照 110 元的价格购买一股普通股股票，以后每年末执行价格递增 5%。假设该公司经理决定只要每年末执行当年认股权证能获利便立即执行，此后 3 年股价分别为 115 元、105 元、125 元，经理执行认股权不影响股价。

要求： 计算给公司经理执行认股权证获利情况。

解：（1）第 1 年末股价为 115 元，认股权证的执行价格为 110 元，所以，经理执行 1 万份认股权证：

执行认股权后公司权益总额＝115×100＋110×1＝11 610（万元）

公司总股份＝100＋1＝101（万股）

每股价值＝11 610÷101＝114.95（元）

经理执行认股权证获利＝(114.95－110)×1＝4.95（万元）

（2）第 2 年末因股价低于 110 元，因此经理暂时不执行认股权。

（3）第 3 年股价股价 125 元高于执行价 121.28$[110\times(1+5\%)^2]$元，因此经理执行 2 万股认股权：

执行认股权后公司权益总额＝$125\times101+110\times(1+5\%)^2\times2$＝12 867.55（万元）

公司总股份＝101＋2＝103（万股）

每股价值＝12 867.55÷103＝124.93（元）

经理执行认股权证获利＝$[124.93-110\times(1+5\%)^2]\times2$＝7.31（万元）

二、优先认股权的价值分析

优先认股权是指当股份有限公司为增加公司资本而决定增加发行新的股票时，原普通股股东享有的按其持股比例，以低于市价的某一特定价格优先认购一定数量新发行股票的权利。优先认股权又称股票先买权，是普通股股东的一种特权。在我国习惯称为配股权证。

优先认股权的价值应分为附权优先认股权、除权优先认股权两种情况考虑。

（一）附权优先认股权

这种认股权通常在某一股权登记日前颁发，在此之前购买的股东享有优先认股权，或者此时的股票市场价格含有分享新发行股票的优先权，因此称为“附权优先认股权”，其价值公式为：

$$V_1=\frac{M_1-N}{1+n}$$

式中：M_1 为附权股票的市价；V_1 为附权优先认股权价值；n 为购买 1 股股票所需要的认股权数；N 为新股票的认购价。

也就是说，投资者在股权登记日前购买 1 股股票，应该付出市价 M_1，同时也获得 1 个优先认股权；投资者也可购买申购 1 股新股所需的若干认股权，付出的代价为 $V\times n$，并且付出新股每股认购价 N。这两种选择都可获得 1 股股票，唯一的差别在于，前一种选择多获得 1 个认股权证。因此，这两种选择的成本差额必然等于股权价值，即 $M_1=(V\times n+N)=V_1$。

【例 6—21】 如果分配给现有股东的新发行股票与原有股票的比例为 1∶5，每股认购价格为 30 元，原有股票每股市价为 40 元。

要求：（1）计算股权登记日前附权优先认股权的价值。

（2）计算无优先认股权的股票价格。

解：（1）登记日前附权优先认股权的价值为(40－30)÷(5＋1)＝1.667（元）。

（2）无优先认股权的股票价格为 40－1.67＝38.33（元）。

（二）除权优先认股权

在股权登记日以后的股票不再包含新发行股票的认购权，其优先认股权的价值也相应下降，此时就被称为“除权优先认股权”。其公式为：

$$V_2=\frac{M_2-N}{n}$$

式中：M_2 为除权股票的市价；V_2 为除权优先认股权的价值；n 为购买 1 股股票所需的认股权数；N 为新股票的认购价。

也就是说，投资者付出 M_2 可在公开市场购买 1 股股票，也可以花费 $V_2\times n$ 购买申购 1 股股票所需的认购权，同时付出 1 股股票的认购金额 N，其总成本为 $V_2\times n+N$。这两种选择完全相同，都是为投资者提供 1 股股票，因此成本应是相同的，其差额为 0，即 $M_2-(V_2\times n+N)=0$。

三、可转换债券的价值分析

（一）可转换债券的要素

可转换债券的基本要素包括：

（1）基准股票。即标的股票，是可转换债券的标的物。

（2）票面利率。可转换债券的票面利率是可转换债券票面载明的利率，通常低于普通债券利率。

（3）转换价格。又称转股价格，是将债券转换为股票时股票的每股价格。

$$\text{转换价格}=\frac{\text{公司债券票面价值}}{\text{转换率}}$$

转换价格的确定与认股权行使价格类似，一般比可转换债券出售时的股票市价高出 20%～30%。具体价格要根据企业使用可转换债券的原因和各种背景资料而定。

（4）转换比率。转换比率是指一份债券可以转换为多少股份。

$$\text{转换比率}=\frac{\text{债券面值}}{\text{转换价格}}=\frac{\text{股票数}}{\text{可转换债券数}}$$

（5）转换期限。转换期限是指可转换债券转换为股份的起始日至结束日的期间。可转换债券的转换期限可以与债券的期限相同，也可以短于债券的期限。

（6）赎回条款。赎回条款规定债券的发行公司有权在预定的期限内按照事先约定的条件买回尚未转股的可转换债券。赎回条款包括以下内容：不可赎回期、赎回期、赎回价格、赎回条件。

（7）回售条款。回售条款规定，发行公司的股票价格在一定时期连续低于转换价格并达到一定幅度时，债券持有者可根据规定将债券出售给发行公司。回售条款具体包括回收时间、回收价格等。

（二）可转换债券的价值估算

已上市的可转换债券可以根据其市场价格适当调整后得到评估价值。

非上市的可转换债券价值等于普通债券价值加上转股权价值。其中普通债券价值可按照普通债券的计算公式计算，本质上是弃权价值，需要综合考虑标的股票的价格变动、转换的可能性和转换成本等因素的影响。

本章小结

证券本身并没有任何使用价值，也没有真正的价值，它只是表示因资本的供求关系而产生一种权利。这种权利可以给投资者带来收益，这种权利使它可以在证券市场上进行买卖并形成了一定的价格，从而也使它具有投资价值。证券的价格围绕证券投资价值上下波动。

债券投资价值分析中，主要介绍了债券估价的基本模型、一次还本付息债券的估价模型、零票面利率债券的估价模型，总结归纳了影响债券价格的主要因素以及债券收益的计算方法等。

股票投资价值分析中，主要介绍了股票价格的各种类型，影响股票价格的因素，股票投资价值评估的股利固定模型、股利固定增长模型以及股票投资价值的评估方法等。

基金投资价值分析中，主要介绍了投资基金的估价与基金收益率、投资基金的投资选择等。

衍生工具投资价值分析中，主要介绍了认股权证的价值分析、优先认股权的价值分析和可转换债券的价值分析等。

重点概念

债券的认购收益　　股票价格　　基金单位净值　　基金收益率

复习思考题

1. 名词解释

股票价格　基金单位净值　认股权证

2. 思考题

（1）债券价格的种类有哪些？其主要影响因素是什么？

（2）影响股票价格的基本因素有哪些？

（3）股票投资价值分析的模型有几种？如何运用？

（4）简述股票投资价值的评价方法。

（5）简述如何正确选择投资基金。

3. 案例分析题

银河证券2013年第一期次级债券发行

中国银河证券股份有限公司是我国证券行业领先的综合性金融服务提供商，其拥有国内数量最多和分布最广的证券营业网点，以及数量最多且稳定的经纪客户。在最近几年主要业务数据排名中，银河证券各项指标均位居行业前列，并且以良好的资本状况、有效的风险管理和内部控制体系，连续三年获中国证监会授予的AA级分类评级。本期次级债券募集资金主要用于满足公司流动性需求，补充公司流动性资金。

本期次级债券为固定利率品种，期限为90天，计划发行规模为不超过人民币5亿元，到期一次性还本付息。目前银河证券财务状况良好，净资本对债务覆盖度高，且近三年每年有超过80亿元稳定的经营性净现金流。鉴于公司突出的资本实力和稳健的成长前景，我们认为本期次级债券到期偿债几乎没有风险。

本期次级债券票面利率为5.5%固定利率，票面利率在次级债券存续期内固定不变。相对近期发行的90天短期融资券票面利率区间4.5%～5.0%，本期次级债券票面利率具有一定的吸引力，且本期次级债券到期日为11月13日，较有效地回避了企业年末资金需求增加以及银行年底季节性揽储所带来的利率风险。

投资建议：

我们认为，在当前市场环境下，银河证券2013年第一期次级债券信用风险极小，票面5.5%固定利率具有较高的吸引力。对于基金尤其是货币市场基金而言，具有较好的配置价值。

主要风险提示：

次级债券二级市场交易量较小，转让时存在一定的交易流动性风险。目前资金面仍呈现紧平衡状态，不排除市场利率波动对本期次级债券的市场价值造成一定的影响。

思考：读了这篇文章，你对次级债券的发行有何认识？

第7章

证券投资的基本分析

章前引例及分析

中国人民银行决定，从2012年2月24日起，下调存款类金融机构人民币存款准备金率0.5个百分点。调整后，中国大型金融机构和中小金融机构将分别执行20.5%和17.0%的存款准备金率。上次央行宣布下调准备金率是在2011年11月30日，当时是央行三年来首次下调准备金率。过去央行曾多次上调存款准备金率，如今根据经济形势变化适当微调符合预期。目前，加息未到合适时机，房地产调控政策短期内也不可能放松。在这种情况下，下调存款准备金率不失为一种恰当的调控方式。此次降准解冻资金大约4 000亿元，4 000亿元左右的流动性释放，将有助于缓解资金紧张状况。降低存款准备金率，就是扩张全社会货币供应量，既然全社会货币供应总量增加了，股市资金供应量也不能置身事外。股市资金供应量与全社会货币供应量，好比是大河与小河的关系。我们经常讲："大河涨水，小河满；大河断流，小河干。"只要全社会资金充足，股市资金也必然全面增加。因此，分析人士指出，股市目前已步入强势市场。此次下调存款准备金率，对已经开始走强的A股市场来说，无疑是一个利好，此轮上涨或有望冲击2 400点。

本例说明，证券市场与国民经济有着密切的关系，货币政策的实施对证券市场价格变化有着重要的影响。本章将对证券投资基本分析的内容、方法以及有关指标进行专门的介绍。

本章学习目标

通过本章的学习，你应该能够：

1. 了解经济周期分析的主要指标
2. 掌握财政政策、货币政策的含义
3. 掌握通货膨胀对证券投资特别是股票投资的影响
4. 了解市场主体的投资动机和投资心理
5. 了解行业和市场的主要类型

6. 掌握上市公司偿债能力、营运能力分析的主要指标

第 1 节　证券投资的宏观经济分析

在证券投资领域，宏观经济分析非常重要，只有把握住经济发展的大方向，才能做出正确的长期决策；只有密切关注宏观经济因素的变化，尤其是货币政策和财政政策等因素的变化，才能抓住市场时机。这些宏观因素主要包括国民经济总体状况、经济周期循环、财政与货币政策以及通货膨胀等。这些宏观因素影响证券市场的特点在于波及范围广、干扰程度深。它们或是直接通过影响投资者的心理使证券价格发生向上或向下的波动，或是通过对产业因素和企业因素的影响间接地作用于投资者的心理，使证券市场价格发生波动，从而影响证券投资的收益。

一、国民经济总体状况分析

国民经济总体状况是判断宏观经济的发展速度、宏观经济的景气状况的重要标志。因此，在进行证券投资分析时，国民经济总体状况分析是一项重要内容。国民生产总值（GNP）是衡量国民经济总体状况的最常用指标，也是综合性最强的指标。国民生产总值是一国在一定时期内生产的最终产品（包括商品和劳务）的市场价值总和。国民生产总值的计算有按当年价格计算和按不变价格计算两种计算方法。按当年价格计算的国民生产总值包含了价格变化这一因素，因此，不能准确反映国民生产总值的增长情况。世界各国通常采用不变价格计算国民生产总值。

国民生产总值及其构成部分的变化，可以反映出整个经济活动水平和不同行业生产形势的变化，投资者从中可以得到许多有用的信息。按支出划分，国民生产总值可分为私人消费、私人投资、净出口和政府购买四个部分。

（一）私人消费

私人消费包括购买耐用消费品、非耐用消费品和劳务支出。耐用消费品指使用年限在三年或三年以上的商品，如汽车、家用电器、住房等。耐用消费品的购买是私人消费中最容易发生变化的部分。非耐用消费品指使用年限在三年以下的商品，如食物、衣物和卫生用品等。非耐用消费品的购买是私人消费中所占比例最大、最稳定的部分。劳务指各种服务、交通、医疗和娱乐等无形商品。劳务支出在私人消费中所占比例越来越大。

私人消费总量取决于私人收入总额，它是由总体经济形势决定的。私人消费取向的变化直接影响到各行业的发展，从而影响到各行业证券的收益。

（二）私人投资

私人投资包括固定资产投资和存货投资。

固定资产投资指企业、非营利组织和个人对固定资产的投资，它包括企业厂房、机器设备、运输工具等。固定资产投资的大小反映了一国新增生产能力的多少，它与经济周期之间有着密切的关系。固定资产投资的大量增加是经济由复苏转向高涨的重要标志。同

时，某一行业固定资产投资的增加会带动其他行业的发展，如汽车行业固定资产投资的增加，会推动石油、钢铁、电子、化工和橡胶等一系列行业的进一步发展和繁荣。因此，固定资产投资总额和投资方向的变化，必然会引起证券市场上各种证券价格的变化。

存货投资主要指企业对原材料、各种半成品和制成品的投资。在经济高涨和经济衰退时，企业存货都有可能增加。在经济衰退或发生经济危机时，由于市场需求小于产品的供给，商品销售困难，产品大量积压。此时，企业存货的增加是经济衰退或发生经济危机的一个标志。在经济高涨时，企业存货也可能增加，但它不是由于产品销售困难所造成的，而是由于生产发展和市场变化的需要，或者由于通货膨胀和投机等原因，企业人为地购进商品，增加库存，以满足企业生产发展的需要等。从这种意义上讲，企业存货的增加又是经济高涨的一个标志。投资者在根据存货投资的增减来预测宏观经济走向时要作具体分析。

（三）净出口

净出口指出口总额与进口总额的差额，它反映一国的经济实力和各种商品在国际市场上的竞争能力。进出口包括商品和劳务两方面，其中，商品包括各种消费品、原料、中间产品和制成品等，劳务包括运输、通信、金融、保险、旅游等服务项目。一般来说，净出口额的增加会推动出口企业的生产和销售，并带动其他与出口企业有业务联系的行业的发展，从而对整个国民经济的发展起推动作用。相反，净出口额的下降会影响到出口企业的生产和销售活动，并进一步波及其他有关行业，对经济发展产生不利影响。

（四）政府购买

政府购买是反映政府经济作用的强弱和政府意向的重要指标，从政府支出的结构变化中不难看出国家的投资政策和产业政策。政府购买的增减和各种商品在政府购买中所占比例的变化，对于有关企业的发展会产生重要影响。

总之，投资者可以根据国民生产总值及其构成的变化等信息资料，判断国民经济发展的总体状况以及各行业的未来前景，从而确定证券投资的大气候，为投资时机和投资对象的选择奠定基础。

二、经济周期分析

国民经济运行常表现为收缩与扩张的周期性交替。每个周期表现为四个阶段：高涨、衰退、萧条、复苏。当经济从衰退和萧条中开始复苏，继而进入又一个高涨阶段，这就是所谓的经济周期循环即景气变动。经济周期的变动对证券市场的影响力是十分显著的。

（一）经济周期分析指标

要把握经济的周期性波动，需要借助于反映经济周期性变化的一系列指标。具体包括：

1. 先行指标

先行指标又称超前指标，指在总体经济活动发生波动之前，先行到达峰顶和谷底的时间序列指标。先行指标一般能在总体经济活动发生变化之前 6 个月达到峰顶和谷底。正由于先行指标具有这一特点，投资者采用该指标可以事先知道经济波动的转折点，从而采取恰当的投资策略。先行指标包括货币政策指标、财政政策指标、劳动生产率、消费支出、住宅建设、周工时和商品订单等。

2. 重合指标

重合指标指与经济活动同时达到峰顶与谷底的时间序列指标。重合指标达到峰顶与谷底的时间大致与总体经济活动变化的时间相同。投资者采用重合指标预测经济周期性变化，可以确定经济活动达到峰顶和谷底的具体时间。重合指标包括实际国民生产总值、公司利润率、工业生产指数和失业率等。

3. 后续指标

后续指标又称滞后指标，指在总体经济活动发生波动之后，才到达峰顶或谷底的时间序列指标。后续指标一般在总体经济活动发生变化后 6 个月到达峰顶和谷底，后续指标主要有优惠贷款利率、存货水平、资本支出和商品零售额等。

（二）经济周期变动分析

经济的周期性波动对于证券市场具有较大的冲击力。投资者对于经济复苏来临的信心，或对于经济危机发生的恐惧，均足以改变其投资意愿。

当经济开始走出低谷时，批发商和零售商逐步扩大商品的购买，增加存货；生产企业因产品的销路扩大，开始恢复和扩大生产，增加固定资产投资，生产者对于各种生产要素的需求量也随之增加，这就会引起利率、工资、就业水平和收入的上升。在这种情况下，投资者从过分悲观的预期中走出，重新参与证券投资。生产和销售情况的好转也支撑了股息、债息和证券价格的上升。显然，此时购买证券获得较高差价收益的可能性较大。即使证券价格上升缓慢，投资者也可以从公司利润增加中分取较高的红利。

经济从复苏、高涨到达峰顶以后，就会走向衰退。此时，由于工资和利率都已上升，生产成本增加，生产者利润开始下降；又由于产销情况的变化和利润减少，生产者逐步压缩生产规模，减少固定资产投资。结果，利率、物价、收入和就业水平都会下降，并且一直持续到谷底。在这种情况下，投资者从过分乐观的预期中醒悟，抛售证券、抽回本金，证券价格不断下跌，投资者分取的股息和债息也因发行者利润的减少而下降。显然，此时参与证券投资就有可能遭受损失。

由此可见，经济的周期性波动会引起证券价格和证券投资收益的相应变化。如果投资者能够准确预测经济波动发生的具体时间，就可以在投资时机和投资对象的选择上做出相应的决策，以避免不必要的损失。

三、通货膨胀分析

通货膨胀可以表述为：因货币供应超过了流通中对货币的客观需求量而带来的物价上涨的现象，其实质是货币的贬值。通货膨胀是纸币流通条件下的经济现象。根据通货膨胀的成因不同，可以将其区分为：需求拉上型、成本推动型和结构失调型。通货膨胀对整个社会经济生活的影响是严重的，只要出现了通货膨胀，就一定会伴随着治理通货膨胀的政策。而无论是财政政策还是货币政策，在对付通胀的问题上，都要减缓货币流通量的增加速度。有效的调控会使资金流入各类市场的量减少，股市哪有不跌之理。所以，证券投资者在已知国民经济运行中发生了严重的通货膨胀的时候，就不要再寄希望于股市的火爆。即使不想将资金撤离股市，还希望从股市中赚取一些来冲抵通胀的损失的话，也必须按照市场的思维方式来控制自己的投资节奏。

通货膨胀对证券投资特别是股票投资的影响，没有一成不变的规律可循。对这些影响进行分析和比较必须从该时期通货膨胀的原因以及程度，配合当时的经济结构和形势、政府可能采取的干预措施等方面入手，其分析的结论才具有可参考性。通常情况下可以有如下基本判断：第一，温和的、稳定的通货膨胀对股价的影响较小；第二，适度通货膨胀时，若经济处于景气（扩张）阶段，此时的股价也将持续上升；第三，严重的通货膨胀是很危险的，将会造成股市的恐慌；第四，政府往往不会长期容忍通货膨胀的存在，通常会实施某些经济政策，这些政策必然会对股市运行造成影响。

通货紧缩也将对证券投资产生影响。通货紧缩将损害消费者和投资者的积极性，导致经济衰退和经济萧条，与通货膨胀一样不利于币值稳定和经济增长。通货紧缩甚至被认为是导致经济衰退的“杀手”。通常因币值紧缩带来的经济负增长，会使股票、债券及房地产价格大幅下跌，银行资产状况严重恶化，这种现象又将大大影响投资者对证券市场走势的信心。

四、财政、货币政策分析

（一）财政政策分析

1. 财政政策的基本含义

财政是以国家为主体的，在为满足社会公共需要而进行的集中性分配和再分配中形成的经济关系。财政收支是以财政方式集中社会资金和使用社会资金的全过程，国家通过组织财政收入和安排财政支出实现国家的职能。财政收支的状况对整个国民经济的影响是十分显著的，当然也是影响证券市场供求关系，进而影响市场价格及其走势的重要因素。

财政政策是政府依据客观经济规律制定的指导财政工作和处理财政关系的一系列方针、准则和措施的总称。财政政策分为长期、中期、短期财政政策。各种财政政策都是为相应时期的宏观经济控制总目标和总政策服务的。财政政策的短期目标是促进经济稳定增长，主要通过预算收支平衡或财政赤字、财政补贴和国债政策手段影响社会总需求数量，促进社会总需求和社会总供给趋向平衡。中长期目标，首先是资源的合理配置，总体上说，是通过对供给方面的调控来制约经济结构的形成，为社会总供求的均衡提供条件；其次，中长期政策的另一个重要目标是收入的公平分配，如运用财政政策中的税收和转移支付手段来调节各地区和各阶层的收入差距，达到兼顾平等与效率，促进经济、社会协调发展的目的。

2. 财政政策的实施及其对证券市场的影响

财政政策主要包括国家预算、税收、国债、财政补贴、财政管理体制、转移支付制度等。这些手段可以单独使用，也可以配合协调使用。从财政政策的运作看，它可以分为松的财政政策、紧的财政政策和中性财政政策。总的来说，紧的财政政策将使得过热的经济受到控制，证券市场也将走弱，而松的财政政策将刺激经济发展，引导证券市场走强。

在实施财政政策的过程中，财政收支状况及其变化趋势，对证券市场将会产生直接影响。

从财政收入来看，财政收入主要来源于国家税收，也有一部分来源于国有企业的利润和国家信用。国家财政收入在国民生产总值中所占的比重是由国家所肩负的职能决定的。在这个比例确定下来之后，财政收入的增长说明国民经济运行健康、稳步发展。如果在经济增长速度一定的情况下，财政收入增加则说明相当一部分资金由国家集中起来使用了，会影响到证券市场的资金流入量，影响证券市场的大势。

财政支出按使用的性质划分，可分为经常性项目支出和资本性项目支出。经常性项目支出包括非生产性基建支出、事业发展和社会保障支出、国家行政支出、价格补贴支出等。资本性项目支出包括生产性基建支出、企业挖潜改造和新产品试制费支出、支农支出等经济建设支出。分析国家财收支出在国民经济各部门的分配比例，了解经济结构变动的趋势，有助于在证券市场中选择投资行业和研判个股走势。整体上财政支出的增加是证券市场中的利好。

（二）货币政策分析

货币政策是中央银行为实现其特定的经济目标而采取的各种控制、调节货币供应量或信用的方针、政策、措施的总称。其内容主要包括执行货币政策的机构、货币政策目标、货币政策工具和货币政策的传导机制等。货币政策是一国重要的宏观经济政策，主要用于调控社会总需求。其政策目标一般有四个，即稳定物价、充分就业、经济增长和国际收支平衡。其中保持一般物价水平的正常状态，不发生急剧的波动，是货币政策的首要目标。

货币政策按照调节货币供应量的程度可划分为三种类型：第一种是扩张性货币政策。这是在社会总需求严重不足的情况下所采取的政策。推行此政策的主要目的是通过扩大货币供应量，改变原有货币量的供需关系，刺激社会需求的增长。第二种是紧缩性货币政策。这是在社会总需求严重膨胀的经济状况下所采取的政策。实施此政策的目的是通过控制货币供应量，抑制社会需求的膨胀。第三种是均衡性货币政策。这是在社会总需求与总供给基本平衡状态下所采取的政策，其目的是为了维持原有的货币供应量与需求量之间大体平衡的关系。

由于货币政策的类型不同，对证券市场的影响也不一样。总的来说，货币政策是通过影响证券市场资金面的状况来影响证券市场的价格的。

我国中央银行的货币政策工具主要有存款准备金率、贴现率、公开市场业务、利率政策和汇率变动等。

1. 存款准备金率的调整

存款准备金率是指一国金融当局规定商业银行提缴存款准备金的比率。存款准备金率是国家以法律形式加以确定的，商业银行必须执行，因而又称法定存款准备金率。中央银行调整存款准备金率，增加或减少商业银行应缴存的存款准备金，从而影响商业银行的贷款能力和派生存款能力，以达到调节货币供应量的目的。

存款准备金率的调整对于证券市场而言，其影响需要一个传导的过程。这种传导要经过两个层次：第一个层次是中央银行调整存款准备金率，影响商业银行行为，商业银行调整其经营方式。第二个层次是居民和企业对商业银行行为做出反应，相应调整投资和消费支出，影响社会需求。因此，存款准备金率的调整，虽然可以影响社会货币流通量、影响社会需求，进而影响证券市场的资金供给和价格，但其时滞性较大。调整存款准备金率，最先影响的是证券投资者的投资信心，真正带来资金流向的变化则要经过一段时间。所以，证券投资者在关注这一金融宏观调控政策时，切不可只注意它的即时市场反应，还要看到它以后的实质性影响。

2. 贴现率调整

贴现率是指商业银行向中央银行办理再贴现时使用的利率。而再贴现则是指商业银行将贴现买入的未到期商业票据提交中央银行，由中央银行扣除再贴现利息后支付贴现款项。中央银行通过调高或调低再贴现率以影响商业银行的信用量，达到信用扩张或信用收缩的目的。如果中央银行提高贴现率，商业银行借入资金的成本增大，就会迫使其提高贷款利率，从而起到紧缩企业的借款需求，减少贷款量和货币供应数量的作用；反之，则会刺激贷款量的扩大和货币供应规模。

在我国，再贴现业务开展得并不广泛，这主要是因为再贴现业务必须以商业信用票据作为前提条件。随着商业信用票据化的推进，再贴现业务可能取代目前的再贷款，从而对证券市场产生影响。现在的作用还仅局限于有区别地对某些商业票据贴现，因此，它对证券市场的影响主要是通过影响某些行业的资金需求间接实现的。

3. 公开市场业务

公开市场业务是指中央银行通过买进或卖出有价证券来控制和影响市场货币供应量的一种业务。中国人民银行公开市场业务的主要方式是：由人民银行总行进行公开市场业务操作，总行设立公开市场操作室，主要工具是国债和外汇。当市场银根紧时，就买进有价证券；当银根松时，就卖出有价证券。具体分为两类：一类是买卖双方不要承担义务的；另一类是买卖双方承担一定义务的，双方订有回购和回售协议。回购，就是中央银行买进有价证券，按协议规定期限，由卖方再把证券买回去。回售，就是中央银行售出有价证券，按协议规定期限，由中央银行再买回来。公开市场业务是中央银行强有力的货币政策工具，以其范围广、灵活、主动和温和等优点为世界各经济发达国家广泛采用。

1996年4月9日，我国中央银行的公开市场业务正式启动，首选14家银行为交易对象。中央银行通过公开市场业务，调节各家商业银行的头寸，来影响同业拆借市场、回购市场和国债市场的供求关系，进而影响利率水平，并通过传导机制影响证券市场的资金状况。

4. 利率政策

利率是借贷资金的利息收入与借贷资金量的比率。利率是主要的货币政策工具，也是对证券市场影响最为直接和迅速的金融因素。一般来说，利率下降时，证券价格就会上涨；利率上升时，证券价格就会下跌，具体影响如下：

(1) 利率的调整，最先影响到的是存款人和贷款人的利益分配。提高利率，存款人可以从多得的利息中直接受益，因而提高了将手持货币转化为存款的积极性，从而使流通中的货币量得到收缩，而贷款人考虑到资金成本，必然压缩对贷款的需求，其结果也是使流通中的货币量收缩。降低利率则完全相反。在这个意义上，利率调整对证券市场的影响就是影响着市场资金流入量的大小。

(2) 调整利率通过影响上市公司业绩影响证券市场。在利率下调的情况下，企业贷款成本下降，利润相应提高。预期收益的提高是股票价格上升的促进因素。另外，由于利率下降使一些储蓄转化为现实的商品购买力，这样就会提高社会商品销售总额，使商业企业利润上升，使工业产品积压减轻，资金周转加速，效益提高。这也是促使股票价格上升的因素。利率上调，情况则完全相反。

（3）在利率调整中，存款利率与贷款利率调整的幅度，也对证券市场中金融板块股票产生直接的影响。如果贷款利率下调的幅度没有存款利率下调的幅度大，那么商业银行和其他金融机构就都会从中得到因调整而增加的存贷利差，有利于改善银行和其他金融机构的经营环境，其股价自然上升。但如果在利率下调的过程中，存款利率的下调幅度没有贷款利率下调的幅度大，则会对金融股构成直接的利空。

5. 汇率变动

汇率是指两国货币相互兑换的比率，是通过一国货币来衡量另一国货币的价格，因而又称汇价。其表示方法为：直接标价法，即以一定单位的外币来计算应收或应付多少本国货币；间接标价法，即一定数额的本币值多少外币。我国采用直接标价法，实行浮动汇率制度。1994 年 1 月 1 日起人民币市场汇率与官定汇率并轨，4 月，设在上海的中国外汇交易中心正式启用，1996 年 12 月 1 日起人民币实行经常项目可兑换。影响汇率的主要因素是国际收支，1994 年以来，我国国际收支持续双顺差，且顺差规模不断加大、增长迅速，截至 2007 年末，外汇储备余额已达 1.53 万亿美元，居世界第一位，已形成外汇供大于求的局面。影响汇率的内在因素是本国货币的实际购买力、通货膨胀以及国内利率的高低等。

汇率变动对证券市场的影响是复杂的，对于外向型的上市公司来讲，汇率变动对其股价影响较大。因为汇率变动会使其产品在国际市场上的竞争力和公司盈利水平受到影响。而对于以国内市场为中心的上市公司来说，汇率的影响还是通过对内资金供应量的增减来实现的。

一般来说，汇率变动对短期资本的流动影响较大，短期资本主要是在金融市场上做投机交易，当一国汇率下降时，外国投机者为了避免损失，会竞相抛售拥有的该国金融资产，转兑外汇，而这种行为会进一步加剧该国汇率的下跌，有可能导致金融危机。

第 2 节　证券投资的市场分析

证券投资市场分析主要是针对市场中投资主体的投资动机和心理因素进行分析。市场主体包括许多方面的参与者，其中最主要的是投资机构、大户、散户这几类投资者。对这些投资者的分析是对证券市场本身进行分析的重要方面。这些投资者的行为方式、操作手法、人格特征、心理倾向、投资动向、选股对象等，对证券市场具有直接的巨大影响。事实证明，投资者是证券市场的主体，没有投资者的参与，证券市场就没有存在的可能性。因此，对市场的分析，离不开对市场主体行为及心理特征的分析。

一、市场主体的投资动机分析

（一）资本增值动机

人们参与证券投资活动，最基本的动机就是获取股息或利息收入，以实现私人资本的增值。投资者在投资决策时，一般非常注意各种证券的收益率差异，在认真分析计算的基础上，尽可能地把资金投放于股息或利息相对丰厚的证券上。

（二）灵活性动机

灵活性是指投资者在尽可能避免损失的条件下，将投资迅速转化成现金的能力。保留现金灵活性最大，但却无法实现资本的增值，银行活期存款则收益率太低。相反，动产与不动产的投资虽然一般收益率较高，但投资者将其转化成现金的成本往往太高，而且交易时间也比较长，这类投资灵活性偏低。证券投资基本上将灵活性与收益性融合起来，它既能很快地转化成现金，又能长期为投资者带来收益。因此，在保证资本增值的前提下，出于灵活性的考虑，投资者可以选择证券投资。

（三）参与决策动机

虽然就广大的投资者而言，参与决策的意识比较淡薄，但部分投资者可能为了参与发行公司的决策而购买其证券。在发达的资本主义社会，资本雄厚的投资者为了控制股份有限公司，有时会大量购买这一公司的股票。

（四）投机动机

许多投资者认为利用价格升降获得差价收益往往远远高于利息或股息收益。为获得股息或利息需要等上半年、一年或更长时间，不如在证券市场上短期买进卖出各类证券获得差价收益更有利。因此，出于这种动机的投资者极为关注证券市场的供求关系和证券行市波动的趋势及幅度，把资本投入到价格波动有一定幅度的证券上，并频繁地买卖证券，他们宁可承担更大的风险以获取更大的收益。有的投机者甚至推波助澜，故意操纵某种股票的价格，以图获取暴利。所以说，投机活动已成为证券投资的一种普遍现象。

（五）安全动机

有的投资者之所以参与证券投资，还往往出于安全上的考虑，因为用现金购买证券可以防止意外灾害或被盗造成的损失，使资本更有保障。此类投资者也重视投资收益问题，他们认为把钱存入银行和购买证券安全程度基本相等，但证券投资能提供更大收益，因此采取证券投资方式更有利。由于他们更侧重安全性问题，在投资时多把资金投放于价格波动幅度小和收益稳定的债券上，在购买证券时，他们往往要求领取寄存证而不是证券本身以提高安全程度。

（六）选择动机

边际效用递减规律在一般商品的购买活动中的作用表现为：消费者不会把大量现金花费在一种商品上，尽管这种商品可能对他有极大的吸引力。因为，随着购买数量的增加，效用就会递减。同样，在证券购买活动中，边际效用递减规律也起作用，投资者如果只是购买一种证券会感到乏味，没有一种证券能满足投资者的全部需要。私人投资者在增加投资规模时总希望购买其他种类的证券，目的在于从各种证券的投资效益比较中获得平衡性满足。

（七）自我表现动机

这种动机的核心是自我炫耀，从中得到心理满足。社会上某些巨富以拥有巨额证券资产显示自身的富有、地位及威望；一些自认为能力超群的人通过证券投资赚取比别人多的收益来显示自己能力卓绝；部分退休者及家庭妇女则因期望借此得到社会承认而从事证券投资；一些青少年参与证券投资以表明自己已经成熟。

（八）好奇与挑战动机

有人从未买卖过证券，目睹他人买卖证券，自己也想体验一下；有人则眼见炒股赚了钱，出于一种挑战心理，也开始买卖证券，力图比别人赚得更多。具有这种动机的投资者往往缺乏必要的技术和心理准备，因而投资较具冲动性，也往往不够稳定。还有一类投资者曾长期从事证券投资活动，已经形成了习惯，证券投资成为他们生活中必不可少的重要内容，以至于有人对证券投资成癖，极为关心证券行市变化，一日不炒股票，则将坐卧不宁。此类超出常规的证券投资活动，一般属于不理智投资。

（九）避税动机

避税动机是指高税阶层的投资者为逃避收益纳税而选择收益免税保护的证券进行投资的心理趋向。他们愿意选择可获得利息免税的市政债券进行投资，或者选择能源、交通建设方面的证券投资，因为这类证券可以为投资者提供税收保护。

在现代西方社会，许多经济学家已提醒投资者勿被投资活动的税收优惠所蒙蔽，而应同时注意考虑经济方面的因素。

二、市场主体的投资心理分析

（一）证券投资心理的几种表现

证券投资者的心理状况对证券价格的影响，主要是通过供求关系起作用的，即心理变化引起供求关系发生变化，从而影响证券的行市。投资者的心理主要有以下几种情况：

1. 盲从心理

盲从就是人云亦云，人为亦为。当别人购股踊跃时，具有这种心理的投资者唯恐落后，盲目购入不明情势的股票；当别人抛售股票势盛时，他们则不分青红皂白地快速出手。这类投资者往往为别人“抬轿”而蒙受损失。

2. 赌博心理

此类投资者发迹心切，渴望把握住几种股票，以便摇身变成百万富翁。他们一旦在股市获得小利即欣喜若狂，想把所有资本都投到股票上；而当其在股市失利时，往往失去理智，孤注一掷，最后倾家荡产。

3. 过度贪求心理

这种人贪得无厌，总想追求最大利润。在股市趋升时，总期望能升得更高，迟迟不愿出售自己的股票；在股价下跌时，总想还会继续下跌，等待买入更便宜的股票，以至于贻误时机。

4. 犹豫心理

这些人虽然有投资计划和策略，但具体实施时却受到大众心理影响而犹豫不决，结果使计划流产。例如，已经判定手中股票市价到达波峰，决定出售，但准备出手时却被别人的乐观情绪所感染，又认为股价还要继续上涨，于是放弃行动；相反，当股票下跌已近波谷，他们已计划买入时，因见市场抛售风暴正盛，可能又停止行动。

5. 避贵求廉心理

部分投资者一心想买廉价股票，忽视股票质量与价格的紧密关系，一味追求低价。无论一种股票的前景有多好，他们是不会买入这种价格上升的股票的；相反，他们对价格还没有上升或很少上升的股票却非常热衷，不管这种股票的质量有多差。显然，具有这种心理的投资者是很难成功的。

（二）证券投资心理因素的分析

在证券投资市场，心理因素具有重要作用。经济学者除了研究影响市场的诸种客观因素外，也对心理因素十分重视。有时大众心理甚至左右证券交易市场。因此，总结分析投资的心理因素是非常必要的。

1. 投资心理的乘数效应

大众心理有一种极端倾向，这就是形势乐观时更加乐观，形势低潮时更加悲观。表现在证券投资市场即是行情好时加倍乐观，行情跌时加倍悲观。因此，当股市处于疲软状态时，即使某些股票仍可能提供较好的报酬，也不会有人问津；而股市处于一片繁荣时，即使某些股票前景暗淡，根本没有投资价值，人们也会毫不犹豫地购入，唯恐失去良机。

正是由于大众心理的这种乘数效应，所以一旦股市呈现涨势，就有可能迅速暴升，一旦处于跌市，则往往一发而不可收。

2. 从众心理效应

虽然多数人的决定未必正确，少数人的决定未必都错，但大众却认为多数人的决定是最合理的。因此，现代社会的一个准则就是少数服从多数。

这一原则同样适用于股票市场。如果多数投资者认为行市看好，并积极购入股票，股票价格就会上涨；若多数人对股市不抱信心，并纷纷抛售，股价就会跌落。因此，股票行市即投资大众所做出决定的具体体现。服从股价涨跌的事实，就是服从大众的投资决定。

3. 投资偏好作用

正如人们对商品的购买会有不同的偏好一样，投资者也往往偏好某种或某几种股票。对某类股票感兴趣的投资人，往往虽几经周折，最后还去购买这种类型的股票，作为自己的投资选择。例如，有的投资者总离不开热门股票，因为他们偏爱其相对稳定的行市，而不喜欢冒险；相反，另一类投资者则具有强烈的风险—收益转换冲动，总难免置身于投机股票。

4. 犹豫心理的作用

许多投资者尽管本人可能熟悉证券投资的技巧，也有必要的经验，但一旦置身证券市场却往往犹豫不决，做出错误的决策。他们平时所做的分析可以让人非常信服，场外所做的冷静的结论足以使人赏识，但一旦走进交易市场，其行为就会与计划相背而驰。例如，他可能已经分析到股价会转升为跌，准备抛出股票，但证券交易柜台前抢购的人群，可能会使他反而买进股票。一般来说，犹豫心理只会改变一些投资者的合理行为，而不能改变整个市场的轨迹。

第3节　证券投资的行业分析

在行业分析中，投资者主要分析行业的市场类型、生命周期和影响行业发展的有关因素。通过分析，投资者可以了解到处于不同市场类型和生命周期不同阶段上的行业产品生产、价格制定、竞争状况以及盈利能力等方面的信息资料，从而有利于正确地选择适当的行业进行有效的投资。

一、行业的市场类型

根据行业中企业的数量、产品性质、价格的制定和其他一些因素，各种行业基本上可分为下述四种市场类型。

（一）完全竞争的市场

完全竞争指许多生产者生产同质产品的市场情形。其特点是：第一，生产者众多，各种生产资料可以完全流动；第二，生产的产品（有形与无形）是同质的，无差别的；第三，生产者不是价格的制定者，生产者的盈利基本上由市场对产品的需求来决定；第四，生产者和消费者对市场情况都非常了解，并可自由进入或退出这个市场。从上述特点可以看出，完全竞争其实质在于所有的企业都无法控制市场的价格和使产品差异化。初级产品的市场类型多与此相近似。

（二）垄断竞争的市场

垄断竞争指许多生产者生产同种但不同质产品的市场情形。其特点是：第一，生产者众多，各种生产资料可以流动；第二，生产的产品同种但不同质，即产品之间存在着差异；第三，由于产品差异性的存在，生产者可借以树立自己产品的信誉，从而对其产品的价格有一定的控制能力。制成品的市场一般都属于这种类型。

（三）寡头垄断的市场

寡头垄断指相对少量的生产者在某种产品的生产中占据极大市场份额的情形。在这个市场上通常存在着一个起领导作用的企业，其他的企业则随该企业定价与经营方式的变化而相应进行某些调整。领头的企业不是固定不变的，它随企业实力的变化而异。资本密集型、技术密集型产品，如钢铁、汽车等，以及少数储量集中的矿产品，如石油等的市场类型多属于这种类型。

（四）完全垄断的市场

完全垄断指企业独家生产某种特质产品（指没有或缺少相近的替代品）的情形。完全垄断可分为政府完全垄断和私人完全垄断两种。在这种市场中，由于市场被独家企业所控制，产品又没有（或缺少）合适的替代品，因此，垄断者能够根据市场的供需情况制定理想的价格和产量，在高价少销和低价多销之间进行选择，以获取最大的利润。但垄断者在制定产品的价格与生产数量方面的自由性是有限度的，它要受到反垄断法和政府管制的约束。公用事业和某些资本、技术高度密集型或稀有资源的开采等行业属于这种完全垄断的市场类型。

二、行业的生命周期

每种行业都要经历一个由成长到衰退的发展演变过程。一般来说，行业的生命周期可分为四个阶段。

（一）初创期

在新行业的初创期里，由于新行业刚刚诞生或初建不久，因而只有为数不多的创业公司投资于这个新兴的行业。这些创业公司财务上不但没有盈利，反而普遍亏损，同时，还面临很大的投资风险。在初创后期，随着行业生产技术的提高、生产成本的降低和市场需求的扩大，新行业便逐步由高风险低收益的初创期转向高风险高收益的成长期。

（二）成长期

新行业生产的产品经过广泛的宣传和顾客的试用，逐渐以其自身的特点（如新用途、新设计等）赢得了大众的欢迎或偏好，市场需求开始上升，新行业也随之繁荣起来。与市场需求的变化相适应，供给方面相应出现了一系列的变化，因而新行业出现了生产厂商和产品相互激烈竞争的局面。在成长期的后期，由于行业中生产厂商与产品竞争优胜劣汰规律的作用，市场上生产厂商的数目在大幅度下降之后开始稳定下来。由于市场需求基本饱和，产品的销售增长率减慢，迅速赚取大量利润的机会减少，整个行业开始进入稳定期。

（三）稳定期

行业的稳定期是一个相对较长的时期。在这一时期里，在竞争中生存下来的少数大厂商垄断了整个行业的市场，每个厂商都占有一定比例的市场份额，由于彼此势均力敌，市场份额比例发生变化的程度较小。行业的利润则由于一定程度的垄断，达到了很高的水平，而风险却因市场比例比较稳定，新企业难以与老企业相竞争而下降。

（四）衰退期

经过较长的稳定期后，由于新产品和大量替代品的出现，原行业的市场需求开始逐渐减少，产品的销售量也开始下降，某些厂商开始向其他更有利可图的行业转移资金。因而原行业出现了厂商数目减少、利润下降的萧条景象，至此，整个行业便进入了生命周期的最后阶段。

三、政府、社会倾向及技术等对行业的影响

（一）政府的影响

政府的影响作用是相当广泛的。实际上，各个行业都要受到政府的管理，只是程度不同而已。政府的管理措施可以影响到行业的经营范围、增长速度、价格政策、利润率和其他许多方面。当政府做出决定鼓励某一行业的发展，就会相应增加该行业的优惠贷款量，限制该行业国外产品的进口，降低该行业的所得税，结果这些措施对刺激该行业的股价上涨都起到了相应的效果。相反，如果政府要限制某一行业的发展，就会对该行业的融资进行限制，提高该行业的公司税收，并允许国外同类产品进口，结果该行业的股票价格便会下降。

政府实施管理的主要行业是公用事业、运输部门和金融部门。另外，政府除了对这些关系到国计民生的重要行业进行直接管理外，通常还制定有关的反垄断法来间接地影响其他行业。

（二）社会倾向的影响

现代社会的消费者和政府已经越来越强调各个行业所应负的社会责任，越来越注意工

业化给社会所带来的种种影响。这种日益增强的社会意识或社会倾向对许多行业已经产生了明显的作用。近年来，在公众的强烈要求和压力下，许多西方国家，特别是产品责任法最为严格的美国，纷纷对许多行业的生产及产品做出了种种限制性规定。如美国政府要求汽车制造商加固汽车保险杠、安装乘员安全带、改善燃油系统、提高防污染系统的质量等。医药行业也受到政府的专门机构（如美国的食品与药品管理委员会）和消费者的监督。目前，防止环境污染、保护生态环境已成为工业化国家一个重要的社会趋势，在发展中国家正日益受到重视。

综上所述，社会倾向对企业的经营活动、生产成本、利润等方面都会产生一定的影响。

（三）技术因素的影响

目前人类社会所处的时代正是科学技术日新月异的时代。不仅新兴学科不断涌现，而且理论科学朝实用技术的转化过程大大缩短，速度大大加快，直接而有力地推动了工业的迅速发展和水平的提高。第二次世界大战后工业发展的一个显著特点是，新技术在不断地推出新行业的同时，也在不断地淘汰旧行业。如大规模集成电路计算机代替了一般的电子计算机，通信卫星代替了海底电缆等。这些新产品在定型和大批量生产后，市场价格大幅度地下降，从而很快就能被消费者所使用。上述这些特点使得新兴行业能够很快地超过并代替旧行业，或严重地威胁原有行业的生存。

（四）相关行业变动因素的影响

相关行业变动对行业的影响一般表现在以下三个方面：

(1) 如果相关行业的产品是该行业生产的投入品，那么相关行业产品价格上升，就会造成该行业的生产成本提高，利润下降，从而股价会出现下降趋势；相反的情况在此也成立。比如钢材价格上涨，就可能会使生产汽车的公司股票价格下跌。

(2) 如果相关行业的产品是该行业产品的替代产品，那么若相关行业产品价格上涨，就会提高对该行业产品的市场需求，从而使市场销售量增加，公司盈利也因此提高，股价上升；反之，公司盈利会下降，股价下跌。比如茶叶价格上升，可能对经营咖啡制品的公司股票价格产生利好影响。

(3) 如果相关行业的产品与该行业生产的产品是互补关系，那么相关行业产品价格上升对该行业内部的公司股票价格将产生不利影响。如 1973 年石油危机爆发后，美国消费者开始偏爱小汽车，结果对美国汽车制造业形成相当大的打击，其股价大幅下跌。

第 4 节　证券投资的公司分析

证券投资的公司分析，主要是对公司的财务状况进行分析。上市公司的财务状况及前景是影响证券价格长期波动的基本因素之一，研究证券投资必须认真做好公司财务分析工作。

一、财务状况变动趋势分析

财务状况变动趋势分析，就是要运用一定方法，根据公司一定时期的连续财务报表，比较各期有关项目的变化情况，以反映企业财务状况的变化性质及趋势。

公司的财务报表主要包括资产负债表、利润表、现金流量表。趋势分析最常用的方法是利用连续财务报表的有关资料编制财务分析比较表。具体做法是：第一，计算各项目各时期之间的增减额及增减比例；第二，计算各时期各项目占总指标的比重，并比较各时期的变化情况。通过以上分析基本上就可以把握企业财务状况的变动趋势。

（一）利润表因素变动趋势分析

利润表是反映公司盈利情况的财务报表。一般来说，判断一家公司的收益状况大多都以过去 10 年的数据为分析依据。为了集中分析甲公司的收益状况，我们编制了甲公司的利润因素变动分析表（见表 7—1），为使表格尽量简略，我们仅选用了三个年份的数字。

表 7—1　　**甲公司利润因素变动分析表**　　单位：千元

项目	年份			增减				各项目与总收入的比例%		
	2013	2012	2011	2012～2013	%	2011～2012	%	2013	2012	2011
总收入	2 050 121	1 921 879	1 769 074	128 242	7.0	152 805	8.6	100	100	100
销售收入	1 984 396	1 865 474	1 719 222	118 922	6.4	146 252	8.5	96.8	97.1	97.2
销售成本	1 381 606	1 325 293	1 222 693	56 313	4.2	102 600	8.4	67.4	69.0	69.1
销售费用	444 215	401 384	376 405	42 831	10.7	24 979	6.6	21.7	21.9	21.3
经营利润	2 243 000	195 202	169 976	29 098	15.0	25 226	14.8	10.9	10.2	9.61
其他应抵费用	55 959	49 144	38 959	6 815	13.9	10 185	26.0	2.69	2.56	2.20
其中利息费用	28 581	25 361	23 106	3 220	12.7	2 255	9.8	1.39	1.32	1.31
税前利润	168 341	146 058	131 019	22 283	15.3	15 039	11.35	8.21	7.60	7.41
所得税	79 962	68 647	62 889	11 315	16.5	5 758	9.2	3.90	3.57	3.65
净利润	88 379	77 411	68 130	10 968	14.2	9 281	13.6	4.31	4.03	3.85
普通股每股收益	4.09	3.62	3.19	0.17	13.0	0.43	13.5	—	—	—

从表 7—1 中可知，甲公司 2013 年的净销售额为 1 984 396 000 元，税后净利润为 88 379 000元，每股收益额是 4.09 元。那么，这些数字说明了什么？这就是我们编制利润因素变动分析表的目的所在，由此还可以了解企业的财务趋势。

（二）资产负债表因素变动趋势分析

企业的资产结构、变现能力、负债总量等问题，是企业能否稳定发展的决定因素之一。我们在对公司损益情况进行分析的基础上，还必须利用资产负债表对以上因素的变动趋势加以分析。

在利用资产负债表进行趋势分析时，还应注意弄清下面几个问题：

（1）销售和利润令人满意时，是否存在固定设备超负荷运行或带病运转；

（2）有无应收款过期及存货周转过慢的情况；

（3）在营业情况不佳时，有无过量举债的行为；

（4）有无经营情况良好却无法偿债的情况。

二、偿债能力分析

对企业偿债能力的分析主要是通过其资产负债率、流动比率、速动比率几个指标的计算进行的。

（一）资产负债率

资产负债率是指企业负债总额占其全部资产总额的比率，它是衡量企业利用债权人提供资金进行经营活动的能力和反映债权安全程度的一个指标。其计算公式是：

$$资产负债率=\frac{负债总额}{全部资产总额}$$

这一重要比率既可以被企业的债权人用来分析企业进一步举债的潜力，也可以被证券投资者用来分析判断是否应购买或抛出该公司的股票，当然也是企业进行资金筹措决策时估计举债合理规模及融资风险的重要依据。

（1）从债权人的角度看，企业负债率越低，说明企业自有资本的比例越高，偿还债务的潜在能力越强，因而其债权越安全；反之，当企业负债率超过一定水平时，企业有效偿债的潜在能力就会不足，一旦经济出现衰退或企业经营不善，将会因企业资不抵债，给债权人造成损失。因此，债权人希望负债率越低越好，对负债率已经超过极限的企业，他们一般还会再给予贷款。

（2）股东对负债率的反应不同于债权人。在股东看来，企业借债提供的资本同样能在生产经营中发挥作用，而且能扩大生产规模，增加利润。另外，债权人虽为企业提供贷款，但并不是入股投资人，因而没有对企业的决策和控制权。这样股东实际上是利用其拥有的有限资本实现对整个企业资本的控制权。因此，企业举债实际上使股东获得双重利益。但是，如果举债规模过大，当资产负债率大于1时，说明企业已经资不抵债。

（3）企业家利用负债率制定举债决策时，就是要把握风险同利润的置换关系，保证风险因素能最合理地置换为利润。如果过分保守而不敢借款，企业就缺乏活力，没有前途；若盲目过量举债，会使企业陷入债务危机而不能自拔，降低企业利润。

（二）流动比率及速动比率

流动比率及速动比率是衡量企业短期偿债能力的通用比率，其实质是反映企业在短期债务到期前用可转化为现金的资产偿债的能力。具体地讲：流动比率是衡量企业流动资产在短期债务到期前可以变为现金用于偿还流动负债能力的一个指标；速动比率是衡量企业流动资产中可以迅速变现，立即用于偿还流动负债能力的一个指标。其计算公式为：

$$流动比率=\frac{流动资产}{流动负债}$$

$$速动比率=\frac{流动资产-存货}{流动负债}=\frac{速动资产}{流动负债}$$

速动比率计算公式中的速动资产仅指几乎可以立即用来偿付流动负债的那些流动资产，即现金、有价证券和应收账款。其中现金和有价证券本身就是货币或准货币，具有流动性较高的特点，而应收账款则需要转化成现金才能用于偿还债务。计算流动比率的流动资产除包括速动资产外还包括各种存货。由于存货转变成现金需要较长的时间，因此，速动比率更能准确地反映企业的短期偿债能力。两个公式中的流动负债均指应付款项、应付票据、短期债务、应付税款和其他应付款的总和。

例如，甲公司 2013 年 6 月 30 日流动资产为 600 万元，流动负债为 320 万元，存货为 300 万元。则：

$$流动比率=\frac{600}{320}=1.88$$

$$速动比率=\frac{600-300}{320}=0.94$$

过去许多人都认为，流动比率保持 2.0、速动比率保持 1.0 比较合适。在实际中，应该根据各企业的具体情况来做判断，不能一概而论。比如，有些企业可能流动比率甚高，但却是因存货大量积压造成的，这并不能说明企业的短期偿债能力高，因为存货尤其是长期积压滞销的货物转化成现金的能力较差、时间较长（甚至几乎不可能），用它们来偿还债务的可能性不大。又如，企业的速动比率较高，也可能是现金过多、资金利用效率低造成的，这是企业财务的一个消极因素。

三、营运能力分析

从以上两个指标的计算可以看出，应收账款和存货均被作为可转化为现金的资产。但是，多长时间才能将它们转化成现金呢？这是关系到这两个比率可靠性的问题。因此，我们必须引入能够表明应收账款及存货的现金转化速度的比率，以便能更全面地反映出企业财务的流动性，正确分析企业的营运能力。

（一）应收账款周转率

应收账款周转率可以通过赊销收入净额与应收账款平均余额之比来反映，其计算公式如下：

$$应收账款周转率=\frac{赊销收入净额}{应收账款平均余额}$$

$$应收账款平均余额=\frac{\sum 年度内每月应收账款余额}{12}$$

公式中的应收账款包括商业应收票据，但不包括估计坏账损失。

例如，甲公司 2013 年的赊销收入净额是 2 000 万元，应收账款的平均余额是 190 万元，则应收账款周转率为 10.53。这说明企业应收账款每年可以周转 10.53 次，其流动性是很强的。从这一方面看，上面的速动比率比较可靠地反映了企业的短期偿债能力。

（二）存货周转率

存货周转率是销货成本与存货平均余额之间的比率，它是衡量企业销售能力强弱和存货是否过量的指标，也能反映企业将存货转化为现金的快慢程度。其计算公式为：

$$存货周转率=\frac{销货成本}{存货平均余额}$$

$$存货平均余额=\frac{\sum 年度内每月末存货余额}{12}$$

在存货平均销售利润率一定的条件下，存货周转越快，企业的利润就会越高。但是，由于工业企业存货结构相对较复杂，故在进行财务分析时，有必要分别按产成品、在产品和原材料计算各自的周转率。

$$产成品周转率=\frac{销售产品成本}{产成品平均余额}$$

$$在产品周转率=\frac{年制造总成本}{在产品平均余额}$$

$$原材料周转率=\frac{年耗用原材料总成本}{原材料平均余额}$$

四、企业获利能力分析

企业获利能力是指企业赚取利润的能力。它不仅关系到企业所有者的利益，也是企业偿还债务的一个重要资金来源。因此，企业的债权人、所有者以及管理者都十分关心企业的获利能力。评价企业获利能力的指标主要有总资产报酬率、资本金报酬率、销售利润率、成本费用利润率等。

（一）总资产报酬率

总资产报酬率也称资产收益率或投资报酬率，是企业在一定时期内的净利润与资产总额的比率。其计算公式为：

$$总资产报酬率=\frac{净利润}{资产总额}$$

上式中的资产总额可用年初、年末平均数，也可用期末数。总资产报酬率主要用来衡量企业利用资产获取利润的能力，它反映企业总资产的利用效果。如果企业的总资产报酬率偏低，说明该企业资产利用效率较低，经营管理存在问题，应该调整经营策略，加强经营管理。

（二）资本金报酬率

资本金报酬率是一个时期企业的净利润与资本金总额的比率，它直接反映投资者投入企业资本金获利的能力。其计算公式为：

$$资本金报酬率=\frac{净利润}{资本金总额}$$

资本金报酬率是用以衡量企业运用所有资本金所获经营成效的指标。资本金报酬率越高，表明公司资本金的利用效率越高，反之则资本金未得到充分利用。

（三）销售利润率

衡量企业利润率水平的指标一般有毛利率、销售净利润率、销售利润率。毛利率是企业的毛利与销售收入净额的比率；销售净利润率是净利润与销售收入净额的比率；销售利润率是企业利润总额与销售收入净额的比率。销售利润率可以用来衡量企业销售收入的收益水平，是衡量企业获利能力的重要指标。其计算公式为：

$$销售利润率=\frac{利润总额}{销售收入净额}$$

上式中利润总额实际上是税前利润额。这一比率说明企业利润占销售收入的比例，它可用以评价企业通过销售赚取利润的能力。该比率越高，企业通过扩大销售量获取收益的能力越强。

（四）成本费用利润率

成本费用利润率是企业利润总额与成本费用总额的比率。其计算公式为：

$$成本费用利润率=\frac{利润总额}{成本费用总额}$$

成本费用是企业为了取得利润而付出的代价。这一比率越高，说明企业为获取收益而付出的代价越小，企业的获利能力越强。因此，利用这一指标，不仅可以评价企业获利能力的高低，也可以评价企业对成本费用的控制能力和经营管理水平。

五、投资者获利能力分析

投资者获利能力分析不仅是企业的投资者关注的问题，也是债权人极为重视的一个方面，它直接关系到投资者的切身利益。下面将介绍有关分析投资者获利能力的指标和方法。

（一）股东权益获利能力

这是分析企业自有资本的获利能力，这里主要运用两个指标来反映。

$$股东权益收益率=\frac{净收益}{股东权益}$$

$$股东权益周转率=\frac{销售额}{股东权益}$$

（二）普通股的获利能力分析

运用下面的五个指标就能从不同角度反映普通股的获利能力。

$$普通股权益报酬率=\frac{净收益}{普通股权益}$$

$$普通股每股净收益=\frac{企业净收益-优先股股息}{普通股股份数}$$

$$普通股每股净收益与市价比率=\frac{普通股每股净收益}{普通股市价}$$

$$股利发放率=\frac{普通股每股股利}{普通股每股净收益}$$

$$股利与市价比率=\frac{普通股每股股利}{普通股每股市价}$$

（三）优先股获利保证程度

优先股获利保证程度可用经营利润对优先股股息的保障系数来反映。其计算公式为：

$$优先股获利保障系数=\frac{经营利润}{利息+优先股股息}$$

（四）企业债券获利保障程度

我们可以用收益对利息的保障系数来反映这一问题。其计算公式是：

$$收益对利息的保障系数=\frac{经营利润}{利息费用}$$

显然，这一指标就是已获利息倍数，其中，经营利润＝净利润＋所得税＋利息总额。

本章小结

证券投资的基本分析包括：证券投资的宏观经济分析、证券投资的市场分析、行业分析和上市公司的财务状况分析等方面。

在证券投资领域中，对宏观经济因素的分析主要包括国民经济总体状况、经济周期、财政与货币政策以及通货膨胀等。国民经济总体状况是判断宏观经济的发展速度、宏观经济的景气状况的重要标志；国民经济运行常表现为收缩与扩张的周期性交替。经济周期的变动对证券市场的影响力是十分显著的；通货膨胀程度、财政政策与货币政策的制定与实施对证券市场将会产生直接的影响。这是本章的重点内容。

证券投资市场分析主要是针对市场中投资主体的投资动机和心理因素进行分析。市场主体包括许多方面的参与者，其中最主要的是投资机构、大户、散户这几类投资者。对他们的分析是对证券市场本身进行分析的重要方面。

在行业分析中，主要分析行业的市场类型、生命周期和影响行业发展的有关因素。通过分析，可以了解到处于不同市场类型和生命周期不同阶段中的行业产品生产、价格制定、竞争状况以及盈利能力等方面的信息资料，从而有利于正确地选择适当的行业进行有效的投资。

上市公司的财务状况分析主要是分析上市公司的财务状况变动趋势，以及对偿债能力、营运能力、企业获利能力、投资者获利能力等进行分析。

重点概念

经济周期　　财政政策　　货币政策

资产负债率　　总资产报酬率　　资本金报酬率

股东权益收益率

复习思考题

1. 名词解释

经济周期　财政政策　资本金报酬率

2. 思考题

（1）国民生产总值由哪几部分构成？

（2）反映经济周期性变化的指标有哪些？

（3）财政政策的实施对证券市场会产生怎样的影响？

（4）货币政策的实施对证券市场会产生怎样的影响？

（5）证券市场主体的投资动机有哪些？

(6) 行业的生命周期可分为哪几个阶段?
(7) 分析上市公司偿债能力的指标有哪些?
(8) 分析上市公司营运能力的指标有哪些?

3. 案例分析题

包钢稀土 (600111) 基本面的分析

一、公司简介

包钢稀土是由包钢(集团)公司、嘉鑫有限公司(香港)、包钢综合企业(集团)公司联合发起组建的股份制公司，于 1997 年 9 月 24 日在上海证券交易所挂牌交易。公司上市时总股本为260 350 000股，其中8 000万股为社会公共股(包括 800 万股内部职工股)。2007 年完成了包钢稀土产业的整合与重组，实现了包钢稀土产业的整体上市。

经过长期的建设与发展，包钢稀土已经形成了完善的稀土产业发展格局，拥有从稀土选矿、冶炼、分离、科研、深加工到应用的完整产业链条，是中国乃至世界上最大的稀土产业基地，是我国稀土行业的龙头企业。截至 2012 年末，公司总资产 147.26 亿元，净资产 56.33 亿元。现有员工10 187人。公司拥有 3 家直属厂(分公司)、1 家全资子公司、11 家绝对控股子公司、7 家相对控股子公司、三家参股公司。

二、行业分析

1. 行业目前状况分析

我国稀土工业根据资源和市场走向，已形成北方稀土生产体系和南方稀土生产体系。北方稀土生产体系以包头矿为主，四川冕宁矿为辅，以内蒙古包头、甘肃为核心，四川冕宁、山东等地企业为骨干；南方稀土生产体系以南方离子型稀土矿为原料，以江西、江苏、广东、福建等地企业为主。

随着稀土产业“朝阳产业”地位的不断确立，稀土在国民经济中将有更为广阔的应用与发展空间。随着世界科学技术的快速发展和经济全球一体化的不断深入，未来稀土产品的市场需求将不断增加。今后一个时期，国内外在国防军工、航空航天、核工业、汽车、电子、信息等高新技术领域，对各类稀土新材料的需求将继续保持快速增长的态势，为我国稀土工业的发展提供了广阔的空间。

目前，稀土整合仍在全国范围内如火如荼地进行，国家对稀土产量与出口配额的控制越来越严格；而新兴战略产业在未来几年则是中国乃至全球的发展重点，对稀土的需求将保持较快的增速。因此，稀土的供需矛盾有望继续存在，并对稀土价格形成支撑，利好公司未来业绩。

2. 行业发展可增长性分析

到 2015 年预计世界稀土需求量将达 21 万吨，中国国内需求 13.8 万吨。到 2020 年中国国内消费总量将达到 19 万吨，高新技术领域消费量达到 13 万吨，预计占全球总消费量的 68%。稀土新材料已经成为中国稀土工业发展的主要增长点。

根据工信部制定的《2009～2015 年稀土工业发展规划(修订稿)》，争取到 2015 年，国内稀土加工企业将由 100 多家减少到 20 家。其中，包钢稀土、中国五矿、江西铜业被列为国家整合稀土行业的三家龙头企业，这 3 家企业将加速收购国内稀土矿资源。

三、公司财务分析

根据包钢稀土公布的2012年三季报告显示，公司当年前三季度净利润为16.9亿元，位列26家稀土永磁概念板块上市公司的首位，但公司方面表示，受累于稀土产品价格的大幅下跌，其三季度盈利剧减九成。

另据包钢稀土三季报显示，公司实现营业收入19.7亿元，同比下降52%，环比下降28%；实现净利润1.2亿元，同比下降90%，环比下降67%。而此次也是公司营业收入和净利润连续三个季度持续下滑。

对于业绩的下滑，公司表示，主要是因为稀土产品价格与销量均同比大幅下降。2011年7月以来稀土市场逐步陷入低迷状态，作为行业龙头企业的包钢稀土此次业绩受到了明显的影响，故前三季度公司实现营业收入82.6亿元，同比下降18%；实现净利润16.9亿元，同比下降46%；基本每股收益为0.698元。

从表7—2可知，2012年第三季度包钢稀土财务水平同比有所下滑，股价也处于下跌状态。

表7—2

日期 主要财务指标	2012-09-30	2012-06-30	2012-03-31	2011-12-31
基本每股收益（元）	0.698 0	0.648 0	0.997 0	2.872 3
加权每股收益（税后）（元）	0.682 0	0.640 0	0.983 0	2.878 0
摊薄每股收益（元）	0.697 5	0.648 0	0.996 6	2.872 3
每股净资产（元）	2.850 0	2.800 0	5.650 0	4.650 0
每股未分配利润	1.576 4	1.526 9	4.104 3	3.107 7
每股公积金抚）	0.060 7	0.0607	0.121 4	0.121 4
销售毛利率（%）	44.18	48.75	61.14	72.79
营业利润率（%）	32.59	38.30	54.88	63.03
销售净利润率（%）	20.45	24.92	33.81	30. 17
加权净资产收益率（%）	27.06	25.00	19.35	84.67
摊薄净资产收益率（%）	24.47	23.14	17.64	61.75
股东权益（%）	39.63	39.96	36.84	38.25
每股经营现金流量	0.100 0	0.561 0	—0.550 0	1.608 0
会计师事务所审计意见	—	—	—	无保留
报表公布日	2012-10-20	2012-08-18	2012-04-19	2012-03-27

四、分析与评价

1. 公司业绩不及预期

2012年前三季度，公司实现营业收入82.62亿元，同比下降18.12%；实现归属于母公司股东的净利润16.89亿元，同比下降46.04%。EPS为0.70元。其中第三季度实现营业收入 19.65 亿元，同比下降 52%，环比下降 28%，归属于母公司股东的净利润 1.20 亿元，EPS 为 0.05 元，业绩同比重挫 90%，环比也下降 67%。

2. 价格下降，成本上升，综合毛利率大降

受稀土需求整体不乐观影响，三季度稀土价格延续了 2011 年中期以来的跌势。

公司自 2012 年开始实施新的关联交易采购价格，使公司的采购成本大幅增长。

第三季度公司的销售量也有所下降，同时销售的产品主要是成本较高的中重稀土和磁性材料，上年同期则以低成本的轻稀土为主。受此影响，公司的综合毛利率下降至 44%，低于上半年的 48.75%，及去年全年的 72.79%。费用率上升也损及利润。其中，公司管理费用持续上升，第三季度管理费用达 1.96 亿元，前两个季度分别为 1.47 亿元和 1.37 亿元。同时营业收入下降，管理费用率由一季度的 3.85%和二季度的 5.40%上升到了 9.97%。与此同时，公司财务费用同比上升 31%，环比有所降低，财务费用率与销售费用率合计有所上升。

3. 稀土竞争结构正在改变

近 20 年来，我国牢牢占据了稀土主产国的地位，随着近年来我国加强了对稀土出口与生产的控制，海外稀土产能得到快速恢复或开发，美国的 Molycorp、澳大利亚的 Mt. Weld 纷纷投入运行，且产出规模较大。同时，印度、越南等国也日益成为重要的稀土资源供给国。世界稀土行业的变革更在削弱中国的控制力，抵消了国内对出口和生产的控制政策效力，稀土价格持续低迷。

4. 盈利预测与评级

预计公司 2012 年至 2013 年 EPS 为 0.81 元、0.91 元。当前的 PE 水平分别为 39 倍、37 倍，维持公司谨慎推荐评级。

5. 风险提示

稀土价格波动风险；行业整合进度、下游需求不及预期导致行业供需恶化的风险等。

思考：读了这篇文章，请谈一谈在进行公司基本面分析时应涉及哪些内容。

第 8 章

证券投资技术分析理论及应用

章前引例及分析

*ST 国商（000056）2012 年 11 月到 2013 年 1 月的一段日 K 线行情图显示，市场完成了一个漂亮的圆弧底形态后，以向上跳空的突破方式进入了快速上升通道。形成圆弧底之前，市场连续出现空方炮和下降三法 K 线形态。股价见底时，出现了三根实体非常小的并列小阳线，上涨时出现了许多小阳线和一个持续看涨的铺垫形态。最后出现了一个向上跳空缺口，形成了一个完美的圆弧底形态。从成交量形态看，也形成了一个圆弧底形态：股价下跌时缩量，股价跌到最低点时，成交量也最小。当股价开始上升时，成交量同步放大。形成圆弧底形态的整个过程，量价关系非常默契。该形态是典型的圆弧底形态。圆弧底在实际中出现的机会较少，但是一旦出现，则是绝好的机会，它的反转深度和高度是不可测的。事实上，*ST 国商随后确实出现了一波较大的上涨行情。

上述案例是利用证券投资技术分析理论之一——形态理论对股票的走势进行的研判。一个成熟的投资者不仅要善于进行证券投资的分析，而且还应具备进行分析的技术手段。证券市场投资分析的方法很多，但大致可分为基本分析和技术分析两大类。前者对长期投资者来说相当重要，但对短期投资者来说，其作用非常有限。而技术分析则对短期投资者有积极作用。本章系统地介绍了证券投资技术分析的主要理论：道氏理论、K 线理论、切线理论、形态理论和波浪理论及其应用。

本章学习目标

通过本章的学习，你应该能够：

1. 熟悉技术分析和基本分析的区别
2. 掌握技术分析的基本假设
3. 掌握道氏理论的基本观点
4. 熟悉 K 线的基本形态及含义
5. 了解股价变动的趋势特征及如何确认趋势线的有效突破
6. 分析判断股价的支撑线与阻力线

7. 了解股价的图形形态及含义
8. 掌握波浪理论的基本思想

第 1 节　技术分析概述

一、技术分析与基本分析的区别

基本分析与技术分析构成了证券投资分析的主体，但技术分析和基本分析在投资理念、投资方式和操作策略上都有很大的差别，它们有各自的价值取向，各有其合理的内涵。两者的不同之处主要在于：

第一，目的不同。基本分析的目的是获得证券投资的长远收益，它主要研究的是证券的内在投资价值，在价值发现的基础上，长期地购买质优而价值被低估的股票，而不关心市场上那些短期的难以捕捉的变动。技术分析的目的是获得证券投资的短期收益，它更关心股票的短期走势。故技术分析强调的是在市场的短期波动中抓住机会，争取实现利润的最大化。

第二，方法与内容不同。基本分析偏重于定性研究，是从影响市场供求关系的外部因素入手，分析股价的长期趋势，并制定相应的投资策略。技术分析侧重于定量分析，是从证券市场本身入手，依据市场提供的价格、成交量等资料，分析股价的中短期走势。技术分析认为影响市场的所有的因素，包括经济面、消息面、心理面等，都已集中地反映在股票的价格和交易量上，投资者根据技术图表和历史经验完全可以领先一步，采取正确的应变措施。

第三，用途不同。基本分析的用途主要是告诉投资者买卖哪些股票，即如何选股。当选择好股票后要一路持有，不用考虑出手的时间和卖出的价位。技术分析则告诉投资者什么时候去买或卖，即选择合适的时机和投资方式。当买入股票后要随时准备卖出，在股价的涨跌中获得更多的差价收益。

二、技术分析的理论基础

技术分析的理论基础是基于三项合理的市场假设：市场行为涵盖一切信息；价格沿趋势移动；历史会重演。

第一条假设是进行技术分析的基础，认为影响股票价格的每个因素都反映在市场行为中；第二条假设是进行技术分析最根本、最核心的因素，认为股票价格有保持原来方向运动的惯性，“顺势而为”是股票市场中的一句名言；第三条假设是从人的心理因素方面考虑的。股票市场的某个市场行为给投资者留下的影响会长期存在。在进行技术分析时，一旦遇到与过去某一时期相同或相似的情况，应该与过去的结果进行比较，过去的结果是已知的，这个已知的结果应该作为对未来进行预测的参考。

在三大假设之下，技术分析有了自己的理论基础。当然，对这三大假设本身的合理性一直存在争论，不同的人有不同的看法。正因为如此，在进行技术分析的同时，还应该适当进行一些基本分析和其他分析，以弥补技术分析的不足。

证券投资的技术分析方法很多，本章介绍技术分析的主要理论。

第 2 节　道氏理论及应用

道氏理论（Dow Theory）是美国投资者预测股票市场价格涨落最常用的方法，也是最古老、最著名的技术分析理论之一，是由美国道·琼斯公司的创始人查尔斯·亨利·道（Charles H. Dow）在 19 世纪末期创立的。道氏理论是股市技术分析理论的鼻祖，是各种技术分析方法的理论基础。

一、道氏理论的基本观点

道氏理论认为，股价变动趋势有三种，即长期趋势、中期趋势和短期趋势，三种趋势同时存在，相辅相成。

（一）长期趋势分析

证券市场的长期趋势又称主要趋势，是指连续一年或一年以上的证券价格的变化趋势。长期趋势包括两个相反趋势，一是上升趋势，二是下降趋势。

1. 上升趋势

证券市场的上升趋势通常包括如下三个阶段：

第一阶段：买方对发行证券的公司盈利情形看好，开始买进被悲观的卖方卖出的股票和债券，或者卖方由于种种原因使其卖出量减少，这一切导致了证券市场价格的徐徐上升。在这一阶段，公司公布的财务报表显示的公司财务状况尚属一般，投资者对证券买卖尚存戒心，证券市场交易不是很活跃，但交易量开始增加。

第二阶段：证券市场价格已经上升，公司盈余的增加导致证券市场交易量的增加；公司收益情况的好转已引起投资者的注意，敏感的投资者在这一阶段可能获利颇丰。

第三阶段：证券市场上各种证券的价格已经升至一个高峰，投资者争先恐后购买证券，股市一片沸腾，交易量很大；公司收益情况日趋佳境的事实已为投资者熟悉与知晓；公司趁此机会大量发行新的股票和债券。

2. 下跌趋势

下跌趋势通常也包括三个阶段：

第一阶段：上述上升趋势已经结束，交易额虽然并未下降，反而略有增加，但已有减少的趋势；投资者参与交易仍然很活跃，但获得的差价利益已经大大减少，整个购买气氛已经冷却下来；敏感的投资者预感到企业的收益达到高峰，于是提前将其所持有的证券卖出以获取差价利益。

第二阶段：这是一个恐慌阶段，这时买方数目减少而卖方数目增多，证券价格急剧下跌，交易量已大幅度减少，投资者参与交易的活跃程度已大幅度下降。这一阶段过后，一般都必须经过较长期间的喘息或停滞才进入第三阶段。

第三阶段：在经历了上述恐慌阶段以后，先前买进的投资者纷纷卖出，证券的市场价格再次急剧下跌；有关公司收益恶化的消息到处流传，加速了投资者的卖出。但各种证券市场价格的下跌程度各不一样，第一流的股票与债券的市价较平稳，而投资价值较低的股票和债券下跌较为剧烈。在这个下跌趋势的最后阶段，各种坏消息弥漫整个证券市场，只有在这些坏消息消失之后，这一阶段才告结束。

（二）中期趋势分析

证券市场的中期趋势又称次级趋势，是指连续三周以上、一年以下证券价格的变化趋势。中期趋势发生在长期趋势的过程当中，即在上涨的趋势中会出现中期的回档下跌，在下跌的长期趋势中会出现中期反弹回升。次级趋势是主要趋势运动方向相反的一种逆动行情，但是并不改变主要趋势的运动方向。当次级趋势下跌时，其谷底一波比一波高，表现为长期趋势仍将上升；当次级趋势上升时，其波峰一波比一波低，表现为主要趋势仍为下跌。次级趋势是对主要趋势的暴涨或暴跌进行技术上的修正，次级趋势的修正一般是主要趋势涨跌幅的 1/3～2/3。通常一个主要趋势中总要出现二三次次级趋势，一次次级趋势历时几周到几个月不等。

（三）短期趋势分析

证券市场的短期趋势是指连续六天以内的证券交易价格变化趋势。短期趋势可能是人为操纵而形成的，这与客观反映经济动态的中长期趋势有本质的不同。鉴于此，证券市场的短期趋势一般不被人们作为重要趋势分析的对象。当然也应该承认证券市场的短期波动也是形成中期趋势和长期趋势的基础。

如果把证券市场价格的运动比作海水的运动，证券市场的长期趋势犹如海潮，中期趋势好比海浪，而短期趋势就像微波。海潮既有涨潮也有退潮，海浪寄于海潮之中，虽排空大浪也不能抗逆海潮；微波寄于海浪之中，几股微波连接在一起就可形成海浪。

二、趋势分析与证券买卖的选择

证券市场的趋势分析对于投资者来说，它的重要意义在于把握时机，通过适时地买卖证券来获取利益。这里重要的问题有两点：一是要弄准证券市场的趋势是上升还是下降；二是要认清投资者自己目前所处的位置。如果长期趋势处于上升阶段，则在中期趋势上升到一个顶峰时不要急于将证券脱手，因为更好的卖出机会在后面。此时如能清楚自己的位置，静下心来等等看，证券在手中多放一段时间会卖出更好的价钱。同样道理，当证券市场的长期趋势处于上升而中期趋势处于下跌之势时，也不必为自己手中证券遭到贬值而恐慌，因为不久证券市场的价格总要涨起来的。如果证券市场的长期趋势处于下跌阶段，即使中期趋势处于上升状态，甚至达到较高的顶峰，也不要盲目乐观，应抓紧时间把证券赶快出手，否则将失去一次机会，而且近期恐怕再难等到比现在更好的机会了。

三、对道氏理论的评价

（一）道氏理论的优势

道氏理论经过了长时间的考验，曾经数次在股票市场长期趋势的转折关头发出及时、准确的信号。道氏理论作为股价理论的重要基础，有它合理的成分：

(1) 道氏理论具有合理的内核和严密的逻辑，指出了股市循环和经济周期变动的联系，在一定程度上能对股市的未来变动趋势做出预测和判断。

(2) 按照道氏理论编制的股票价格指数是反映经济周期变动的灵敏"晴雨表"。国外经济学家实证检验证明，道·琼斯指数领先于经济周期 6 个月左右。

(3) 道氏理论的产生对以后的技术分析方法有重大的影响。道氏理论作为技术分析的"鼻祖"，主要是对股票市场上的主要趋势做出预测，但是，后人正是在这个基础上发展并演绎出各种短、中、长期技术分析方法。

(二) 道氏理论的缺陷

道氏理论虽然是历史上最为悠久的技术分析法，但是，道氏理论在证券投资决策中并不是能完美地发挥作用，还存在下列缺陷：

(1) 道氏理论的主要目标是探讨股票市场的长期趋势。一旦长期趋势确立，道氏理论假设这种趋势会一直持续下去，直到趋势遇到外来因素破坏改变为止。但有一点要注意的是，道氏理论只推断股市的大势所趋，却不能推断出大趋势里面升幅或者跌幅会到何等程度。

(2) 即使是对长期趋势的预测，道氏理论也不能准确地指明股市变动的高峰和低谷，只有当股价变动数周甚至数月之后，在道·琼斯工业股价平均指数和道·琼斯运输业股价平均指数这两种分类指数明显地突破上一次的高点或低点时，才能发出趋势转变的信号，因而具有滞后性。

(3) 道氏理论虽然指明了股票市场运行的长期趋势，但是并不能提示投资者应该买卖何种股票。

第 3 节　K 线理论及应用

K 线理论经过上百年的股票市场实践，应用效果良好，受到世界各国股票投资者的广泛重视。目前 K 线理论已经成为人们进行技术分析必不可少的工具之一。

一、K 线的含义和主要形状

K 线又称日本线，是将每天股价记录下来并画成图表，使人们根据图表看出股市的变迁与变化的形态、股市的前后关系等。若把时间拉长，也可发现股价变动的波峰与波谷及二者的形状。如果把它们分类，股价变动的形状可区分为几种类型，投资者便可以利用这些类型预测未来的股市，以便进行证券投资。但实际运用这种方法时一定要注意：前后股价变动虽属于同型，但由于其股价的位置、规模的大小、速度的快慢有所不同，二者的发展就会不尽相同，所以未来发展的股价形态即使跟过去类型相同，也不能轻易地依据过去同类型股价加以预测。这就是说，依据画线预测股市变动须多次研究过去的实例，广泛收集当时有关股价变动的各种情报才能有效。

K 线的特点是使用阴线、阳线、上影、下影的概念。所谓阳线，是指空心的矩形线（见图 8—1）。阳线表示收盘价要比开盘价高。所谓阴线，是指实心的矩形线（见图 8—2）。

阴线表示收盘价要比开盘价低。阳线和阴线均采用竖向摆放，阳线和阴线是 K 线的实体。如果在当日的交易中，发生过比实体高价还要高的价格，则在实体上方画一垂直的短线，称为上影线；如果在当日的交易中，发生过比实体低价还要低的价格，则在实体下方画一垂直的短线，称为下影线。

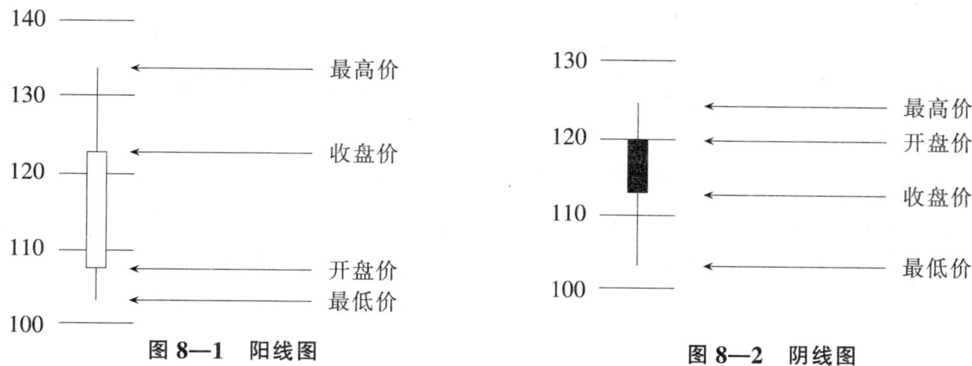

图 8—1　阳线图

图 8—2　阴线图

下面举例说明 K 线的具体使用。

例如，股票市场某日的某种股票开盘价为 107 元，收盘价为 124 元，最高价为 135 元，最低价为 102 元。试分析并画图表示市场情形。

分析：该种股票的开盘价低于收盘价，应用阳线表示。又因最高价高于收盘价，故应有上影；最低价低于开盘价，故应有下影。用图形表示如图 8—1 所示。在 K 线图中，阳线表示上升股市。阳线的长短表示升势的大小。

再如，股票市场的某种股票开盘价为 120 元，收盘价为 112 元，最高价为 125 元，最低价为 104 元。试分析并用图形表示市场的情形。

分析：该种股票的开盘价高于收盘价，故应用阴线表示。又因最高价高于开盘价，应有上影；最低价低于收盘价，应有下影。用图形表示如图 8—2 所示。在 K 线图中，阴线表示下跌股市，阴线的长短表示跌势的大小。

上面两个例子都出现了上影线、下影线，在 K 线图中上影线表示股价达到最高价后因卖压加大，使股价回落，对阳线而言削弱其上升之势，对阴线而言则助长其跌落之势，总的来说是弱线，尤其是上影很长的阴线，更是一种凶险的图线。下影阴线和下影阳线表示股价曾一度到过最低价，但因受买盘支撑，股价又转跌为升，被视为强线。尤其当股市长期下降处于低价位时，若出现下影很长的光头小阳线或光头小阴线，也叫伞形阳线或伞形阴线，往往暗示可买入。

如果开盘价和收盘价相同，则画线的实体部分消失，这其中又可分为如图 8—3 所示的几种情况。

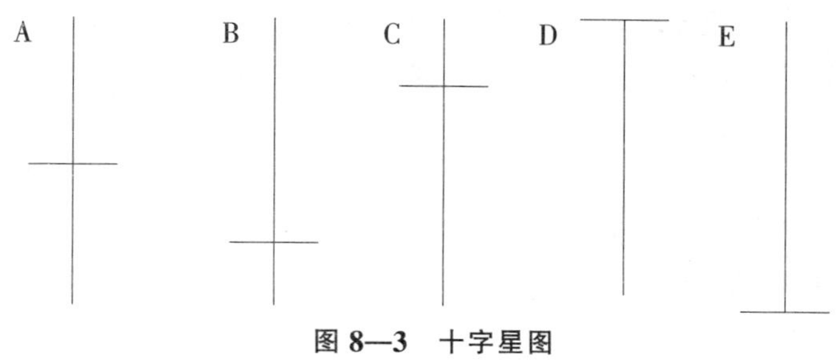

图 8—3　十字星图

分析：

A 型：开盘价与收盘价相同，上影与下影大致相等，说明买卖双方的势力相当。

B 型：开盘价与收盘价相同，上影大于下影。一般说明卖势强于买势。

C 型：开盘价与收盘价相同，下影大于上影。一般说明买势强于卖势。

D 型：开盘价与收盘价相同，只有下影。说明在当天出现过最低价，因此，必有买入交易发生。但收盘时价格回升，显示买方渐强，卖方渐弱。

E 型：开盘价与收盘价相同，只有上影情况与 D 型相反，说明在交易当日出现过最高价，但又逐步回落至开盘价。

上面的例子，只是描述了某种股票的一个交易日的价格变动情形，从中可以看出交易当日的股票价格变化的所有信息。如果将每天的 K 线按时间顺序排列在一起，就组成该股票自上市以来的每天的价格变动情况，这就叫日 K 线图。通过日 K 线图就可发现一定时期内股票价格运动的全部过程。

二、K 线图的组合运用

K 线图是将买卖双方一段时间以来实际战斗的结果用图形表示出来的方法之一，从中能够看出买卖双方在争斗中力量的增加和减少、风向的转变，以及买卖双方对争斗结果的认同。将两根 K 线或三根 K 线组合起来就可发现一定时期内股票价格运动的趋势。

（一）阳线三根型

阳线三根型说明股价是连续上涨的。根据其上涨的速度，阳线三根型又分为四种：持续型、减速型、加速型和缓升型。图形构造见图 8—4。

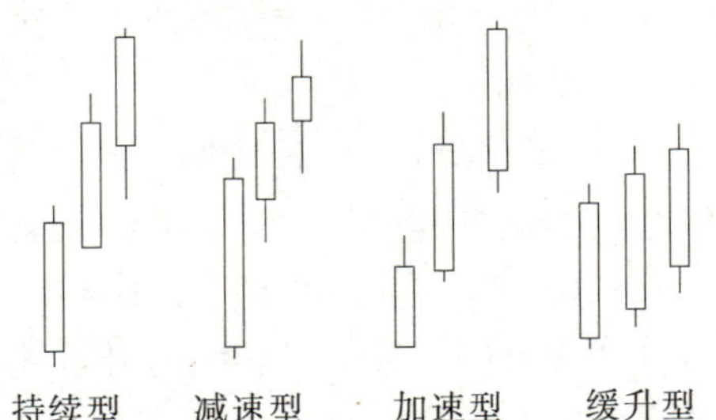

图 8—4　阳线三根型图

对图形的分析：在持续阳线三根型中，股价连续上涨，每次上涨的幅度大致相当，这种升势一般可持续较长时间；在减速阳线三根型中，股价连续上涨，但后两次的上涨幅度不如前一次大，呈现上升速度减缓的趋势，这种上涨最后是以缓慢的方式达到其顶点；在加速阳线三根型中，股价连续上涨，且上涨的幅度越来越快；在缓升阳线三根型中，股价一直在上升，但速度较慢。

（二）点升型

点升型也表示股市的上升，但其上升幅度不像阳线三根型那样明显。每次上升一点，持续上升。图形构造见图 8—5。

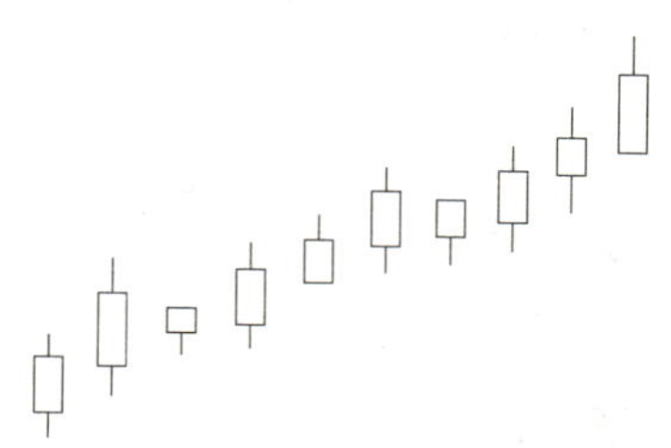

图 8—5　点升型图

这种图形一般说明股市较为平稳，虽然一直处于上升态势，但速度很慢，表示买卖双方都比较小心。这种图形最终结果一般会导致较大幅度的股市上升。因为在持续的小幅度上升过程中，买卖双方越来越看到股市上升的趋势已成定局，便会采取大胆的行动，促使股价上升，形成最后的一根大阳线。

（三）中阴型

在上述两种类型中，不管是阳线三根型还是点升型，股价一直都是向上升的。但也有在上升过程中下跌的，这样，在图形中的表现就是：在以阳线为主的图形中，不时有阴线出现。这种图形称为中阴型，见图 8—6。

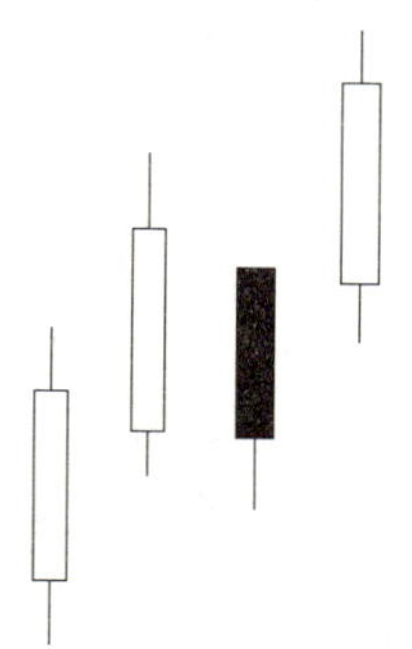

图 8—6　中阴型图

阳线表示上升，阴线表示下跌。中阴型图表示股价上升的波动性。

（四）阴线三根型

如果股价不是一直上升，而是一直在下跌，便会出现阴线三根型。根据下跌的速度，阴线三根型也分为持续型、加速型、减速型和缓降型，见图 8—7。

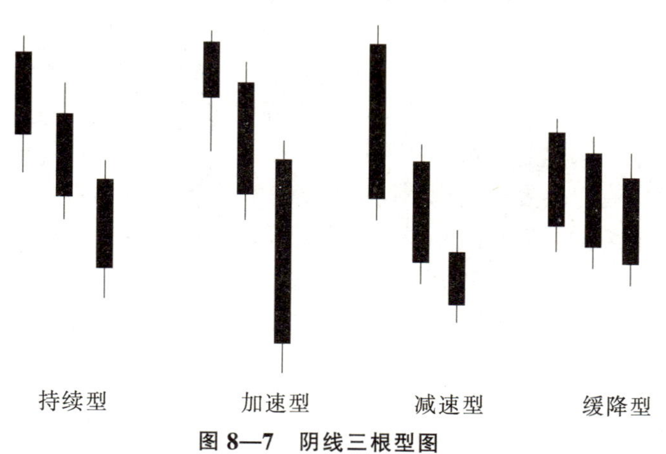

图 8—7　阴线三根型图

各种图形所说明的股价趋势与阳线三根型相似，方向相反，不一一解释。

（五）点降型

点降型说明股价处于下跌状态，但下跌的幅度很小。但这种小幅度、长时间的下跌，最终一般会导致股价的大幅度下跌，产生一根较长的阴线。图形构造见图 8—8。

图 8—8　点降型图

（六）中阳型

在股价下跌的过程中，常常会有反复。下跌之中会有短暂的上升，使在阴线当中夹杂了阳线，这种图形叫中阳型，见图 8—9。

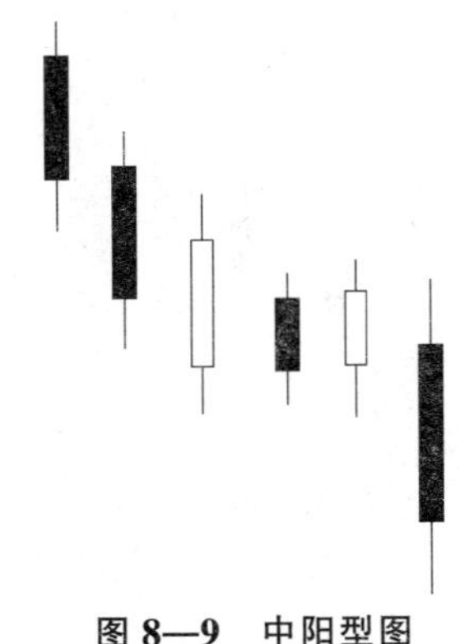

图 8—9　中阳型图

三、应用 K 线组合应注意的问题

（1）无论是一根 K 线，还是两根、三根 K 线以至多根 K 线，都是对多空双方的争斗做出的一个描述，由它们的组合得到的结论都是相对的，不是绝对的。对具体进行股票买卖的投资者而言，结论只是起一种建议作用。

（2）在应用时，有时会发现运用不同种类的组合会得到不同的结论。有时应用一种组合得到明天会下跌的结论，但是次日股价没有下跌，而是出现与结论相反的结果。这个时候的一个重要原则是尽量使用根数多的 K 线组合的结论，将新的 K 线加进来重新进行分析判断。一般来说，多根 K 线组合得到的结果不大容易与事实相反。

第 4 节　切线理论及应用

股价变动有一定的趋势，在长期上涨或下跌的趋势中，会有短暂的盘旋或调整，投资者应把握长期趋势，不为暂时的回调或反弹所迷惑，同时也应及时把握大势的反转。切线理论就是帮助投资者识别大势变动方向的较为实用的方法。

一、支撑线和压力线

（一）支撑线和压力线的含义

支撑线（Support Line）又称为抵抗线。当股价跌到某个价位附近时，股价停止下跌，甚至有可能回升，这是因为多方在此买入造成的。支撑线起阻止股价继续下跌的作用。这个起着阻止股价继续下跌作用的价格就是支撑线所在的位置。

压力线（Resistance Line）又称为阻力线。当股价上涨到某价位附近时，股价会停止上涨，甚至回落，这是因为空方在此抛出造成的。压力线起阻止股价继续上升的作用。这个起着阻止股价继续上升作用的价位就是压力线所在的位置。

有些人往往会产生这样的误解，认为只有在下跌行情中才有支撑线，只有在上升行情中才有压力线。其实，在下跌行情中也有压力线，在上升行情中也有支撑线。但是由于在下跌行情中人们最注重的是跌到什么地方，这样关心支撑线就多一些；在上升行情中人们更注重涨到什么地方，所以关心压力线多一些。

（二）支撑线和压力线的作用

如前所述，支撑线和压力线的作用是阻止或暂时阻止股价朝一个方向继续运动。我们知道股价的变动是有趋势的，要维持这种趋势，保持原来的变动方向，就必须冲破阻止其继续向前运动的障碍。比如说，要维持下跌行情，就必须突破支撑线的阻力和干扰，创造出新的低点；要维持上升行情，就必须突破上升压力线的阻力和干扰，创造出新的高点。由此可见，支撑线和压力线有被突破的可能，它们不足以长久地阻止股价保持原来的变动方向，只不过是使它暂时停顿而已，见图 8—10。

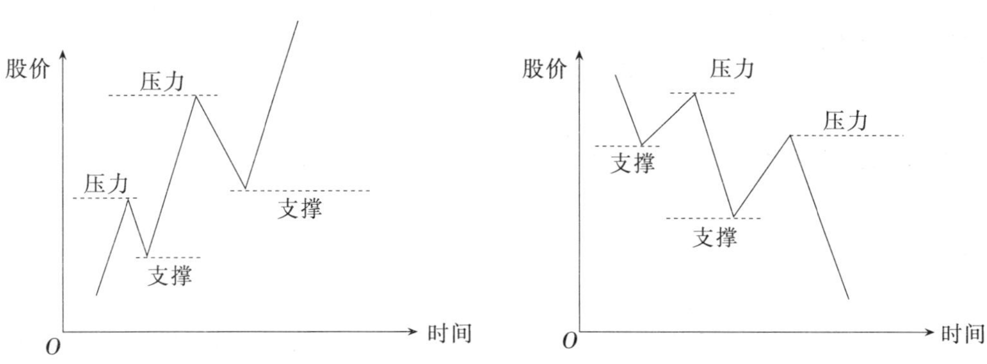

图 8—10　支撑线和压力线

同时，支撑线和压力线又有彻底阻止股价按原方向变动的可能。当一个趋势终结了，它就不可能创出新的低价或新的高价，这时的支撑线和压力线就显得异常重要。

在上升趋势中，如果下一次未创新高，即未突破压力线，这个上升趋势就已经处在很关键的位置了，如果往后的股价又向下突破了这个上升趋势的支撑线，这就产生了一个趋势有变的很强烈的警告信号。通常这意味着，这一轮上涨趋势已经结束，下一步的走向是下跌的过程。

同样，在下降趋势中，如果下一次未创新低，即未突破支撑线，这个下降趋势就已经处于很关键的位置，如果下一步股价向上突破了这次下降趋势的压力线，这就发出了这个下降趋势将要结束的强烈信号，股价的下一步将是上升的趋势，见图 8—11。

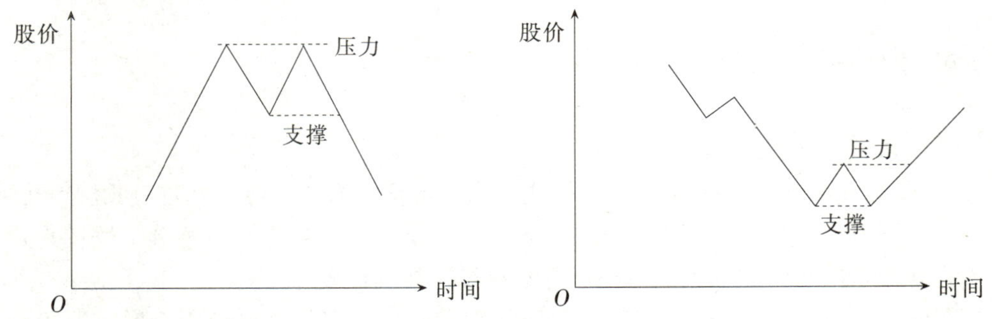

图 8—11　支撑线和压力线

（三）支撑线和压力线的确认和修正

如前所述，每一条支撑线和压力线的确认都是人为进行的，主要是根据股价变动所画出的图形，这里面有很多的人为因素。

一般来说，一条支撑线或压力线对当前影响的重要性有三个方面：一是股价在这个区域停留时间的长短；二是股价在这个区域伴随的成交量的大小；三是这个支撑区域或压力区域发生的时间距离当前这个时期的远近。很显然，股价停留的时间越长，伴随的成交量越大，离现在越近，则这个支撑或压力区域对当前的影响就越大，反之就越小。

上述三个方面是确认一条支撑线或压力线的重要识别手段。有时，由于股价的变动，会发现原来确认的支撑线或压力线可能不真正具有支撑或压力的作用，比如说，不完全符合上面所述的三个条件。这时，就有一个对支持线和压力线进行调整的问题，这就是对支撑线和压力线的修正。

对支撑线和压力线的修正过程其实是对现有各个支撑线和压力线的重要性的确定。每条支撑线和压力线在人们心目中的地位是不同的。股价到了这个区域，投资者心里清楚，它很有可能被突破，而到了另一个区域，投资者心里明白，它就不容易被突破。这为进行买卖提供了一些依据，不至于仅凭直觉进行买卖决策。

二、趋势线和轨道线

（一）趋势线

趋势线是衡量价格波动方向的，由趋势线的方向可以明确地看出股价的趋势。

在上升趋势中，将两个低点连成一条直线，就得到上升趋势线，如图 8—12 的直线 L_1。

在下降趋势中，将两个高点连成一条直线，就得到下降趋势线，如图 8—12 的直线 L_2。

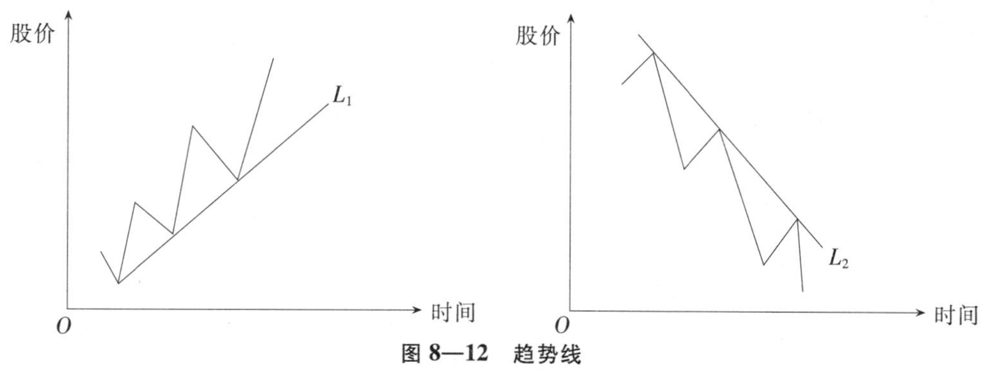

图 8—12　趋势线

由图中可看出上升趋势线起支撑作用，下降趋势线起压力作用，也就是说，上升趋势线是支撑线的一种，下降趋势线是压力线的一种。

要得到一条真正起作用的趋势线，要经多方面的验证才能最终确认，不符合条件的一般应删除。首先，必须确实有趋势存在。也就是说，在上升趋势中，必须确认出两个依次上升的低点，在下降趋势中，必须确认两个依次下降的高点，才能确认趋势的存在，连接两个点的直线才有可能成为趋势线。其次，画出直线后，还应得到第三个点的验证才能确认这条趋势线是有效的。一般来说，所画出的直线被触及的次数越多，其作为趋势线的有效性越被得到确认，用它进行预测越准确、有效。另外，这条直线延续的时间越长，就越具有有效性。

一般来说，趋势线有两种作用：

(1) 对价格今后的变动起约束作用，使价格总保持在这条趋势线的上方（上升趋势线）或下方（下降趋势线）。实际上，就是起支撑和压力作用。

(2) 趋势线被突破后，就说明股价下一步的趋势将要反转。越重要、越有效的趋势线被突破，其转势的信号就越强烈。被突破的趋势线原来所起的支撑和压力作用，现在将相互交换角色，见图 8—13。

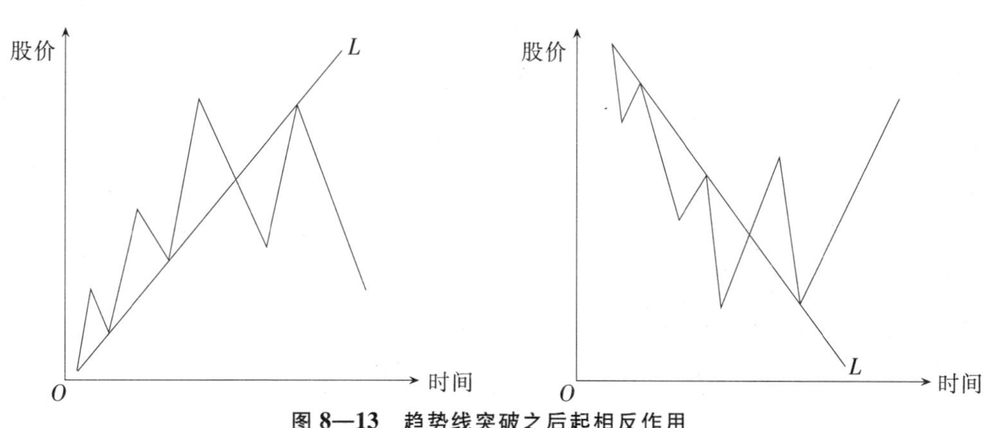

图 8—13　趋势线突破之后起相反作用

(二) 轨道线

轨道线又称通道线或管道线，是基于趋势线的一种方法。在已经得到了趋势线后，通过第一个峰或谷可以作出这条趋势线的平行线，这条平行线就是轨道线，如图 8—14 中的虚线。

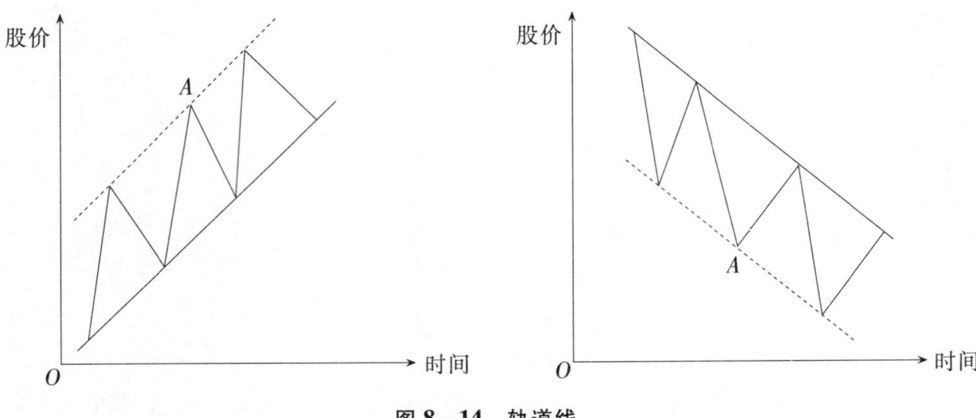

图 8—14 轨道线

两条平行线组成一个轨道，这就是常说的上升或下降轨道线。轨道的作用是限制股价的变动范围，让它不能变得太离谱。一个轨道一旦得到确认，那么价格将在这个通道里变动。对上面的或下面的直线的突破将意味着有一个大的变化。

与突破趋势线不同，对轨道线的突破并不是趋势反转的开始，而是趋势加速的开始，原来的趋势线的斜率将会增加，趋势线的方向将会更加陡峭，见图 8—15。

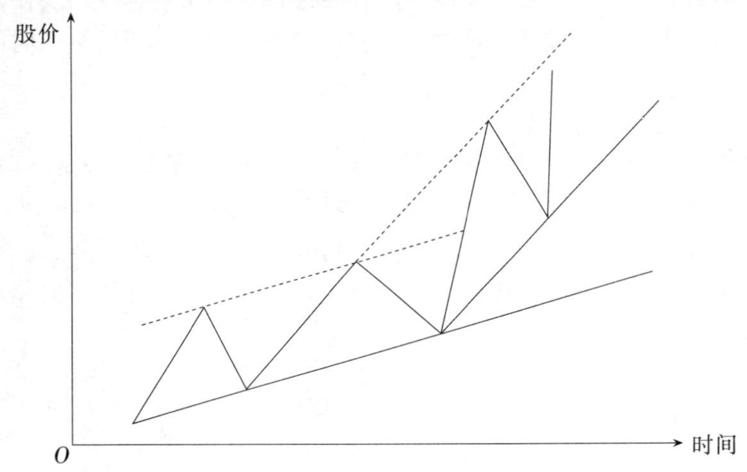

图 8—15 趋势的加速

轨道线的另一个作用是提出趋势转向的警报。如果在一次波动中未触及轨道线，离得很远就开始掉头，这往往是趋势将要改变的信号。这说明，市场已经没有力量继续维持原有的上升或下降的趋势了。

轨道线和趋势线是相互合作的一对。很显然，先有趋势线，后有轨道线，趋势线比轨道线重要得多。趋势线可以独立存在，而轨道线则不能。

第 5 节 形态理论及应用

股价的移动主要是保持平衡的持续整理和打破平衡的突破这两种过程。这样，我们就把股价曲线的形态分成两个大的类型：反转突破形态（Reversal Pattern）和持续整理形态（Continuation Pattern）。

一、反转突破形态

所谓反转突破形态，就是指股价趋势逆转的图形，也就是说，股价由涨势转为跌势，或由跌势转为涨势的信号。这里将分别介绍双重顶（底）、头肩顶（底）、三重顶（底）、圆弧顶（底）和 V 形等五种反转突破形态。

（一）双重顶和双重底

双重顶和双重底（Double Tops and Bottoms）就是市场上众所周知的 M 头和 W 底，这种形态在实际中出现得非常频繁。图 8—16 是这种形态的简单形状。

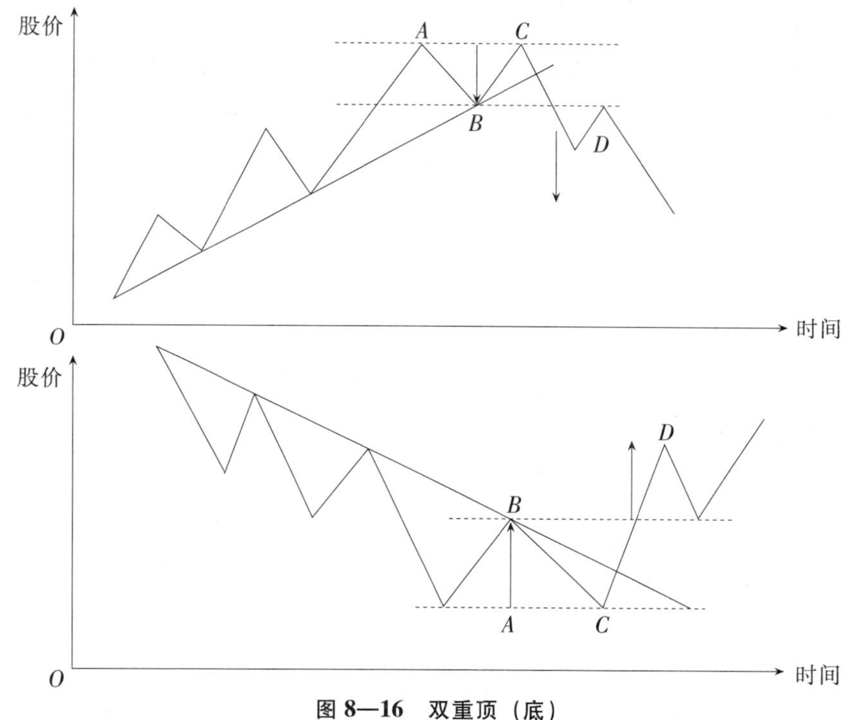

图 8—16　双重顶（底）

从图 8—16 中可以看出，双重顶（底）一共出现两个顶（底），也就是两个相同高度的高点和低点。下面以 M 头为例说明双重顶（底）形成的过程。

在上升趋势过程的末期，股价在第一个高点 A 建立了新高点之后进行正常的回落，受上升趋势线的支撑，这次回落将在 B 点附近停止。往后就是继续上升，但是力量不够，上升高度不足，在 C 点（与 A 点几乎等高）遇到压力，股价向下，这样就形成 A 和 C 点两个顶的形状。

M 头形成以后，有两种可能的前途：一是未突破 B 点的支撑位置，股价在 A、B、C 三点形成的狭窄范围内上下波动，演变成今后要介绍的矩形。二是突破 B 点的支撑位置继续向下，这种情况才是双重顶反转突破形态的真正出现。前一种情况只能说是一个潜在的双重顶反转突破形态出现了。

以 B 点作平行于 A、C 连线的平行线（图 8—16 中的中间一条虚线），就得到一条非常重要的直线——颈线（Neck Line）。A、C 连线是趋势线，颈线是与这条趋势线对应的轨道线，这些轨道线在这里起的是支撑作用。

一个真正的双重顶反转突破形态的出现，除了必要的两个相同高度的高点以外，还应该向下突破 B 点支撑。

双重顶反转突破形态一旦得到确认，就可以用它进行对后市的预测了。它的主要功能是测算功能，叙述如下：

从突破点算起，股价将至少要跌到与形态高度相等的距离。

所谓的形态高度，就是从 A 或 C 到 B 的垂直距离，亦即从顶点到颈线的垂直距离。图 8—16 中右边箭头所指的将是股价至少要跌到的位置，换句话说，股价必须在这条线之下才能找到像样的支撑，它之前的支撑都不足取。以上是以双重顶为例，对于双重底，只要将对双重顶的介绍反过来叙述就可以了。

（二）头肩顶和头肩底

头肩顶和头肩底（Head and Shoulders Tops and Bottoms）是实际股价形态中出现最多的形态，是最著名和最可靠的反转突破形态。图 8—17 是这种形态的简单形状。

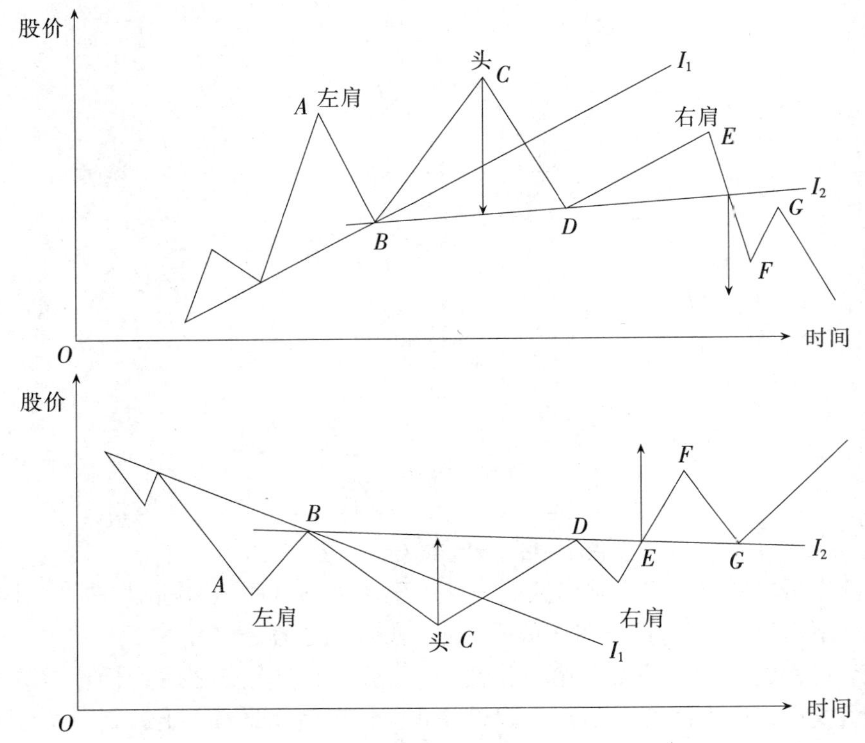

图 8—17　头肩顶（底）

从图 8—17 中可以看出，这种形态一共出现三个顶和底，也就是要出现三个局部的高点和局部低点。中间的高点（低点）比另外两个都高（低），称为头，左右两个相对较低（高）的高点（低点）称为肩，这就是头肩形名称的由来。以下以头肩顶为例对头肩形进行介绍。

在上升趋势中，不断升高的各个局部的高点和低点保持着上升的趋势，然后在某一个地方，趋势的上涨势头将放慢。图 8—17 中 A 和 B 点还没有放慢的迹象，但在 C 点和 D 点已经有了势头受阻的信号，这说明这一轮上涨趋势可能已经出了问题。最后，股价走到

了 E 和 F 点，这时反转向下的趋势已势不可挡。

这种头肩顶反转向下的道理与支撑线和压力线的内容有密切关系。图 8—17 中的直线 l_1 和直线 l_2 是两条明显的支撑线。在 C 点到 D 点突破直线 l_1，说明上升趋势的势头已经遇到了阻力，E 点和 F 点之间的突破则是趋势的转向。另外，E 点的反弹高度没有超过 C 点，也是上升趋势出了问题的信号。

图中的直线 l_2 其实就是头肩顶形态中极为重要的直线——颈线。我们已经知道，在头肩顶形态中，它是支撑线，起支撑作用。

头肩顶形态走到了 E 点并调头向下，只能说是原有的上升趋势已经转化成了横向延伸，还不能说已经反转向下了。只有当图形走到了 F 点，即股价向下突破了颈线，才能说头肩顶反转形态已经形成。

颈线被突破，反转确认之后，我们就知道股价下一步的大方向是下跌，而不是上涨或横盘。下跌的深度，可以借助头肩顶形态的测算功能进行。

从突破点算起，股价将至少要跌到与形态高度相等的距离。

形态高度的测算方法是量出从"头"到颈线的距离（图 8—17 中从 C 点向下的箭头长度），这个长度就是头肩顶形态的形态高度。上述原则是股价下落最起码的深度，是最近的目标，价格的实际下落的位置要根据很多别的因素来确定。上述原则只是给出了一个范围，只对我们有一定的指导作用。预计股价今后将跌到什么位置能止住或将要涨到什么位置而调头，永远是进行股票买卖的人最关心的问题，也是最不易回答的问题。

以上是以头肩顶为例，对头肩顶形态进行了介绍。对头肩底而言，除了在成交量方面与头肩顶有所区别外，其余可以说与头肩顶一样，只是方向正好相反。

值得注意的是，头肩顶形态完成后，向下突破颈线时，成交量不一定扩大，但日后继续下跌时，成交量会放大。头肩底向上突破颈线，若没有较大的成交量出现，可靠性将降低，或者会再跌回底部整理一段时间，积蓄买方力量才能上升。

（三）三重顶（底）

三重顶（底）形态（Triple Tops and Bottoms Pattern）是头肩形态的一种变体，它是由三个一样高或一样低的顶和底组成。与头肩形的区别是头的价位回缩到与肩差不多相等的位置，有时甚至低于或高于肩部一点。从这个意义上讲，三重顶（底）与双重顶（底）也有相似的地方，前者比后者多"折腾"了一次。

图 8—18 是三重顶（底）的简单图形。三重顶（底）的颈线差不多是水平的，三个顶（底）也差不多是相等高度。

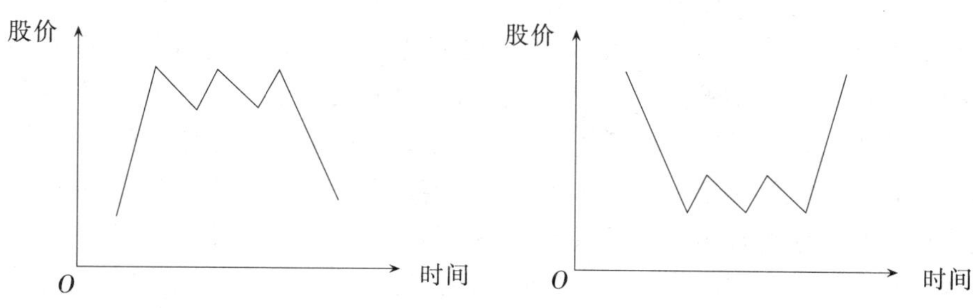

图 8—18　三重顶（底）

应用和识别三重顶（底）主要是用识别头肩形的方法，可以直接应用头肩形的结论和应注意的事项。头肩形适用的规律三重顶（底）都适用，这是因为三重顶（底）从本质上说就是头肩形。有些文献甚至不把三重顶（底）单独看成一类形态，而直接将其纳入头肩形态。

与一般头肩形最大的区别是，三重顶（底）的颈线和顶部（底部）连线是水平的，这就使得三重顶（底）具有矩形的特征。比起头肩形来说，三重顶（底）更容易演变成持续形态，而不是反转形态。另外，如果三重顶（底）的三个顶（底）的高度依次从左到右是下降（上升）的，则三重顶（底）就演变成了直角三角形态。这些都是我们在应用三重顶（底）时应该注意的地方。

（四）圆弧顶（底）

圆弧形态（Rounding Top and Bottom Pattern）将股价在一段时间的顶部高点用折线连起，每一个局部的高点都考虑到，我们有时可能得到一条类似于圆弧的弧线，盖在股价之上；将每个局部的低点连在一起也能得到一条弧线，托在股价之下，见图 8—19。

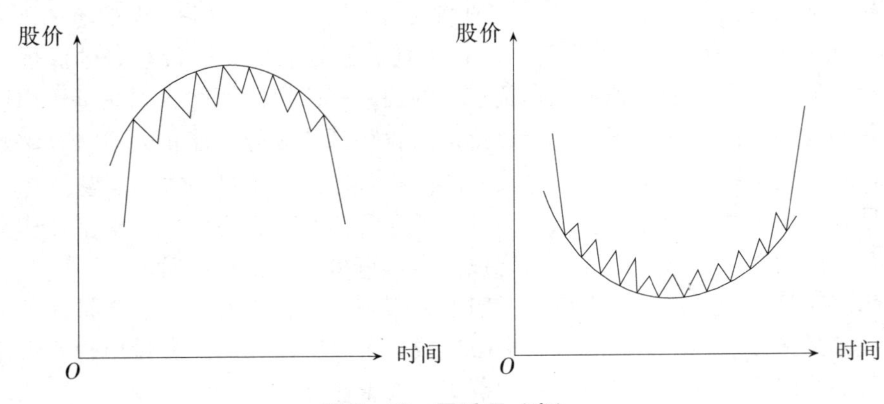

图 8—19　圆弧顶（底）

圆弧形又称为碟形、圆形、碗形等，这些称呼都很形象，不过应该提醒的是：图中的曲线不是数学意义上的圆，也不是抛物线，而仅仅是一条曲线。人们已经习惯于使用直线，但在遇到图 8—19 中这样的顶和底时，用直线显然就不够了，因为顶底的变化太频繁，一条直线应付不过来。

圆弧形在实际中出现的机会较少，但是一旦出现，则是绝好的机会，它的反转深度和高度是不可测的，这一点同前面几种形态有一定区别。

圆弧的形成过程与头肩形中的复合头肩形有相似的地方，只是圆弧形的各种顶或底没有明显的头肩的感觉。这些顶部和底部的位置都差不多，没有明显的主次区分。这种局面的形成在很大程度上是一些机构大户炒作的结果。这些人手里有足够的股票，如果一下抛出太多，股价下落太快，手里的货可能不能全出手，只能一点一点地往外抛，形成众多的来回拉锯，直到手中股票接近抛完时，才会大幅度打压，一举使股价跌到很深的位置。如果这些人手里持有足够的资金，一下买得太多，股价上升得太快，也不利于今后的买入，也要逐渐地分批建仓，直到股价一点一点地来回拉锯，往上接近圆弧边缘时，才会用少量的资金一举将股价提拉到一个很高的高度。因为这时股票大部分在机构大户手中，别人无法打压股价。

在识别圆弧形时，成交量也是很重要的。无论是圆弧顶还是圆弧底，在它们的形成过程中，成交量的过程都是两头多，中间少。越靠近顶或底，成交量越少，到达顶或底时成交量达到最少（圆弧底在达到底部时，成交量可能突然大一下，之后恢复正常）。在突破后的一段，都有相当大的成交量。

圆弧形形成所花的时间越长，今后反转的力度就越强，越值得人们去相信这个圆弧形。一般来说，应该与一个头肩形形成的时间相当。

（五）V 形

V 形是一种反转形态，它出现在市场进行剧烈的波动之中。它的顶或底只出现一次，这一点同其他反转形态有较大的区别。V 形的反转一般事先没有明显的征兆，我们只能从别的分析方法中得到一些不明确的信号，如已经到了支撑、压力区域等，见图 8—20。

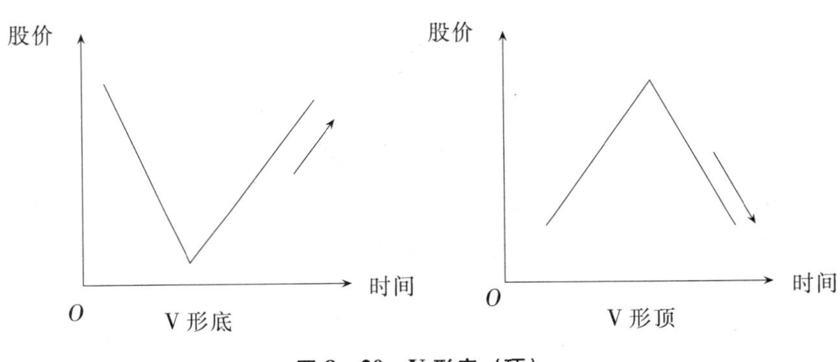

图 8—20　V 形底（顶）

二、持续整理形态

（一）三角形

1. 对称三角形

对称三角形（Symmetrical Triangles）大多是发生在一个大趋势进行的途中，它表示原有的趋势暂时处于休整阶段，之后还要随着原有趋势的方向继续进行。由此可见，见到对称三角形后，股价今后走向最大的可能是沿原有的趋势运动。

图 8—21 是对称三角形的一个简化的图形，这里的原有趋势是上升，所以，三角形态完成以后是突破向上。从图中可以看出，对称三角形有两条聚拢的直线，上面的向下倾斜，起压力作用；下面的向上倾斜，起支撑作用。两直线的交点称为顶点。另外，对称三角形要求至少应有四个转折点，图中的 A、B、C、D、E、F 都是转折点。四个转折点的要求是必然的，因为每条直线的确定需要两个点，上下两条直线就至少要求有四个转折点。正如趋势线的确认要求第三点验证一样，对称三角形一般应有六个转折点，这样，上下两条直线的支撑、压力作用才能得到验证。

对称三角形只是原有趋势运动的途中休整阶段，所以持续的时间不应太长。持续时间太长了，保持原有趋势的能力就会下降。一般来说，突破上下两条直线的包围，继续沿原来既定的方向运动的时间要尽量早些，越靠近三角形的顶点，三角形的各种功能就越不明显，对我们进行买卖操作的指导意义就越不强。根据多年的经验，突破的位置一般应在三角形的横向宽度的 1/2 到 3/4 的某个地点。三角形的横向宽度指的是图 8—21 中顶点到虚线的距离。

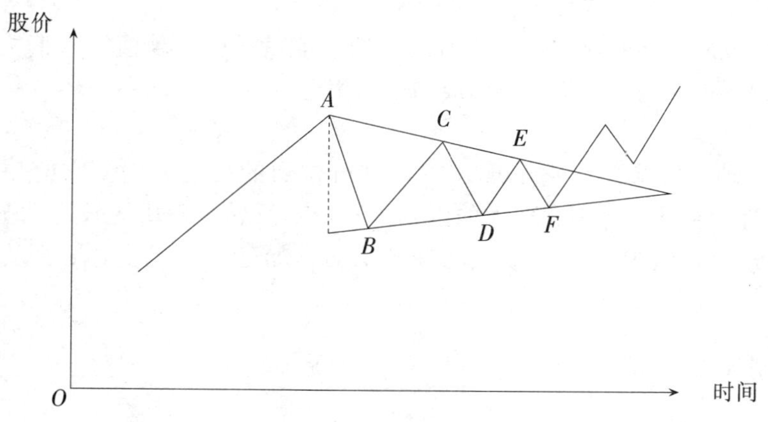

图 8—21　对称三角形

由对称三角形的特殊性，我们实际上可以预测股价向上或向下突破的时间区域，只要得到了上下两条直线就可以完成这项工作。我们可在图上根据两条直线找到顶点，然后，计算出三角形的横向宽度，标出 1/2 和 3/4 的位置。这样，这个区域就是股价未来可能要突破，并保持原来趋势的位置。这对于我们进行投资是具有指导意义的。不过这里有个大前提，即必认定股价一定要突破这个三角形。前面已经说过，如果股价不在预定的位置突破三角形，那么这个对称三角形形态可能会转化成别的形态。

2. 上升三角形

上升三角形（Ascending Triangles）是对称三角形的变形体。对称三角形有上下两条直线，将上面的直线逐渐由向下倾斜变成水平方向就得到上升三角形（见图 8—22）。除了上面的直线是水平的以外，上升三角形与对称三角形在形状上没有什么区别。

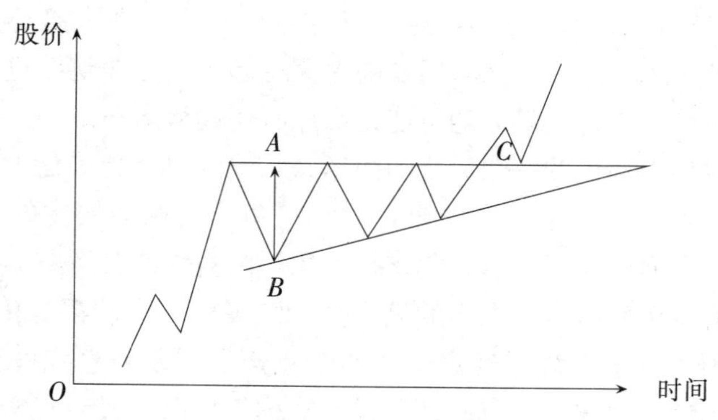

图 8—22　上升三角形

我们知道，上面的直线起压力作用，下面的直线起支撑作用。在对称三角形中，压力和支撑都是逐步加强的，一方是越压越低，另一方是越撑越高，看不出谁强谁弱。在上升三角形中就不同了，压力是水平的，始终都是一样，没有变化，而支撑却是越撑越高。由此可见，上升三角形与对称三角形相比，有更强烈的上升意识，多方比空方更为积极。通常以三角形的向上突破作为这个持续过程终止的标志。

如果股价原有的趋势是向上，则很显然，遇到上升三角形后，几乎可以肯定今后是向上突破。一方面要保持原有的趋势，另一方面形态本身就有向上的愿望。这两方面的因素使股价很难逆大方向而动。

如果原有的趋势是下降，则出现上升三角形后，前后股价的趋势判断会有些难度。一方要继续下降，保持原有的趋势，另一方要上涨，两方必然发生争执。如果在下降趋势处于末期时（下降趋势持续了相当一段时间）出现上升三角形，还是以看涨为主，这样，上升三角形就成了反转形态的底部。

3. 下降三角形

下降三角形（Descending Triangles）同上升三角形正好反向，是看跌的形态。它的基本内容同上升三角形可以说完全相似，只是方向相反。

从图 8—23 中可以很明白地看出下降三角形所包含的内容。

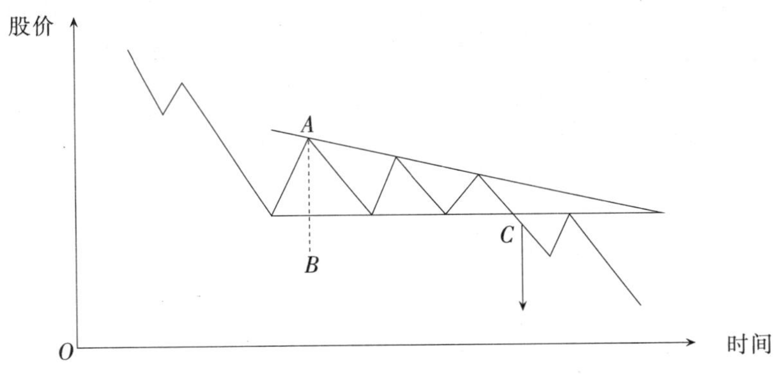

图 8—23　下降三角形

此外，三角形还有两种变形体，即喇叭形与菱形，在实际中出现的次数不多。这两种形态的共同之处在于大多出现在顶部，而且两者都是看跌。

（二）矩形

矩形又叫箱形，也是一种典型的整理形态。股票价格在两条横着的水平直线之间上下波动，作横向延伸的运动，市场趋于平淡，大致上仍保持原来的运动趋势。

矩形在形成之初，多空双方全力投入，各不相让。空方在价格涨上去后到某个位置就抛出，多方在股价下跌后到某个价位就买入。时间一长就形成两条明显的上下界线。随着时间的推移，双方的战斗热情会逐步减弱，市场趋于平淡。

如果原来的趋势是上升，那么经过一段矩形整理后，会继续原来的趋势，多方会占优势并采取主动，使股价向上突破矩形的上界。如果原来是下降趋势，则空方会采取行动，突破矩形的下界。图 8—24 是矩形的简单图示。

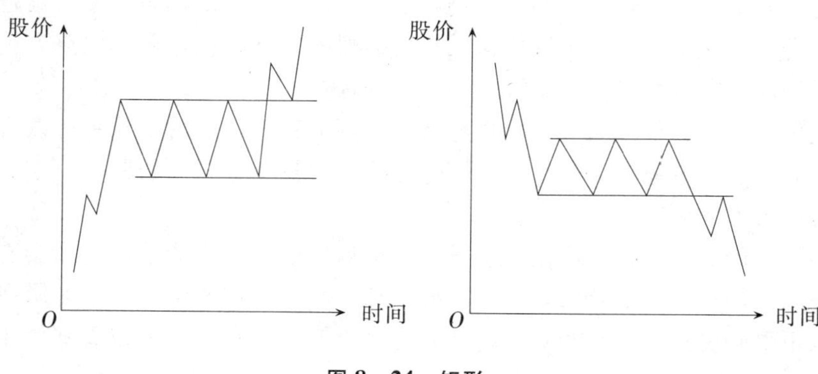

图 8—24　矩形

（三）旗形和楔形

旗形和楔形是两个最为著名的持续整理形态。在股票价格的曲线图上，这两种形态出现的频率最高，一段上升或下跌行情的中途，可能出现好几次这样的图形。它们都是一个趋势的中途休整过程，休整之后，还要保持原来的方向。这两个形态形成的特殊之处在于，它们都有明确的形态方向，如向上或向下，并且形态方向与原有的趋势方向相反。例如，如果原有的趋势方向是上升，则这两种形态的形态方向就是下降。

1. 旗形（Flags Formation）

从几何学的观点看旗形应该叫平行四边形，它的形状是一个上倾或下倾的平行四边形，如图 8—25 所示。

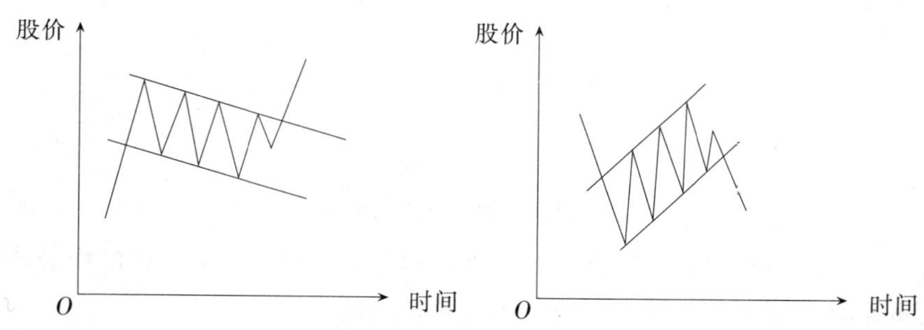

图 8—25　旗形

旗形大多发生在市场极度活跃，股价的运动是剧烈的、近乎于直线上升或下降的情况下。这种剧烈运动的结果就是产生旗形的条件。由于上升或下降得过于迅速，市场必然会有所休整，旗形就是完成这一休整过程的主要形式之一。

旗形的上下两条平行线起着压力和支撑作用，这一点有些像轨道。这两条平行线的某一条被突破是旗形完成的标志。

应用旗形时，有几点要注意：

第一，旗形出现之前，一般应有一个旗杆，这是由于价格做直线运动形成的。

第二，旗形持续的时间不能太长，时间一长，它保持原来趋势的能力将下降。经验告诉我们，旗形持续的时间应该短于 3 周。

第三，旗形形成之前和被突破之后，成交量都很大。在旗形的形成过程中，成交量从左向右逐渐减少。

2. 楔形

如果将旗形中上倾或下倾的平行四边形变成上倾和下倾的三角形，我们就会得到楔形（Wedge Formation），如图 8—26 所示。

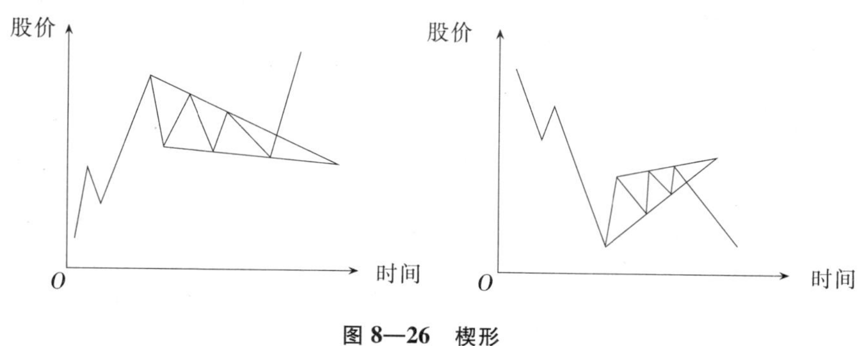

图 8—26　楔形

从图中看出三角形的上下两条边都是朝着同一个方向倾斜。这与前面介绍的三角形形态不同。

同旗形和三角形一样，楔形有保持原有趋势的功能。股价运行趋势的途中会遇到这种形态。

与旗形和三角形不同的是，楔形偶尔也可能出现在顶部或底部而作为反转形态。这种情况一定是发生在一个趋势经过了很长时间且接近尾声的时候。我们可以借助很多的技术分析方法，从时间上判断趋势是否可能接近尾声。尽管如此，当我们看到一个楔形后，首先还是把它当成中途的持续形态。

在形成楔形的过程中，成交量是逐渐减少的。形成之前和突破之后，成交量都很大。

第 6 节　波浪理论及应用

波浪理论是技术分析方法中最为神奇的方法，是以美国人艾略特（R. N. Elliott）的名字命名的一种价格趋势分析理论，全称是艾略特波浪理论。波浪理论是指根据大海的潮汐及波浪的变化规律，来描述和预测股票价格的波动规律及未来走势的方法。波浪理论是股市分析理论中运用最多，而又最难了解和精通的方法，需要投资者花大力气去掌握和开启这把神奇的钥匙。

一、波浪理论的主要思想

（一）波浪理论的基本原理

艾略特最初发明波浪理论是受到股价上涨下跌现象不断重复的启发，力图找出其上升和下降的规律。我们大家都知道，社会经济的大环境有一个经济周期的问题，股价的上涨和下跌也应该遵循这一周期发展的规律。不过股价波动的周期规律同经济发展的循环周期是不一样的，要复杂得多。

艾略特最初的波浪理论是以周期为基础的。他把大的运动周期分成时间长短不同的各种周期，并指出，在一个大周期之中可能存在一些小周期，而小的周期又可以再细分成更小的周期，每个周期无论时间长短，都是以一种模式进行。这个模式就是将要介绍的 8 个过程，即每个周期都是由上升（或下降）的 5 个过程和下降（或上升）的 3 个过程组成。这 8 个过程完结以后，我们才能说这个周期已经结束，将进入另一个周期。新的周期仍然遵循上述模式。以上是艾略特波浪理论最核心的内容，也是艾略特作为波浪理论奠基人所作出的最为突出的贡献。

（二）波浪理论考虑的因素

波浪理论考虑的因素主要有三个方面：第一，股价走势所形成的形态；第二，股价走势图中各个高点和低点所处的相对位置；第三，完成某个形态所经历的时间长短。

在这三个方面中，股价的形态是最重要的，它是指波浪的形状和构造，是波浪理论赖以生存的基础。

高点和低点所处的相对位置是波浪理论中各个浪的开始和结束位置。通过计算这些位置，我们可以弄清楚各个波浪之间的相互关系，确定股价的回撤点和将来股价可能达到的位置。

完成某个形态的时间可以让我们预先知道某个大趋势即将来临。波浪理论中各个波浪之间在时间上是相互联系的，用时间可以验证某个波浪形态是否已经形成。

以上三个方面可以简单地概括为：形态、比例和时间。这三个方面是波浪理论首先应考虑的，其中以形态最为重要。

（三）波浪理论的基本形态

波浪理论认为证券市场应该遵循一定的周期，周而复始、循环往复地向前发展。艾略特指出，股市的发展是依据一组特殊且不断重复的规律进行，这组规律即是以五个上升浪和三个下跌浪作为一次循环交替推进着。三个下跌浪可以理解为对五个上升浪的调整，如图 8—27 所示。

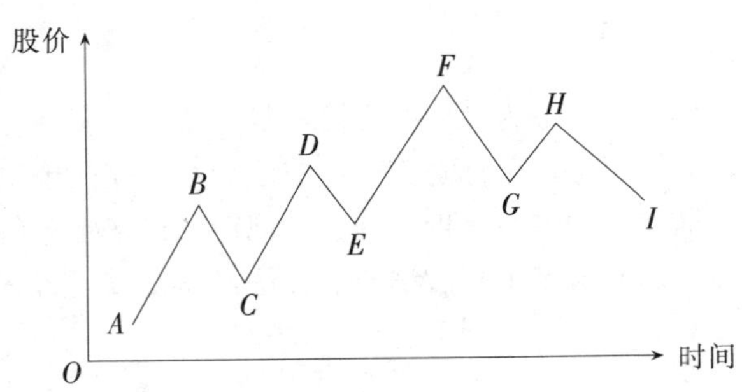

图 8—27　8 浪结构的基本形态图

图 8—27 中 A—B 是第一浪，B—C 是第二浪，C—D 是第三浪，D—E 是第四浪，E—F 是第五浪。这 5 浪中，第一、第三和第五浪称为上升主浪，而第二和第四浪称为是对第一和第三浪的调整浪。上述 5 浪完成后，紧接着会出现一个 3 浪的向下调整，这 3 浪是：从 F 到 G 为 a 浪，从 G 到 H 为 b 浪，从 H 到 I 为 c 浪。

考虑波浪理论必须弄清一个完整周期的规律大小。因为趋势是有层次的，每个层次的不同取法，可能会导致我们在使用波浪理论时发生混乱。但是，我们应该记住，无论我们所研究的趋势是何种规模，是原始主要趋势还是日常小趋势，8浪的基本形态结构是不会变化的。

在图8—27中，从A到F我们可以认为是一个大的上升趋势，而从F到I我们可以认为是一个大的下降趋势。如果我们认为这是两个浪的话，那么I之后一定还会有上升的过程，只不过时间可能要等很长。这里的两个浪只不过是一个大的8浪结构中的一部分。

二、波浪理论的应用

我们知道了一个大的周期的运行全过程，就可以很方便地对大势进行预测。首先，我们要明确当前所处的位置，只要明确了目前的位置，按波浪理论所指明的各种浪的数目就会很方便地知道下一步该干什么。

要弄清楚目前的位置，最重要的是认真、准确地识别3浪结构和5浪结构。这两种结构具有不同的预测作用。一组趋势向上（或向下）的5浪结构，通常是更高层次的波浪的1浪，中途若遇调整，我们就知道这一调整肯定不会以5浪的结构而只会以3浪的结构进行。

如果我们发现了一个5浪结构，而且目前处在这个5浪结构的末尾，我们就清楚地知道，一个3浪的回头调整浪即将出现。如果这一个5浪结构同时又是更上一层次波浪的末尾，则我们就知道一个更深的、更大规模的3浪结构将会出现。

上升5浪、下降3浪的原理也可以应用到熊市中，这时结论变成了下降5浪、上升3浪。不过，全世界股市的指数和股价都是不断上升的，从开始时的100点，逐步上升到上千点、上万点，这样一来，把股市处于牛市看成股市的主流，把熊市看成股市的调整就成为一种习惯。正是由于这个原因，在大多数的书籍中，在介绍波浪理论时，都以牛市为例。上升5浪、下降3浪成了波浪理论最核心的内容。当然，下降5浪、上升3浪也是可以出现的。

三、波浪理论的不足

从表面上看，波浪理论会给我们带来利益，但是从波浪理论自身的构造我们会发现它的众多的不足。

（一）波浪理论主要研究的是股价指数的走势，而对个股价格缺乏论证

由于波浪理论的基础来自于大自然的现象，愈多的人参与的经济活动，其分析的结果可靠性越强，故波浪理论对于分析股价平均指数走势，对于推测大势走向参考价值很高，而对个股价格的预测常受限制。

（二）很难准确地把握波浪的层次和起始点

波浪理论从理论上讲是8浪结构完成一个完整的循环，但是主浪的变形和调整浪的变形会产生复杂多变的形态。一方面，波浪所处的层次是大浪套小浪、浪中有浪的多层次形态；另一方面，波浪理论中的大浪小浪又是可以无限延伸的，长短日期没有一个明确的标准。这就使投资者在数浪时无法把握，总是认为目前的浪不是最后的浪，经常是仁者见仁，智者见智，不好统一。

（三）波浪理论只考虑价格形态上的因素，而忽视了成交量方面的影响

股市中没有成交量配合的股价走势经常是骗人的，特别是庄家高度控盘的时候。因此，如同形态学中的假突破一样，波浪理论也会造成一些形态让人上当。当然，这个不足是许多技术分析方法都有的。

（四）波浪理论对时间因素重视不够

波浪理论认为形态、比例、时间三个要素中，时间是最不重要的因素，其实不然。尽管波浪理论的 8 浪循环结构形态很完美，但没有融入时间结构学概念，没有从时空结合的角度推演不同浪级层次的时间，波浪理论仍是不完善的。

本章小结

基本分析与技术分析构成了证券投资分析的主体，但技术分析和基本分析的目的、所使用的方法与研究的内容以及用途都存在着不同。所以，在进行证券投资分析时，要将两种方法结合使用。

技术分析的理论基础是基于三项合理的市场假设：市场行为涵盖一切信息；价格沿趋势移动；历史会重演。

道氏理论是股市技术分析理论的鼻祖，是各种技术分析方法的理论基础。道氏理论认为，股价变动趋势有三种，即长期趋势、中期趋势和短期趋势，三种趋势同时存在，相辅相成。

目前 K 线理论已经成为人们进行技术分析必不可少的工具之一。单根 K 线有多种变形，投资者可依据实体的长度和影线的长短对多空力量进行衡量。但是，单根 K 线只反映股票单日的交易情况，不能说明市场趋势的持续和转折等信息。实践中，投资者还需要研究 K 线组合形态来分析市场多空力量强弱，判断股价的后期走势。

切线理论是帮助投资者识别大势变动方向的较为实用的方法。切线包括支撑线、压力线、趋势线和轨道线。支撑线起阻止股价继续下跌的作用；压力线起阻止股价继续上升的作用；趋势线是衡量价格波动方向的，由趋势线的方向可以明确地看出股价的趋势；轨道线的作用是限制股价的变动范围，使股价在这个通道里变动。

股价曲线的形态分成两个大的类型：持续整理形态和反转突破形态。反转突破形态主要包括双重顶（底）、三重顶（底）、头肩顶（底）、圆弧顶（底）和 V 形等五种主要形态；持续整理形态主要包括三角形、矩形、旗形和楔形等主要形态。

波浪理论是股市分析理论中运用最多，而又最难了解和精通的方法。波浪理论认为股市的发展是依据一组特殊且不断重复的规律进行，这组规律即是以五个上升浪和三个下跌浪作为一次循环交替推进着。三个下跌浪可以理解为是对五个上升浪的调整。

重点概念

技术分析	道氏理论	K 线	切线
反转形态	整理形态	波浪理论	

复习思考题

1. 名词解释

技术分析　道氏理论　波浪理论

2. 思考题

(1) 怎样看待基本分析法与技术分析法?

(2) 道氏理论的要点是什么? 它对技术分析有何贡献?

(3) 单根 K 线的基本形态有哪些? 各有什么含义?

(4) 支撑线和压力线的作用如何? 如何判断和分析支撑线和压力线?

(5) 股价的反转形态和整理形态各有几种? 它们各有什么意义?

(6) 波浪理论所阐述的主要思想是什么?

3. 案例分析题

宇通客车 (600066) 走势分析

一、基本面综述

郑州宇通客车股份有限公司是 1993 年在郑州客车厂的基础上成立的一家股份制公司，公司于 1997 年在上海证券交易所上市（简称“宇通客车”，代码 600066），是我国 A 股市场的一支老牌蓝筹绩优股，也是国内客车行业第一家上市公司。公司总部设在郑州宇通工业园，占地面积 112 万平方米，日产整车能力达到 100 台以上。目前已发展成为世界规模最大、工艺技术条件最先进的大中型客车生产基地，其财务数据见表 8—1。

表 8—1　　　　**宇通客车财务数据表**

每股收益（元）：0.650 0	目前流通（万股）：40 214.98
每股净资产（元）：3.651 5	总股本（万股）：51 989.17
每股公积金（元）：0.798 8	主营收入同比增长（%）：−1.29
每股未分配利润（元）：1.350 7	净利润同比增长（%）：−15.20
每股经营现金流（元）：1.620 0	净资产收益率（%）：17.77
2009 中期每股收益（元）：0.370 0	净利润同比增长（%）：−51.52
2009 中期主营收入（万元）：354 750.23	主营收入同比增长（%）：−16.91
2009 中期每股经营现金流（元）：0.470 0	净资产收益率（%）：11.02

二、股价走势

宇通客车的股价走势如图 8—28 所示。

三、K 线分析

由图 8—28 宇通客车 2009 年 5 月至 2010 年 1 月股票走势图可见，在 2009 年 8 月 7 日至 2009 年 9 月 16 日是一个近似的 W 形底，此后一直处于增长形势。W 底形态的形成是由于价格长期下跌后，一些看好后市的投资者认为价格已很低，具有投资价值，期待性买盘积极，价格自然回升，但是这样会影响大型投资机构吸纳低价筹码，所以在大型投资机构的打压下，价格又回到了第一个低点的位置，形成支撑。这一次的回落挫伤了投资者的

图 8—28　宇通客车的股价走势图

积极性。W 底形态内有两个低点和两次回升，从第一个高点可绘制出一条水平颈线压力，价格再次向上突破时，必须要伴随活跃的成交，W 底才算正式成立。如果向上突破不成功，则股价要继续横向整理。股价在突破颈线后，颈线压力变为颈线支撑，股价在此时会出现回抽，股价暂时回档至颈线附近，回抽结束，股价则开始波段上涨。因此，这只股票在 8 月形成的 W 底给投资者带来了巨大的收益。

四、分析与评价

（1）公司客车出口具有持续性，保守预计从 2010 年开始年均出口销量在5 000辆以上。目前公司已基本占据古巴和俄罗斯客车出口市场，仅古巴和俄罗斯的出口订单量年均就达到了3 000辆。

（2）公司国内客车市场份额将提高到 25%。随着公路客车、旅游客车及公交客车保有量的增长及更新，公司业绩未来几年仍将保持平稳增长。公司作为行业龙头企业，国内客车销量增速将高于行业增速，市场份额将从目前 20%提高到 25%。

（3）该股作为 QFII 的重仓股，三季度略有减持但持股比例依然很高，该股近期连续放量有资金介入迹象，上升趋势已现，建议积极关注。

此外，最近国务院下发增加对家电下乡和汽车的财政补贴，汽车以旧换新的标准从 0.3 至 0.6 万元提高至 0.5 至 1.8 万元，特别是对大型客车的补贴。与此同时，宇通客车的社会影响也不断增加，市场上的利好消息也接踵而至，所以推荐投资者关注该支股票。不过，还是要时刻牢记。炒股是一门艺术而不是一门科学，股市虽有客观规律，但依然有不确定性风险，需要谨慎操作。

思考：进行股票走势分析时应涉及哪些内容？

第 9 章

证券投资技术分析指标及应用

章前引例及分析

本章是技术分析指标在个股上的应用。2012 年 9 月至 12 月 4 日，博雅生物(300294)的股价处于相对低位，6 RSI（相对强弱指标）对此向下向上穿过 12 RSI，但未给出明确的操作信号。12 月 5 日，6 RSI 的值为 34.09，有效上穿 12 RSI(32.33)，当日收盘价为 23.45 元，自此股价开始急速拉升。至 12 月 24 日，股价最高为 30.30 元。上例说明相对强弱指标（RSI）提前给出了股价走强的信号。RSI 是主要技术分析指标之一。技术分析指标理论是根据市场行为的某一方面，建立一个数学模型，给定数学上的计算公式，得到一个体现证券市场某一方面内在实质的数字即指标值。指标值的具体数值和相互关系直接反映证券市场所处状态，为投资者提供操作方向参考。

由于对原始数据处理方法上的差异，技术指标的种类和形式很多。本章将着重介绍在股市上普遍被投资者使用的一些技术指标，如移动平均线、相对强弱指标、威廉指数、乖离率、心理线等。这些指标在相当长时间的金融分析中被认为是有效的。这些指标本身都具有很复杂的数学推导公式，但表现在图形上，就是一种连续的曲线。只要懂得如何分析运用，根本不需要深究其公式来源，就能达到指标分析的目的。

本章学习目标

通过本章的学习，你应该能够：

1. 掌握移动平均线的含义及应用规则
2. 掌握相对强弱指标的含义及应用原则
3. 掌握随机指数、威廉指数的含义及计算方法
4. 理解乖离率、心理线的运用原理

第 1 节　移动平均线法

移动平均线法（Moving Average Analysis）是分析证券市场变化趋势的一种常用方法。它是人们为了克服道·琼斯指数编制方法所存在的缺点而创建的证券市场长期趋势分析方法。

一、移动平均线法的基本含义

移动平均线法是利用统计学上移动平均原理，对每天的股价资料，根据需要天数进行平均化处理，即将过去一段时间的股份指数（个股股价）每日往后移动一个数据来计算股价平均值，并依次绘成一条线，该线就是所谓的移动平均线。它可以消除偶然变动等因素影响，在图上显示出长期趋势。

以 5 日算术移动平均线为例：

（1）将第 1 日至第 5 日的收盘价（或股指）相加求和除以 5，就得到第 1 个 5 日平均数。

（2）将第 2 日至第 6 日的收盘价（或股指）相加求和除以 5，就得到第 2 个 5 日平均数。

（3）依此类推，将第 N 日至第 $N+4$ 日的 5 个收盘价（或股指）相加求和除以 5，就得到了第 N 个 5 日移动平均数。

（4）最后将这些计算结果画在坐标图上并连成线，即 5 日移动平均线。其他移动平均线均依此类推。

移动平均线公式化后可做如下表示：

按时间序列股价为 P_1，P_2，P_3，…，P_K，K 项移动平均值 M_n 的表示式为：

$$M_{n1}=\frac{P_1+P_2+P_3+\cdots+P_K}{K}$$

$$M_{n2}=\frac{P_2+P_3+P_4+\cdots+P_K+P_{K+1}}{K}$$

$$M_{n3}=\frac{P_3+P_4+P_5+\cdots+P_K+P_{K+1}+P_{K+2}}{K}$$

现以表 9—1 的数值及其计算方法来说明移动平均线法的基本含义。

表 9—1　　移动平均线法基本含义实例计算表

日期	6 月 1 日	6 月 2 日	6 月 3 日	6 月 4 日	6 月 5 日	6 月 6 日	6 月 7 日	6 月 8 日	6 月 9 日	6 月 10 日
收盘指数	833.90	832.69	846.98	869.33	879.64	900.30	891.79	888.04	897.46	849.23
5 日移动平均数					852.5	865.8	877.6	885.8	891.4	885.4
10 日移动平均数										868.9

如计算 6 月 10 日某股市收盘综合指数的 5 日平均数及 10 日平均数：

$M_5(6.10)=(900.30+891.79+888.04+897.46+849.23)\div 5=885.4$

$$M_{10}(6.10)=(833.90+832.69+846.98+869.33+879.64+900.30+891.79+888.04+897.46+849.23)\div 10=868.9$$

以上是以 5 天、10 天进行平均移动的，移动天数 n 还可以取 30 日、60 日、100 日、200 日等。利用这种计算方法可以对证券市场价格指数进行长期的移动平均值计算，并把这些平均值以点的方式标在一个坐标中，然后再把这些点连成线，这样人们看起来就更直观。

二、移动平均线的作用

移动平均线最大的作用是将一段期间内购买股票者的平均成本公开，在知己知彼的情况下，买卖双方可以从未来成本变动方向中做出明智的决定。具体讲有两种作用：

（一）助涨作用

当某日某只股票的股价位于某条平均线之上，说明在此时买入股票的成本要比前几日买入股票的平均成本要高。而大盘指数出现这种情况时，往往说明当前的市场状态是多方的力量占有优势地位，市场的人气较为旺盛，买盘力量偏大。若此时移动平均线保持上行状态，则对股价呈现出一种不断上推的作用，这种作用即称为移动平均线对股价的助涨作用。

（二）助跌作用

当某日某只股票价格处于某条移动平均线下方，说明此时买入股票的成本要比前几日买入股票的平均成本要低。但是，往往在这个时候，抛盘加重，买盘力量支持不住，才使股价落入移动平均线的下方，股价将呈现下跌状态。股价的滑落，带动移动平均线下降，移动平均线的下降又使市场买方的人气消散，股价继续下跌。

三、证券买卖时机的选择

利用移动平均线与股价的变化可以决定买卖时机，西方的证券投资专家格兰维尔(Joseph Granvile) 曾就移动平均线所反映的证券市场变化趋势提出了八项原则。这八项原则实质上是针对图 9—1 中八种情况来说明如何选择时机买卖证券。

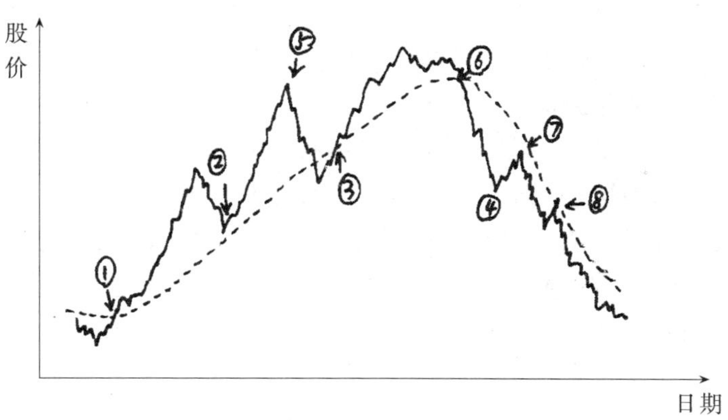

图 9—1　格兰维尔八大法则买卖示意图

格兰维尔的移动平均线八大投资法则包括四大买入信号及四大卖出信号。

（一）四大买入信号

如图 9—1 所示，①～④点揭示出四个买进时机：

(1) 平均线从下降逐渐转为水平，且有往上方抬头迹象，而股价从平均线的下方突破平均线时，便是买进信号。如图 9—1 中①所示。

(2) 股价趋势走在平均线之上，股价下跌而没有跌破平均线，又再度上升，亦为买进信号。如图 9—1 中②所示。

(3) 股价跌至移动平均线下方，而平均线短期内仍为继续上升趋势，是买进信号。如图 9—1 中③所示。

(4) 股价趋势走在平均线之下时，突然暴跌，距离平均线非常远，极有可能再趋向平均线（这是分久必合的道理），亦为买进时机。如图 9—1 中④所示。

（二）四大卖出信号

如图 9—1 所示，⑤～⑧点揭示出了四个卖出时机：

(1) 股价在上升中，且走在平均线之上，却离平均线越来越远（股价连续数日大涨），表示近期内购买股票者皆有利可图，随时会产生获利回吐的卖压，卖出较妥。如图 9—1 中⑤所示。

(2) 平均线波动从上升趋势逐渐转为水平线，而且股价从平均线上方突破平均线时，卖压渐重，为卖出时机。如图 9—1 中⑥所示。

(3) 股价趋势在平均线之下，回升时未超越平均线，平均线已有从趋于水平（减缓跌势）再度转向下移的趋势，须卖出持有股票。如图 9—1 中⑦所示。

(4) 股价在平均线上徘徊，而且平均线继续下跌，则宜卖出。如图 9—1 中⑧所示。

应用以上法则时，采用不同天数的移动平均线则会发出不同的买入、卖出信号。格兰维尔的本意是用股价和 200 日移动平均线的相互关系来判断信号，但结合我国沪、深股市的实际，移动平均线的天数太长，则买卖信号的出现过于迟缓，并不适用。

四、移动平均线的组合分析

在实际使用中常用多条移动平均线的组合来进行股市分析，不同的组合有不同的预测功能。一般来说，5 天～10 天的移动平均线反映短期趋势；30 天～60 天的移动平均线反映中期趋势；100 天～200 天的移动平均线反映长期趋势。通过将各种移动平均线加以适当组合，我们可以较客观地判断出市场趋势。

股价持续下跌后，探底、回升，对此短期线反应较为敏感。中期线表现为下降趋于缓慢，不久转为上升。若股价持续上升，长期线会随之趋向于缓慢上升。因此，各种移动平均线呈错综交替的局面。短期线先升过中期线，后升过长期线。如果股价仍继续上升，中期线也会升过长期线。这种中期线升过长期线，从而确认市场大势上升的情况，称为黄金交叉。黄金交叉之后，三条平均线从上至下依次是短期线、中期线、长期线，均处于持续上升势态，通常表示市场进入牛市，如图 9—2 所示。

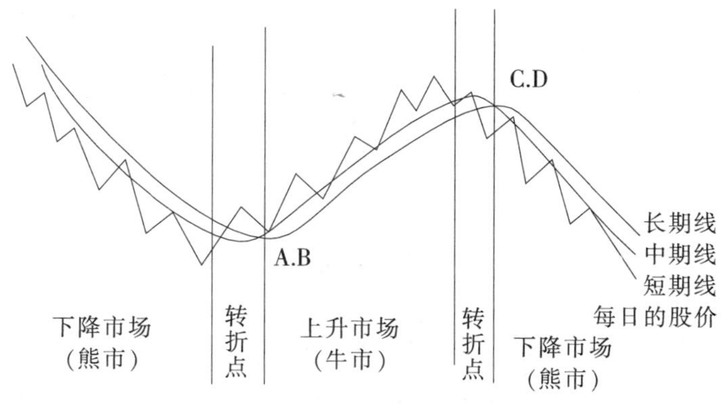

图 9—2　黄金交叉(A.B)与死亡交叉(C.D)

股价上升缓慢，并且在高价位上下徘徊时，短期线的上升会明显趋缓；随着股价下跌，短期线也开始下跌，接着对中期线、长期线产生影响，直至中期线跌至长期线之下。这时的两线交叉意味着上升市场的终结，故称其为死亡交叉。

在死亡交叉之后，从下至上平均线的位置依次是短期线、中期线、长期线，通常表示熊市到来。

移动平均线在实际应用中的不足之处是出现买卖信号延迟，因此，在证券投资分析中不宜单独使用移动平均线来确定买卖信号，一般用移动平均线作长期趋势分析。

第 2 节　相对强弱指数

相对强弱指数（Relative Strength Index，RSI）是目前流行最广、使用最多的技术指标之一，它是由美国技术分析大师威尔德（J. Welles Wilder）在 1978 年提出的。RSI 可应用于股票、期货和外汇等市场。

一、相对强弱指数的基本含义

相对强弱指数即股市收盘指数（个股收盘股价）的相对升降幅度。它反映出一段时间内，在股市中买方力量与卖方力量的相对强弱程度及买卖双方力量对比的变化情况，并以此为据来分析股价未来的走势。此方法运用简单，效果良好，成功率高，甚至有“RSI 必胜”之说。

RSI 的计算方法，是采用某一时期（N 日）内收盘指数每天的涨跌大小，来反映这一时期内多空力量的强弱对比。RSI 将 N 日内每日收盘指数涨势（即当日收盘指数高于前日收盘指数）的总和作为买方总力量，而 N 日内每日收盘指数的跌势（即当日收盘指数低于前日收盘指数）的总和作为卖方总力量。其计算公式为：

$$RSI(N)=\frac{A}{A+B}\times 100$$

其中，A 为 N 日内股市收盘指数（个股收盘股价）升幅累计值；B 为 N 日内股市收盘指数（个股收盘股价）跌幅累计值。

$RSI(N)$有两个极限值：一个是 N 日内股价全部下降，无一日上升，则上式的分子为 0，$RSI(N)$也等于 0；另一个极限值是 N 日内股价全部上升，无一日下降，则分子、分母相等，$RSI(N)$等于 100。这两种情况较少出现，通常情况下 $RSI(N)$在 0～100 的范围内变化。

RSI 选用的天数 N 可取 6 天、9 天、12 天等，天数越少曲线变化越频繁，天数越多曲线则变化相对平稳。

现以表 9—2 的数值及其计算方法来说明相对强弱指数的含义。

表 9—2　　相对强弱指数含义实例列示表

日期	收盘指数	每日升幅	每日跌幅	累计升幅	累计跌幅	RSI（N）
7.29	333					
8.1	445	112	0			
8.2	432	0	13			
8.3	522	90	0			
8.4	562	40	0			
8.5	683	121	0			
8.8	711	28	0	391	13	97
8.9	621	0	90	279	103	73
8.10	739	118	0	397	90	82
8.11	689	0	50	307	140	69
8.12	689	0	0	267	140	66

将每日计算出的 RSI 值连接起来就得到 RSI 曲线。

二、相对强弱指数的基本研判技巧

相对强弱指数的基本研判技巧如下：

（1）股市有涨必有跌，久跌则必涨。RSI 也必将在 0～100 的范围内反复起伏变化。一般来说，当 RSI 超过 80 时，显示股价升幅过大，进入超买区，要警惕随时可能出现回档，是卖出信号，应卖出；反之，当 RSI 小于 20 时，说明股价跌幅过深，卖者过多，已进入超卖区，随时可能产生反弹，是买入信号，可买入。

（2）在牛市时，由于人气旺盛，经常出现超买之后再超买现象，所以在牛市市场的上升浪中，RSI 可能很快超过 80，并在 80 以上维持相当一段时间，而股价还持续上升。在这种情况下，不能一见 RSI 大于 80 即行卖出，这一点务必千万注意，以免丢掉一段上升行情。此方法在强气市场的技术回档和弱气市场中颇为有效。在大多头行情或大空头行情中，RSI 可能大于 90 或小于 10；反之，也可能稍小于 80 或稍大于 20。而对于不同的股市和个股，又都有各自历史的 RSI 值。因此在使用中不可过于机械，需要根据实际变化的股市，不断总结经验，逐步找到最合适的控制数值。一年中 RSI 超过 80 或小于 20 的机会并不多，故成功率很高。

（3）如果投资者果真在 RSI 小于 20 时买入，且又在 RSI 大于 80 时卖出，那么，亏损几乎是不可能的。当然，如果投资者虽在 *RSI* 小于 20 时买入，但在 *RSI* 大于 80 时却不抛，则将有可能反盈为亏。

(4) 在强气市场与弱气市场相互转换的关键时刻，相对强弱指数 *RSI* 往往先行于股价发出转市信号，掌握这一点往往就抓住了大行情，至关重要。在强气市场末期，股价持续上升到高价位，并不断创新高。当股价继续上升再创新高时，如果 *RSI* 不但未创新高反而下降，即 *RSI* 走势与股价走势出现相互背离的现象，称为“顶背驰”，说明买方力量已开始有所下降，而卖方力量已开始上升，股价已达顶峰，预示股价即将掉头下跌，应当机立断，断然卖出。反之，在弱气市场末期，股价连续下跌至低价位，并屡创新低。当股价继续下跌再创新低时，如果 *RSI* 不但未创新低反而上升，即 *RSI* 走势与股价走势又出现相互背离的现象，称为“底背驰”，说明卖方力量已开始减弱而买方力量却已开始加强，往往意味着大势反转上升有望，可果断买入。在 *RSI* 出现“顶背驰”和“底背驰”时，虽然 *RSI* 可小于 80 或大于 20，也应视为重要的卖出或买入信号，此点请注意。

第 3 节　随机指数

随机指数（$\%K,\%D$）亦称 KDJ 指标，与相对强弱指数的分析方法类似，常用来做短期的市场超买超卖判断，并且以与股价走势的“背驰”现象作为重要的转势信号。

一、随机指数的基本含义

随机指数（Stochastics）是研究、判断股市中收盘价、最高价、最低价的波动及相互关系的一种指数，是由美国技术分析大师乔治·兰（George Lane）创立。一般认为，在股市上升行情中，收盘价偏于高位；而在股市下跌行情中，收盘价则偏于低位。因此，可用收盘价与最高价和最低价之间的相互关系来判断股价走势。一般在股市上升行情中，$\%K$ 线、$\%D$ 线向上；而在股市下跌行情中，$\%K$ 线、$\%D$ 线则向下。

二、随机指数的编制方法

(一) 在产生 *KD* 以前，先计算产生未成熟随机值 *RSV*

$$RSV(N)=\frac{\underset{\text{(当日个股收盘价)}}{\text{第 }N\text{ 日股市收盘指数}}-\underset{\text{(个股最低股价)}}{N\text{ 日内股市最低指数}}}{\underset{\text{(个股最高股价)}}{N\text{ 日内的股市最高指数}}-\underset{\text{(个股最低股价)}}{N\text{ 日内的股市最低指数}}}\times 100$$

$RSV(N)$的极限值：当第 N 日的收盘价等于 N 日内的最高价时，分子、分母相等，$RSV(N)$等于 100；反之，当第 N 日的收盘价等于 N 日内的最低价时，分子为 0，则 $RSV(N)$等于 0。通常 $RSV(N)$在 0～100 的范围内变化。N 一般可取 6 日或 9 日。

(二) 计算$\%K$ 及$\%D$

对 *RSV* 进行指数平滑，就得到如下 *K* 值：

今日$\%K=(2\times$前一日$\%K+$今日$RSV)\div3$

对K值进行指数平滑，就得到D值：

$\%D=(2\times$前一日$\%D+$当日$\%K)\div3$

开始计算时，式中前一日$\%K$及前一日$\%D$的初始值均可取50。

$\%J=3\times$当日$\%D-2\times$当日$\%K$

式中：3为平滑因子，可以改变成别的数字

例如，以1993年10月上海股市收盘综合指数计算随机指数$\%K$、$\%D$及$\%J$（见表9—3）。以10月20日的随机指数计算为例：

表9—3　以1993年10月上海股市收盘综合指数计算的随机指数表

日期	10月8日	10月11日	10月12日	10月13日	10月14日	10月15日	10月18日	10月19日	10月20日	10月21日
收盘指数	874.76	868.38	871.42	859.70	855.04	856.92	835.25	839.60	843.85	831.87
最高指数	898.90	879.61	875.62	879.29	859.48	862.40	852.82	846.39	846.78	846.43
最低指数	874.28	866.89	866.85	854.79	848.53	854.00	835.25	836.77	837.97	831.87
RSV（9）									13.5	0.7
$\%K$（9）								50	37.8	25.4
$\%D$（9）								50	45.9	39.1
$\%J$（9）									62.1	66.5

从10月8日至10月20日，此9日内最高指数为898.90，最低指数为835.25。

$RSV(9)=(843.85-835.25)\div(898.90-835.25)\times100=13.5$

$\%K(9)=(2\times50+13.5)\div3=37.8$

$\%D(9)=(2\times50+37.8)\div3=45.9$

$\%J(9)=3\times45.9-2\times37.8=62.1$

将计算出来的每日$\%K$、$\%D$、$\%J$值连成平滑曲线即得到随机指数线。

三、随机指数的应用

（1）当K值（即短期平均值）大于D值（即长期平均值），表示目前是向上涨升的趋势，因此在图形上K线向上突破D线时，即买进信号。

（2）当D值大于K值，显示目前的趋势是向下跌落，因此在图形上K线向下跌破D线时，为卖出时机。

（3）当D值跌至10～15时是最佳的买入时刻，若涨至85～90时则属卖出信号。

（4）K值大于80时，为强烈卖出信号；K值小于20时，为强烈的买入信号。

（5）K线与D线在高档二次交叉则行情将下跌，在低档二次交叉则行情将大涨。

（6）KDJ不适合发行量太小、交易量太小的股票，而适合于热门性大股。

（7）K线与D线在50处交叉为盘整，此指标无明确的买卖信号。

（8）J值大于100时，应尽快卖出；J值小于10时，应争取买进。

因随机指数具有随机概念，所以比相对强弱指数更为敏感，可用来进行短线操作。如与相对强弱指数和乖离率配合使用，则更为可靠。

第 4 节　威廉指数

威廉指数（%R）的全称为威廉超买超卖指标，是反映买卖双方力量强弱的技术指标。与相对强弱指数不同的是，前者重视累计值的比较，而后者则直接以当日收市价与 N 日内高低价位之间的比较，来判断短期内行情变化的方向，因此是一种更为敏感的指标。

一、计算公式

$$\%R=\frac{H_n-C}{H_n-L_n}\times 100$$

式中，C 为当日收市价；L_n 为 N 日内最低价；H_n 为 N 日内最高价；N 一般取 14 日或 20 日。

二、买卖信号

威廉指数值在 0～100 的范围内变化。由上面的公式可知当目前收市价越接近 N 日内最高价时，%R 值越小，超买严重，应当卖出；而当目前收市价越接近 N 日内最低价时，%R 值越大，应考虑买入。一般判断规则有：

（1）当威廉指数高于 80，市场处于超卖状态，行情即将见底，80 的横线一般称为买入线。

（2）当威廉指数低于 20，市场处于超买状态，行情即将见顶，20 的横线一般称为卖出线。

（3）当威廉指数由超卖区向上爬升，表示行情可能转向，一般情况下，当威廉指数突破 50 中轴线时，市场由弱转强，可以追买。

（4）当威廉指数由超买区向下滑落，跌破 50 中轴线时，市场跌势加剧，可以追卖。

（5）市场有时超买后还可超买，超卖后仍可超卖，当威廉指数进入超买或超卖区后行情并不一定转势，只有威廉指数明显转向跌破卖出线或突破买进线，方为准确的买卖信号。

（6）使用威廉指数时最好能够同时配合相对强弱指数来加以验证，当威廉指数线向上、向下突破 50 中轴线时，亦可用以检验相对强弱指数信号是否正确，发挥两者的互补功能，对大势的判断极有好处。

威廉超买超卖指标是短线操作的有力工具，反应敏感是其优点，但捕捉不到大行情亦是此类工具的通病，所以配合其他指标使用非常重要。

第5节　乖离率

乖离率（BIAS）是当日股市收盘指数（个股收盘股价）偏离股市收盘指数（个股收盘股价）平均数的比率。

一、乖离率的计算方法

$$\text{乖离率}=\frac{\begin{matrix}\text{当日股市收盘指数}\\\text{（或个股收盘股价）}\end{matrix}-\begin{matrix}N\text{日股市收盘指数平均数}\\\text{（或个股收盘股价平均数）}\end{matrix}}{N\text{日股市收盘指数（或个股收盘股价）平均数}}$$

N 可取6日、12日、24日、72日、200日等，以得出不同的乖离率。

例如，以1994年上证综合指数计算12日乖离率（见表9—4）。

表9—4　　以1994年上证综合指数计算乖离率

日期	1月3日	1月4日	1月5日	1月6日	1月7日	1月10日	1月11日
收盘指数	833.90	832.69	846.98	869.33	879.64	900.30	891.79
日期	1月12日	1月13日	1月14日	1月17日	1月18日	1月19日	
收盘指数	888.04	897.46	849.23	859.28	835.06	807.50	
12日收盘指数平均数					865.3	863.1	
乖（12）（%）					−3.5	−6.4	

如计算1月18日的12天乖离率：

$$\text{乖}(n=12)=(835.06-865.3)\div 865.3\times 100\%$$
$$=-3.5\%$$

二、乖离率的应用

（1）一般来说，在弱势市场上，股价指数与6日移动平均线的乖离率达+6%以上时，为超买现象，是卖出时机；当其达到−6%以下时为超卖现象，是买入时机。

（2）在强势市场上，股价指数与6日移动平均线乖离率达+8%以上时为超买现象，是卖出时机；当其达到−3%以下时为超卖现象，是买入时机。

（3）在弱势市场上，股价指数与中线指标——12日移动平均线和乖离率达+5%以上时为超买现象，是卖出时机；当其达到−5%以下时为超卖现象，是买入时机。

（4）在强势市场上，股价指数与中线指标——12日移动平均线乖离率达+6%以上时为超买现象，是卖出时机；当其达到−4%以下时为超卖现象，是买入时机。

（5）在大势上升时，会出现多次高价，可于先前高价的正乖离点出货。在大势下跌时，也会出现多次低价，可于前次低价的负乖离点买进。

（6）盘局中正负乖离不易判断，应结合其他技术指标综合分析研判。

(7) 大势上升时如遇负乖离率，可以趁跌势买进，此时进场危险较小。

(8) 大势下跌时如遇正乖离率，可以趁回升高价抛出。

注意，由于乖离率指标变化范围较大，且往往在到达控制值后会持续一段时间，所以不宜单独使用该指标，一定要配合相对强弱指数和随机指数同时使用方可最后确定买入、卖出信号，以免失误。

第 6 节　心理线

从心理角度上看，股价在高位不可能一直停留，反过来，股价也不可能永远停留在低位，这是根据人们心理上的厌倦、疲劳等原始的节奏得出的结论。因此，心理线（PSY）主要是从投资者买卖趋向的心理方面，对多空双方的力量对比进行探索。

一、心理线的计算公式

心理线的计算公式为：

$$PSY=\frac{A}{N}\times 100\%$$

式中，A 为 N 日当中股价上涨的天数。

二、心理线的绘制

绘制方法：在最近的 12 日内，统计收市价高于昨日收市价的日数和低于昨日收市价的日数，然后用收市价高于昨日收市价的日数与 12 天之比，作为图线。

例如：4 日高、8 日低，则 4/12，约 33.3%；10 日高、2 日低，则 10/12，约 83.3%。

将每日的心理线值连接起来，就可得到心理线曲线，如图 9—3 所示。

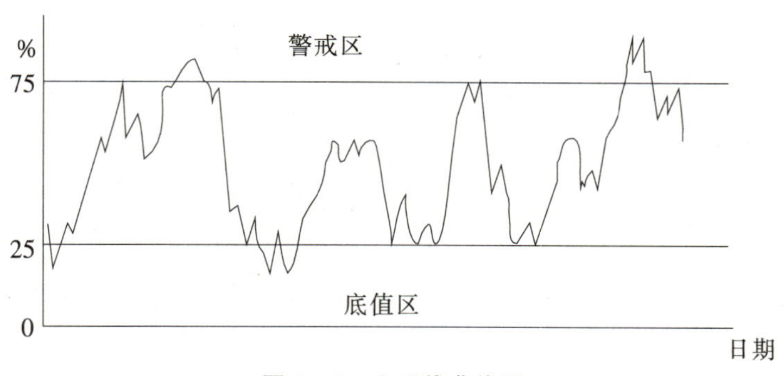

图 9—3　心理线曲线图

三、心理线的应用

(1) 12 日中如果有 9 天连续上升，且心理值高于 75%，那么近期内股价可能下跌。在谷底如果有 9 天连续处于低位，则心理值极有可能降到 25%以下。心理线如果超过 75%，可考虑为短期获利，25%以下应考虑买入。

(2) 在最近 12 日中，收市价比前一日收市价高的天数减去收市价比前一日收市价低的天数得到超买超卖指标。5 天以上收市价高于前一日收市价则发出短期超买信号；5 天以上收市价低于前一日收市价，则可判断为超卖信号。

(3) 当百分比值降至 10 或 10 以下时，是真正的超卖，此时是一个短期强反弹的机会，应立即买进。

(4) 高点密集出现两次为卖出信号；低点密集出现两次为买进信号。

证券市场上的技术分析方法不下数十种甚至上百种，但任何一种都不是十全十美的，都有它的局限性，技术分析的局限性表现在以下方面：

同基本分析共有的一个显著特点是，无法预计由于突发事件而发生的股市大幅波动。这一点是显而易见的，也许今天可以从图表上得出某只股票的入货信号，但第二天就可能会传来该股票所属上市公司利润实现不甚理想的消息，导致股价下跌，技术分析的结果也就被否定了，所以技术分析往往具有滞后性。

另外，当太多人相信图表时，大户便可以在市场内做手脚，使个别股票形成某种走势，吸引其他投资者或买或卖，以掩护大户自己真正的买卖活动。

总之，只要投资者了解某种方法的基本原理和它的优缺点，并善于利用优点，时刻注意其缺点，将多种技术分析方法结合使用，就可帮助投资者在变幻莫测的股市中选准时机，在股票投资者的竞争中立于不败之地。

本章小结

移动平均线法是分析证券市场变化趋势的一种常用方法。移动平均线有助涨和助跌作用。利用移动平均线与股价的变化可以决定买卖时机。在实际使用中常用多条移动平均线的组合来进行股市分析，不同的组合有不同的预测功能。

相对强弱指数即股市收盘指数（个股收盘股价）的相对升降幅度。它反映出一段时间内，在股市中买方力量与卖方力量的相对强弱程度及买卖双方力量对比的变化情况，并以此为据来分析股价未来的走势。

随机指数是研究判断股市中收盘价、最高价、最低价的波动及相互关系的一种指数。一般认为，在股市上升行情中，收盘价偏于高位；而在股市下跌行情中，收盘价则偏于低位。因此，可用收盘价与最高价和最低价之间的相互关系来判断股价走势。一般在股市上升行情中，$\%K$ 线、$\%D$ 线向上；而在股市下跌行情中，$\%K$ 线、$\%D$ 线则向下。

威廉指数（$\%R$）的全称为威廉超买超卖指标，是反映买卖双方力量强弱的技术指标。与相对强弱指数不同的是，前者重视累计值的比较，而后者则直接以当日收市价与 N

日内高低价位之间的比较，据以判断短期内行情变化的方向，因此是一种更为敏感的指标。

乖离率是当日股市收盘指数（个股收盘股价）偏离股市收盘指数（个股收盘股价）平均数的比率。

心理线主要是从投资者买卖趋向的心理方面，对多空双方的力量对比进行探索。

重点概念

移动平均线法　　相对强弱指数　　随机指数　　威廉指数

乖离率　　心理线

复习思考题

1. 名词解释

移动平均线法　相对强弱指数　随机指数

2. 思考题

（1）如何根据移动平均线与股价的变化来选择买卖时机？

（2）如何运用相对强弱指标分析股价未来的走势？

（3）如何运用随机指数进行短期的超买超卖分析？

（4）如何运用威廉指数判断短期内股市变化的方向？

（5）乖离率、心理线的含义是什么？

3. 案例分析题

技术分析指标的应用

（1）请仔细观察深南光的形态走势（见图 9—4），分别指出图中的两次黄金交叉。

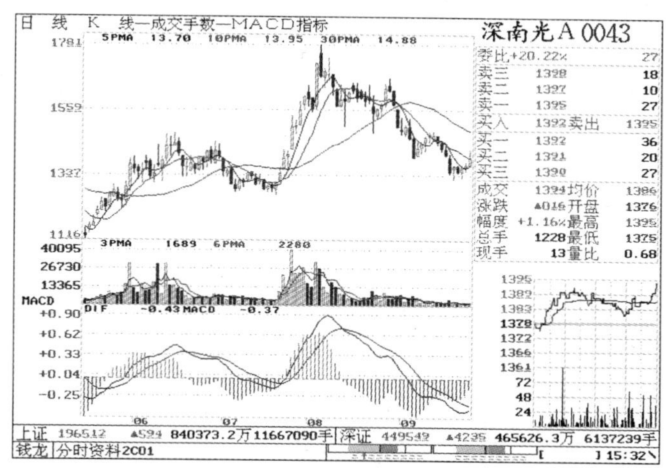

图 9—4　黄金交叉实例

（2）利用 RSI 来研判上海机场（600009）股价的未来走势（见图 9—5）。

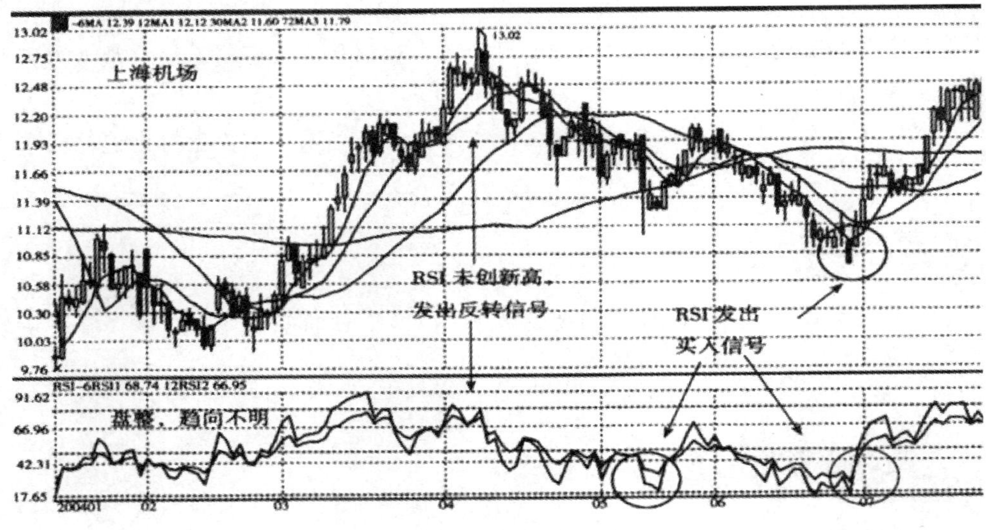

图 9—5 RSI 的应用

第 10 章

证券投资的策略与方法

章前引例及分析

2013 年 12 月 31 日，沪深两市 A 股指数全天低开高走，上证指数报2 115.98 点，涨 0.88%，上证指数报收了年度最后一根大阳线。不过，沪深两市股指年线双双收阴。2013 年，上证指数全年以2 289.51 点开盘，收于2 115.98 点，跌幅为 7.58%，相比 2012 年年底收盘点位2 269.13 点累计下跌 6.75%。深证成指 2013 年以9 204.11 点开盘，跌幅为 11.76%，相比 2012 年年底收盘点位9 116.48 点累计下跌 10.91%。2013 年，中国 A 股在全球十大主要股指中表现最差。

在沪指触及6 124.04 点历史高位的 2007 年 10 月份，1 477家上市公司总市值约 27.88 万亿元。此后 6 年里，新增市值 3.68 万亿元，其中，如果按照发行价和发行数量计算，新发行个股市值为 1.21 万亿元，定向增发新增市值 2.18 万亿元。同时，还新增了2 906.61 亿元的配股。但 6 年后，A 股上市公司增至近2 500家，两市市值却降至 23.75 万亿元。这意味着，过去 6 年 A 股财富累计缩水了 7.81 万亿元。

送走了 2013 年，多数分析师对 2014 年股市行情保持乐观谨慎，但采取何种投资策略和投资方法，是投资者应该学习掌握的重要问题。

本章学习目标

通过本章的学习，你应该能够：

1. 了解制订正确投资计划时应考虑哪些问题
2. 理解证券组合的含义及构建原因
3. 掌握证券投资组合的具体做法
4. 理解和掌握证券投资的主要策略
5. 掌握和应用证券投资的主要方法

证券投资是一个十分复杂的过程且具有很强的风险性，要成功地进行证券投资，就必须保持足够的理性，必须尊重市场规律。在长期的证券投资实践中，人们总结出一系列相关的原则、策略与方法。本章将对其进行专门阐述。

第1节　证券投资计划

证券投资是指法人或自然人购买股票、债券、基金以及证券的衍生工具等以获取收益的投资行为。证券投资计划就是证券投资者根据自己对风险的承受能力以及收益预期或未来的需要，在对投资环境和证券类型及证券品种等进行综合分析与判断的基础上，选定投资对象，采取灵活的投资策略，选择适当的方法运营资金，以期获得风险和收益的最佳组合的主观行为。时间反复证明，盲目的、无计划的投资者在证券市场上最终是输家，这一点毋庸置疑。因此，投资者制订投资计划时首先必须确立自己的投资目标，可从投资动机分析、投资目的分析和财务目标分析着手。

证券投资者进行了比较充分的知识准备、资料搜集整理、资金准备、心理准备后，一般可以着手拟订证券投资计划，即决定自己以何种方式进入证券市场，如何进行证券操作。证券投资计划通常包括资金分配、时间安排，以及投资方式、投资对象、进入时机选择等。资金分配是指将多少资金投入证券市场，其中多少比例资金投入某种证券买卖，多少比例资金用于某种投资方式，多少比例资金在什么时机投入。时间安排是指用什么时间进行证券买卖。除职业投资者以外，其他业余投资者须调剂出一定时间研究证券行情，进行证券买卖。投资方式的选择须根据投资者本人的情况而定，一般来说，投资者应用一部分资金作中长期投资，一部分资金作短期投资与投机，以训练自己的投资技能。如果投资者没有充裕的时间用于证券投资，那就应该选择中长期投资。如果实在没有时间，还可以投资基金证券，让投资专家代理操作。选择投资对象，就是选择证券。这包括两个层次的选择：第一层次是选择证券类别，即投资于债券，还是投资于股票，抑或投资于基金证券。第二层次是选择证券品种。如果投资于债券，是选择国库券、重点建设债券等“金边债券”，还是选择金融债券和企业债券，以及选择哪个企业的债券。如果投资于股票，是选择成长股、绩优股，还是热门股。进入时机的选择远较买卖何种证券重要。证券投资技术分析有助于证券选择买卖时机。在证券操作的几个重要因素量、价、时中，其中恰当的买卖时机最重要。好的开始是成功的一半，介入时间选得好，就算选的股票稍差一些，也会有赚；但介入时机不当，即使选对股票也会被套。

证券投资需要丰富的知识、过人的智慧、高超的技能。证券投资者想获得成功，至少应该知道证券市场如何运转，哪些因素如何影响股价变动，如何选择某个企业的证券，如何分析预测股市的走势，有哪些投资技巧与策略，有哪些证券交易的基本程序，有哪些相关的法令、规章制度等。投资者必须十分熟悉投资的程序，了解投资过程的每一个环节并严格遵循。当投资者决定在证券市场投资时，要将其储蓄计划中的一部分资产净值提出，为实施投资计划提供足够的现金；然后他要决策选择哪种股票或债券，这更是一个复杂的决策活动，需要判断当时的经济形势，需要对此经济形势下各种行业的发展前途做出判断，需要根据发行证券的公司的财务力量、销售状况、产品结构和主要生产设备等来预测公司未来的收益和风险程度，最终做出正确的选择；操作过程开始后，需要了解和严格遵守证券交易中的委托、成交、清算和交割等一系列程序，确保顺利地完成证券投资过程。

证券投资者通过搜集、整理、分析资料，逐步建立起证券投资的感性认识，熟悉证券市场的运作程序，了解证券市场的行情趋势，体验证券市场的人气状况，感受证券市场的起伏波动，认识上市公司的经营状况，选择证券品种，确定进入股市的时机。

投资者在安排证券投资计划时，还必须明确当时的投资环境和自身条件。最重要的是客观地评判自身风险承受能力的强弱，据此确定投资对象，把握投资方向，合理分配资金和安排时间，选择投资策略，实现风险与报酬的最佳组合。

进行一项投资决策，制订计划时，通常应涉及这三方面的考虑：对市场与个股走势的认识、对自己操作上优缺点的认识、掌握必要的交易策略。当市场上大多数人都看好后市并全仓买入的时候，往往是市场上人气耗尽，即将下跌的时候。投资大众通常是错的，大部分人都赚不到钱。因此，偏听偏信进行投资非常危险。

在制订投资计划决定买入前，我们应首先理性思考以下几个问题：

（1）大市的运动方向是否向上，现有的价位是否已经是高处不胜寒或者正处于底部，是否有变盘的可能？

（2）个股的基本情况、报表数据是否可信？技术上有无较大的上升空间或上升动力？各项技术分析指标是否开始修好，有无骗线的可能？筑底形态是否比较清晰，有无温和放量？

（3）股价是否位于底部或是高位回档？介入的时机或价位是否恰当？

（4）对介入的炒作风险要有一定的认识。因为大市、个股的走势变幻莫测，许多投资者很希望刚买入的股票第二天就马上涨上去，要是主力此时震仓洗盘，散户由于心理承受力差或不善于分析市况，就会被洗出来，出来之后股票就开始猛涨。所以炒股要对介入的风险与收益有一个大致的估计：跌会跌到哪里，涨会涨多高；什么情形下要果断斩仓，什么情形下要追加买进。这些都要自己做出判断，绝不是简单地听了别人的推荐就能了事的。

（5）持仓应该多重？有些投资者常听了小道消息或别人推荐后，不加分析地各买一点试试。结果手中的持股达十几个品种，广种薄收，顾此失彼，甚至连交易代码都记不清，根本谈不上盈利了。

（6）何时何价卖出？这是最关键也是投资中最难把握的。通常公开媒体与股评分析中，只是推荐某股票可以买进，但买进后是中线持有或是短线搏反弹，什么时候卖出却很少讲。但就这一点而言，股票投资就绝对是一门要靠自己独立分析判断的事，别人不会也不可能为你全部解决投资理财中的所有问题，除非你是委托别人代理操作。

只有全面考虑了这些问题，制订出来的投资计划才有可能是行之有效的。要进行成功的投资，须借助前人宝贵的投资经验，利用成熟的理论与分析工具，制订出正确的投资计划。

第 2 节　证券投资组合

一、投资组合的含义及构建原因

（一）投资组合的含义

投资组合通常是指个人或机构投资者同时所持有的各种有价证券的总称，如股票、债券、存款单等。投资组合不是证券品种的简单随意组合，它体现了投资者的意愿和投资者所受到的约束，即受到投资者对投资收益的权衡、投资比例的分配、投资风险的偏好等的限制。

（二）构建投资组合的原因

组合理论是建立在对理性投资者行为特征的研究基础之上的，理性投资者具有厌恶风险和追求收益最大化的基本行为特征。对证券投资进行组合管理，可以在降低资产组合风险的同时，实现收益最大化。

1. 降低风险

为什么说构建投资组合可以降低投资风险呢？人们常常用“不要把鸡蛋放在同一个篮子里”来形象地比喻这个问题：如果我们把鸡蛋放在同一个篮子里，万一这个篮子不小心掉在地上，所有的鸡蛋就都可能摔碎；而如果我们把鸡蛋分放在不同的篮子里，一个篮子掉了，不会摔碎其他篮子里的鸡蛋。资产组合理论证明，投资组合的风险随着组合所包含的证券数量的增加而降低，资产间相关度极低的多元化资产组合可以有效地降低非系统性风险。

2. 实现收益最大化

理性投资者厌恶风险，同时又追求收益最大化。就单个资产而言，风险与收益是成正比的，高收益总是伴随着高风险。但是，各种资产不同比例的组合，却可以使证券投资组合所产生的整体的收益—风险特征，达到在同等风险水平上收益最高和在同等收益水平上风险最小的理想状态。

二、证券投资组合的具体做法

（一）投资对象组合

在进行证券投资选择投资对象时，投资者绝不能把全部的资金押在某一种股票或债券上，而是应该根据实际的需要和条件，把资金在各种不同的金融产品上进行合理的分配，分散投资。

三分法的具体操作是：将全部资产的1/3存入银行以备不时之需；1/3用来购买股票、债券等有价证券作中长期投资；1/3用来购置土地、房产等，长期持有，以获取增值利益。对专门投资有价证券的资金也可以实行三分法：以一部分资金投资于安全性高的债券或优先股；另一部分资金投资于具有潜在增长能力的普通股；最后留一部分作为投资的预备金，当股票市场出现更好的投资机会时，预备金就可以用来加码，而在投资失败时，投资者也有承担损失的能力准备。投资三分法兼顾了安全性、流动性和盈利性三原则，是一种值得参考的投资策略。

需要注意的是，购买股票或债券时，要购买不同行业和不同公司的股票或债券。这是因为不同行业的公司所处的发展阶段以及所受的经济、政治和其他因素的影响程度及后果不同，因而其经营状况和股票价格受到的影响也不一样。分散投资可以有效规避因孤军深入一个行业可能遭遇的困境，进而减少风险损失。同样，即使某一企业经营业绩再好，也不要把宝押在一个企业上，否则就意味着你把自己的命运完全与这一企业拴到一起，一旦这个企业遭遇不测，你的损失自然是惨重的。

（二）投资地理区域组合

由于各地的企业受市场、税收、法律、政策等诸方面因素的影响不同，其经营效果也会有较大差异，所以地域组合首先要求所选的证券不要集中在同一地区的企业。此外，地域组合还包括选择不同证券交易所经营的证券，如买股票时，沪深股市都应照顾到，不要只认一家。这是因为不同证券交易所在运作及形象等方面有差异，相同业绩的证券在不同交易所的价格表现有所不同，更何况我国的沪、深交易所常常表现出你强我弱或我强你弱的相背走势。

（三）投资时间组合

一般来说，期限长的投资风险较大，反之则投资风险较小。由于经济状况的好坏和股票行情的变化总是随时间的推移而呈现出周期性波动，在某一段时间好些，在某一时期坏些，在期限（或时间）上采取投资组合方式，可以减少经济不景气或股票行市大幅波动的损失。进行时间组合可以采取短线、中线、长线结合起来投资的方法。

在证券投资中，尤其是在股市中进行投资组合，还需掌握以下技巧：

(1) 股市操作中为了有效运作资金，投资者必须学会进行正确的投资组合，即根据自己的计划，同时选择几只适宜投资或投机的股票，在合适的价位买进并持有，然后在预期合理的价位卖出，使资金不断增值。

(2) 组合投资并非分散投资，着重于精选个股，是在安全的基础上获取比指数涨幅高的收益。选股进行组合，可以应付轮涨，可以充分利用自己的资金。

(3) 组合投资既要讲究安全，还要讲究收益，因此应该多侧重个股的价值，也就是尽量选一些价值被低估的个股。组合投资尤其适合中长线投资者，除了要考虑其市盈率、流通盘的大小等一些相对静态的因素外，还应该考虑个股的行业及市场属性等动态因素。

(4) 证券投资基金及大机构会花较多的精力及财力来研究个股的行业属性及市场属性，一般投资者要多阅读一些专业研究机构的投资价值分析报告，尤其是行业分析报告，从中筛选出一些有价值的股票。而市场属性是指必须对市场的热点有一定的敏感度，也就是介入的个股除了要有投资价值外，也要考虑到是否有一定的题材想象空间。多关注政策导向，如倡导绩优、倡导成长，就给绩优股、成长股创造了上涨空间。

(5) 处理好长线和短线的关系。在资金分配上，长期的资金用于长线操作，短期资金用于短线操作。所以，组合投资也应该有一部分比重介入一些热点，但不应该超过总量的1/2，因为热点有变冷点的风险，应寻找可能成为短线热点的品种。长线买入也要选择时机，避免追高买入。长线不是死守，市场在变化，上市公司在变化，所以必须根据变化的情况对长线持有品种做出相应的调整。长线可以变成短线，短线品种也可以变成中长线持有。短线操作必须买强势股。

(6) 投资组合中的个股数量适量为宜。集中资金重仓持有强势股或质地优良的个股是优秀的投资组合的主要标志。资金分散也是投资者常犯的错误，它使投资者不易集中精力操作好手中的股票，而且极易出现炒股过程中甲涨乙跌的局面。因此，投资者要集中资金打歼灭战。

散户以持有两只股票为宜，中户以三四只为宜，所选个股也应尽量不属于同一板块。为控制风险，超强势股只可持有一只。

(7) 在进行投资组合时，也要重视市场动向，否则容易造成选股失误。也就是抓不住市场的热点和领涨股，造成资金长期处于无效使用状态。

（8）任何股票一旦失去成长性，也就肯定失去市场的兴趣，不论其历史上有多骄人的业绩。碰上这种股票，坚决抛出，决不能纳入组合之中；如不抛出，只会被套。

（9）同一个理念，为什么在不同的情况下会产生不同的效果？时也，势也。时空条件变了，原来相当成功的理念也就失效了。对消息、操作技巧、技术指标的运用也是如此。股市的时空情况变化了，投资者的理念如果没有随着变化，就要失败。

（10）组合投资的要点是：要耐心地“养马”。与“追黑马”相比，“养马”不会立竿见影，但“养马”具有安全的特点。

第 3 节　证券投资策略

证券投资是一个比较复杂的过程，是一场有输有赢的竞争。它不仅需要投资者有承担风险的胆略，充沛的经历，丰富的知识和经验，稳定的心态，而且还要针对复杂多变的具体情况制定相应的股票投资策略，并采取灵活多样的投资技巧，适时、适度地把握股票买卖的对象和时机，以获取投资资金的最大增值。

证券投资的目的就是获取收益，但收益是与风险并存的。对于投资者来说，一掷千金的情形是经常要面对的，成功与失败有时只是一念之差。由于各种证券的风险中既有不可分散的风险，也有可分散的风险，因此投资者不应把所有资金投资于一种证券上，而应选择风险相关程度较低的多种证券，形成证券组合。在投资于证券组合时，投资者通常可采取两种策略：一是收入型策略，二是增长型策略。当然，有些投资者可能采取混合型策略，即既强调本期收入，又希望资本增长。混合型策略的投资对象既可以是收入型证券和增长型证券的综合，也可以是兼有收入和增长潜力的证券。

一、收入型策略

收入型策略强调本期收入的最大化，而不大重视资本利得和增长。收入型策略的投资对象大多是债券、优先股和支付股利较多的普通股。对于处于较高所得税等级的投资者来说，政府债券等免税债券也是理想的投资对象。如果你的收入水平较低，必须依靠利息或股息收入生活，那么你就应选择收入型策略。当然，如果你拥有大量财产，但也需要有稳定的收入来源的话，你也可以采取收入型策略。

（一）收入型证券的选择

选择收入型策略的投资者大多依靠投资收入来满足日常开支，强调本期收入的稳定性和规则性，因此，可选择信用等级较高的公司债券、国家公债、优先股等。选择收入型策略的投资者还强调本期收入的最大化，为此，投资者可以购买红利较高而且较为安全的普通股。

为了兼顾本期收入的最大化、稳定性和规则性，选择收入型策略的投资者可以把符合要求的股票和债券融合在一起，共同组成收入型的投资组合。其中，普通股和其他证券的投资比例主要取决于股票市场的前景，政治、经济、文化气候等。

（二）收入型投资组合的构筑

在构筑收入型投资组合时，投资者面临着各种投资风险，投资者的目标是利用各种证券的风险可在一定程度上互相抵消的特点，通过适当的组合，使整个投资组合的风险最小化。例如，投资者可以通过购买不同期限的债券来降低利率风险和市场风险；通过购买一些高质量的收入型债券来降低经营风险和违约风险；通过购买一些浮动利率债券或普通股来降低购买力风险；通过购买大公司债券或政府债券来降低流动性风险。

二、增长型策略

增长型策略强调投资资金的增长，为此投资者宁肯牺牲近期的收入。增长型策略的投资对象是现金红利较低但有升值潜力的普通股。在公司税后利润水平相同的情况下，公司支付的股利越多，可用于扩大再生产的资金就越少，因此本公司股票价格的上涨幅度就越小；而公司支付的股利越少，可用于扩大再生产的资金就越多，公司的利润水平就会大幅度增加，因此股票价格的上涨幅度就越大。增长型投资策略的目标是使投资组合的未来价值尽量增大。因此，其投资对象主要是增长潜力较大的普通股。

（一）增长型股票的选择

选择增长型股票主要有以下几条标准：

（1）盈利和红利的增长潜力较大；

（2）盈利增长率较稳定；

（3）红利水平较低；

（4）预期收益率较高；

（5）风险较低。

在选择增长型股票时，投资者可以利用基础分析法，深入分析各公司的产品需求状况、竞争地位、经营特征、管理水平等情况，据此对各公司的盈利和红利做出评论和预测，并根据各种股票的内在价值与市场价格的对比，选择价格被低估的股票。

（二）增长型投资组合的构筑

在构筑增长型投资组合时，投资者应遵循多样化原则来消除各种证券的非系统性风险。为此，投资者应选择适当种类的证券。种类太少难以达到消除非系统性风险的目的；种类太多又会使投资者承担过多的经纪费。1968 年，美国学者埃文斯（J. H. Evans）和亚瑟（S. H. Archer）曾对各种资产组合分散风险的能力进行分析，结果显示，有 10～15 种证券构成的资产组合便能有效地分散风险。

对于采取增长型策略的投资者来说，在构筑增长型投资组合之前，预测市场行情变动方向是至关重要的。若投资者预测经济将由危机转为复苏，就应增大高风险的普通股在投资组合中所占的比重。相反，若投资者预测经济将由繁荣走向衰退，就应增大投资组合中无风险的防御性证券（如短期国库券）所占的比重。

根据投资组合中高风险股票所占比重，我们可以判断投资者的投资姿态。若投资组合中高风险股票所占比重较大，说明投资者的投资姿态是进取性的；若无风险债券所占比重较大，说明投资者的投资姿态是防御性的；若高风险股票和无风险债券所占比重相当，说明投资者的投资姿态是均衡的。

第 4 节　证券投资方法

对投资者来说，证券投资成功的关键是正确选择投资对象和投资时机。选择投资对象可由基本分析，特别是公司分析、财务分析以及对各证券预期收益和风险的计算解决。选择投资时机可由技术分析解决，即通过预测证券市场的变动方向，抓住股价变动的转折点进行买卖。但是对于中小投资者来说，要正确做出市场预测并不容易，他们需要一些自动、机械的投资方法，不动脑筋也可得到比市场平均收益略高的收益水平，这些投资方法实际上是根据市场变动规律而设计的选择证券买卖时机的防守性的投资策略。下面介绍其中的主要几种。

一、趋势投资法

趋势投资法的依据是道氏理论，这一理论认为一旦股价变动形成一种趋势，便会持续相当长的时间，此时投资者也应该顺应趋势保持自己的投资地位直至市场发出趋势转变的信号。

（一）百分之十投资法

在趋势投资法中有一种百分之十投资法，又称哈奇计划，以发明人哈奇的名字命名。哈奇在 1883 年至 1936 年的 54 年间利用百分之十投资计划将他的资产从 10 万美元增至 19 440万美元，被称为“投资奇才”，但其他投资者用同一方法却没有得到如此骄人的成绩。

百分之十投资法的要点是投资者买入股票后，每一周末计算所持股票的平均市值，如果本月的平均市值比过去的最高点下降了 10％时，就卖出全部股票，不再购买，直至卖出的股票平均市值从最低点回升 10％时，再买进股票。哈奇百分之十投资法具有简单、机械的特点，易于操作，但使用这一方法要注意几点：一是要考虑税收和佣金因素，如果获利低于投资成本，就不宜买卖；二是投资者应主要关心市场的长期趋势或主要趋势，如哈奇采用这一方法的 54 年中，44 次改变了在股市的地位，他所保持股票的时间短者为 3 个月，长者为 6 年；三是百分之十投资计划不做卖空交易。

（二）三成涨跌法

三成涨跌法是依照“行情平均按三成循环涨跌”的经验产生的投资方法，即不论什么股票，买进以后价格上涨 30％就卖出，下跌 30％再买进。但这一方法对成长潜力大或是在强劲上涨行情或下跌行情中的股票并不适用。

二、定式法

定式法是以股价上涨过度必定会跌，股价下跌过度必定会回涨为依据，投资者事先制订一定的投资计划，以后不论股价如何涨跌，一律按投资计划自动进行买卖的投资方法，又被称为“自动投资法”和“不费思考的投资方法”。定式法的具体方法很多，它们的共同特征是将投资资金分为进攻和防守两部分，并设置一定基准，当股价上涨时减少进攻部分、增加防守部分，股价下跌则减少防守部分、增加进攻部分，随着行情变化而自动调整投资结构。

（一）平均成本法

平均成本法是以低于股票平均价格的平均成本来购买股票的一种方法。具体办法是先选好某种有长期增长前景而价格波动幅度又不很大的股票，然后在间隔相等的固定日期以固定金额逐项买进这种股票，而不管当时股票价格的高低及变化趋势。由于每次以固定金额投资，因此在股价高时买进的股数较少，在股价低时买进的股数较多，使购买的平均成本低于平均价格。

采用平均成本法有两个前提条件：一是投资者必须有长期稳定的资金可作为连续投资的来源；二是投资者必须有长期连续投资的打算和恒心，计划确定后轻易不变，如果半途而废，则难以收到预期效果。

平均成本法的优点是方法简便，不用选择购买时机，在股票价格变动的任何时候都可开始，也可在需要资金时停止投资收回本金；可消除股价短期波动的影响，享受股价长期增值的收益。但这一方法也有不足之处：首先，使用这种方法，市场价格必须有涨有跌，如果价格稳定，就不能达到使平均成本下降的目的，如果市场价格长期下跌也不大适用，因找不出合适的卖出时机会影响投资效果；其次，分次购买股票交易费用相对较高；最后，每次买卖股票的时间并非是最佳时机，只是相对降低了成本，扩大了收益。

（二）固定金额投资法

它又称常数投资法，采用这一方法的投资者在自己的投资总额中以固定的资金投资于股票，其余投资于债券或其他金融资产。当股价上升时，所持股票市值超出计划投资数额时出售超额部分股票，买入债券或其他投资工具；当股价下降时，则卖出债券等，买入股票补足计划的固定金额。实际上投资者遵循着高卖低买的投资原则，并始终持有一定数额的股票。例如，某投资者计划以 2 万元资金投资于股市，并选好某绩优股持有，然后每周末或月末计算股票市值，当市值上升至 2.5 万元时，就自动卖出 0.5 万元股票，买入债券，当手中股票市值跌至 1.6 万元时，则卖出 0.4 万元债券买回股票。

使用这一方法简单、方便，能及时将股票中增值获利部分转为安全性较高的债券，也是一种不动脑筋的投资方法。这一方法关键在于如何确定股票涨跌幅度问题，如果股价略有涨跌就卖出买进，会因过多的手续费支付而减少收益，确定的涨跌幅度过大又容易失去账面利润及较好的买卖时机。一般认为股价上涨 25%就应出售，下跌 20%就应买进了。另外，采用这一方法应避免在股价最高点时开始，在最高点时买进股票，使投资者风险增大，而且可能面临股价一再下跌时没有后续资金买进的困境。

（三）固定比率法

固定比率法是将全部投资资金组成一个投资组合：一部分是防守部分，由价格相对稳定的债券组成；另一部分是进攻部分，由普通股组成。这两个部分保持一定的比率关系，在证券行情的变动过程中，投资者要对组合中的证券作必要调整，使之经常保持这一固定比率。例如投资者以 10 万元开始投资，组成一个股票和债券各占 50%的证券组合，即开始时买入 5 万元市值的股票和 5 万元债券。如果股票价格下降，市值跌至 4 万元，为保持固定比率，就应卖出 0.5 万元债券，并买入 0.5 万元股票。如果股票市值升到 7.5 万元，则需要卖出 1.25 万元股票并用这笔资金买入债券，这样两者之间又恢复各占投资总额 50%的比率。这样，股价上涨即自动卖出，股价下跌自动买进，遵循高卖低买原则。

固定比率法简便易行，在股价小幅度波动时也能获利。采用这一投资方法，要注意以下几点：一是要选择好股票与债券。二是根据自己的投资目标确定两者之间的比率关系，这一比率一旦确定就不要轻易改变。如果投资目标是资本的增长，可确定股票占 70%，债券占 30%的比率；如果投资目标是经常性收入，则可确定股票占 30%，债券占 70%的比率，但以各占 50%较为普遍。三是确定股票市值涨跌多少幅度时需要对组合中证券进行调整，这一幅度定得过小，则会造成买卖频繁，交易费用增加，可根据市场情况定为 5%～20%不等。四是使用这一方法若在股价水平处于低迷时开始，则面临的风险较小，如果在高价位开始，则风险较大。

（四）可变比率法

可变比率法是允许投资组合中进攻部分和防守部分的比率随证券价格的变动而变化，从而获取较大利益的方法。采用这一方法的基础是以股票的某一价格水平为中心价格并以此画出一条趋势线，通常以若干年的股票价格平均数或股价指数为依据，利用统计技术，如回归分析法画出股价变动的趋势线。投资者可注意股票价格如何围绕着趋势线而上下波动，并根据变动的程度去调整股票在组合中应占有的比率。例如，当股票价格超出趋势线或在趋势线附近时，投资组合中股票和债券各占 50%，当股票价格超出趋势线 10%时，就卖出股票使股票市值比率降为 40%，债券升为 60%，当股票价格高出趋势线 20%时，股票比率降为 30%，债券比率升为 70%，以此类推；反之，当股票价格低于趋势线 10%时，则买入股票使之在组合中的比率升为 60%，等等。这样，当股市处于上升趋势之中，投资者不断地卖出股票，买入债券，在牛市即将结束时，投资组合中股票的比率将很小，债券的比率却很大；而当股市处于下跌趋势之中，投资者则不断买入股票，在熊市即将结束时，投资组合中股票的比率可能会很大，而债券的比率相应缩小。这种方法使投资者顺应大势而贱买贵卖，自然可降低风险并获得较多收益。

可变比率法有两个缺点：一是趋势线较难确定，如果趋势线出现差错，就可能在不恰当的时候买卖股票，但这个问题可用技术分析中的图标分析以及趋势线、阻力线等解决；二是投资者必须持续监控股票价格变化，当股票价格达到预定价格时，必须做出买卖决策。对于没有足够时间跟踪股价变化的投资者可用停止损失委托指令和期权交易锁定价格。

（五）分级投资法

这是定式法中最为简单的一种，是依股价动向适时地买进卖出固定股数的投资方法。采用这一方法时，通常选择某一股价经常起伏变动的普通股为投资对象，以它的平均价格或接近平均价格为起始点，然后确定股价升降的等级标准，可以以若干元为一级，也可以以涨跌若干百分点为一级，当股价下降一级时，买进一定股数的股票，上升一级时则卖出一定股数的股票，要使卖出的价格高于买进价格，使平均卖出价高于平均买入价，以获取差价收益。

这种投资方法适用于股市趋势不明朗，股票价格在某一区间作上下盘整时使用，投资者低买高卖，风险小又可获得一定收益。而在长期下降或长期上升的市场则不能适用，在长期下跌的市场中，分级出售则会丧失可能得到的更大收益。为防止投资者在买入股票后股价连续下跌，可配合使用停止损失委托，当股价连续下降应取消投资计划。

（六）均损法

这一方法是指投资者不准备将投资的资金一次投入市场，而在不同的股票价位上分段买进，称之为买平均高，也可在股价下跌时分段买进，称之为买平均低。

例如，投资者分析某股票价格有可能从 10 元涨至 13 元，他准备买入 500 股，按均损法操作，可在股价 10 元时买入 200 股，在股价为 10.50 元时买入 200 股，股价 11 元时买入 100 股，这样他的平均成本为 10.40 元，当股价连续上涨时，他可分批出售。股价在他买入股票后即使下跌，只要不跌破 10.40 元仍有盈利。

再例如，投资者准备购买某股票 5 000 股，但他并不一次投入全部资金，而是在股价 10 元时买入 1 000 股，股价 9 元时买入 2 000 股，股价 8 元时买入 3 000 股，这样他的平均成本为 8.80 元，只要股价涨至 9 元时就可获得 1 000 元。

买平均高和买平均低适合做中长线投资，而不适合做短线投资。对于短线投资来说，平均高或平均低会错失获利机会。

（七）阶梯法

这是对不同到期日债券均等投资的方法。当投资者准备将一定数额的资金投资于债券时，可以购买不同期限的债券，每种期限的购买数量相同，当期限最短的债券到期，收回资金，再将这部分资金购买期限长的债券，如此循环往复。这样的投资方法使投资者持有相等数量的各种期限的债券，既保持了流动性，又能得到长期债券较高利率的收益。例如，某投资者将 10 万元分散投资于 1 年～10 年期的政府债券上，平均每种期限 1 万元，一年以后，一年期债券到期，将收回的资金购买新发的 10 年期债券，而其他各期债券的到期日也依次提前了一年，如此年复一年地循环。这一方法简便易行，并可得到高于中期债券的收益率，但当出现较为有利的投资机会或需要大量现金时，长期债券的流动性不够理想，缺少灵活性。

定式法主要是为一些不熟悉股票市场、无法预测股市变化的投资者提供一些按既定计划投资的方法，这些方法可使投资者不用费心去分析买卖的时机仍能从资本市场获取一定收益。使用定式法取得成功的关键有两个：一是投资者仍需选择在一定时间内能升值的股票作为投资对象；二是计划已经确定，就要严格执行，不要轻易改变，否则就不能取得较好效果，也就不能称之为定式法了。但是任何一种方法都有其市场的适用性，投资者应根据不同的市场环境选用不同的方法，而不能机械地执行。

本章小结

本章主要阐述证券投资的策略及投资方法。

证券投资计划是投资者根据市场和自身情况而确定的指导投资行为的方案，包括知识准备、选择投资对象、选择投资时间等主要内容，是需要根据市场环境不断变化而适时进行调整的。

证券投资组合是帮助投资者规避风险，获取收益的投资方法，需要根据投资对象、投资地理区域、投资时间等有关因素进行组合，确保损失最小，收益最大。

证券投资策略主要包括收入型策略和增长型策略。根据投资组合中风险股票所占的比重，可以判断投资者的投资策略。

证券投资方法是根据市场变动规律而设计和确定的投资策略，主要有趋势投资法和定式法。任何方法都有其市场适用性，投资者不能机械地执行某一方法，而需要根据不同的市场环境选用不同的方法。

重点概念

投资时机　投资对象　投资组合　收入型投资策略
增长型投资策略　趋势投资法　定式法

复习思考题

1. 名词解释

证券投资计划　证券投资组合　增长型投资策略　趋势投资法

2. 思考题

（1）证券投资计划主要包括哪些内容？
（2）分散投资与组合投资的区别是什么？
（3）如何构筑收入型投资组合和增长型投资组合？
（4）可变比率法的主要内容和优缺点是什么？

3. 案例分析题

平均股价与平均成本

假设某投资者计划每月以 2 000 元投资于某一股票，该股票从 1 月至 6 月的价格波动范围为 10 元至 18 元。股票投资资料见表 10—1，试运用证券投资方法中的平均成本法，计算该投资者的平均成本及股价平均数。

表 10—1　某投资者股票投资资料

日期	投资总额	股票价格	购买股数
1 月	2 000 元	10 元	200 股
2 月	2 000 元	12.50 元	160 股
3 月	2 000 元	20 元	100 股
4 月	2 000 元	16 元	125 股
5 月	2 000 元	8 元	250 股
合计	10 000 元		835 股

平均股价＝(10＋12.50＋20＋16＋8)/5＝13.30（元/股）

平均成本＝10 000/835＝11.98（元/股）

参考文献

1. ［美］汉姆·列维. 投资学. 北京：北京大学出版社，2000.

2. ［美］凯斯·布朗，弗兰克·瑞利. 投资分析与投资组合管理（第五版）. 沈阳：辽宁教育出版社，1999.

3. 邢天才. 证券投资分析. 北京：中国财政经济出版社，2005.

4. 邢天才. 证券投资理论与实务. 北京：中信出版社，1992.

5. 邢天才，王玉霞. 证券投资学. 大连：东北财经大学出版社，2007.

6. 陈保华. 证券投资原理（第2版）. 上海：上海财经大学出版社，2003.

7. 吴晓求. 证券投资学. 北京：中国金融出版社，2004.

8. 陈永生. 投资学. 成都：西南财经大学出版社，2004.

9. 曹雪峰. 证券技术指标精解. 上海：复旦大学出版社，1993.

10. 中国证券业协会. 证券市场基础知识. 北京：中国财政经济出版社，2005.

11. 中国证券业协会. 证券发行与承销. 北京：中国财政经济出版社，2005.

12. 中国证券业协会. 证券交易. 北京：中国财政经济出版社，2005.

13. 中国证券业协会. 证券投资分析. 北京：中国财政经济出版社，2005.

14. 中国证券业协会. 证券投资基金. 北京：中国财政经济出版社，2005.

图书在版编目（CIP）数据

证券投资理论与实务/邢天才主编．—2版．—北京：中国人民大学出版社，2014.2
“十二五”职业教育国家规划教材
21世纪高职高专规划教材．金融保险系列
ISBN 978-7-300-18900-0

Ⅰ.①证…　Ⅱ.①邢…　Ⅲ.①证券投资-高等职业教育-教材　Ⅳ.①F830.91

中国版本图书馆CIP数据核字（2014）第025486号

“十二五”职业教育国家规划教材
经全国职业教育教材审定委员会审定
21世纪高职高专规划教材·金融保险系列
证券投资理论与实务（第二版）
主编　邢天才

出版发行	中国人民大学出版社		
社　　址	北京中关村大街31号	**邮政编码**	100080
电　　话	010－62511242（总编室）		010－62511770（质管部）
	010－82501766（邮购部）		010－62514148（门市部）
	010－62515195（发行公司）		010－62515275（盗版举报）
网　　址	http://www.crup.com.cn		
	http://www.ttrnet.com（人大教研网）		
经　　销	新华书店		
印　　刷	北京东方圣雅印刷有限公司	**版　　次**	2009年1月第1版
规　　格	185mm×260mm　16开本		2014年10月第2版
印　　张	11.75	**印　　次**	2016年3月第2次印刷
字　　数	272 000	**定　　价**	26.00元

教师信息反馈表

为了更好地为您服务，提高教学质量，中国人民大学出版社愿意为您提供全面的教学支持，并期望与您建立更广泛的合作关系。请您将下表中相关信息以电子邮件或信件的形式反馈给我们。

您使用过或正在使用的我社教材名称		版次	
您希望获得哪些相关教学资料			
您对本书的建议（可附页）			
您的姓名			
您所在的学校、院系			
您所讲授课程的名称			
学生人数			
您的联系地址			
邮政编码		联系电话	
电子邮件（必填）			
您是否为人大社教研网会员	□ 是，会员卡号：________ □ 不是，现在申请		
您在相关专业是否有主编或参编教材意向	□ 是　　□ 否 □ 不一定		
您所希望参编或主编的教材的基本情况（包括内容、框架结构、特色等，可附页）			

我们的联系方式： 北京市海淀区中关村大街 59 号文化大厦 1508 室
中国人民大学出版社教育分社
邮政编码：100872
电话：010-62515912
网址：http：//www.crup.com.cn/jiaoyu/
E-mail：cruplya@126.com